土生说字

为官之道

李土生

中央文献出版社

目　录

社会

社会不和谐，谁都别谈幸福。

社 shè

甲骨文　金文　社 小篆

"社"，会意字，从示，从土。

《说文·示部》："社，地主也。"本义为土地神，小篆又指祭祀社神。"示"为祭祀台，说明"社"与祭祀有关；"土"为土地，可以生长、生发万物，是万物之始，生存的源泉。古人以朴素的情感将土地神秘化，将其视为土地神，并拜祭土地神以示答谢。"示""土"为"社"，祭祀土神也。"示"为祭祀，表示有一定的目的与意图。"示"也为展示、显示、明示之意；"土"为一定的区域范围。"社"强调人们为相同的目标而聚集于同一个范围之内，按照一定的规矩，以一定的形式进行某种活动。"社"是给人以崭露头角、焕发风采或实现目标的场所或空间。因此"社"指某些团体或机构，如社会、社团、社交、结社等。社会、社团具有一定的方向、规模、形式等，与社祀活动的特点大致相同。

土地神是我国传统祭祀活动中的重要祭神之一。土地与人息息相关，是人们赖以生存的根本，是万物生长的源泉。人们很早就意识到了土地的重要性。我国传统哲学认为，世界是由金、木、水、火、土五种基本物质组成的，称作"五行"，是构成万事万物的基础。古时候人们认为有专门掌管土地的神。《春秋传》："共工之子句龙为社神。"意思是共工的儿子句龙是土地神，人们的收成就是由他来控制的。在古代"土"和"社"是一个字。《公羊传》："诸侯祭土。"在"土"的左边加上了一个"示"字，表示祭祀，与神有关。正如《白虎通·社稷》所说："不谓之'土'何？封土为社，故变名谓之'社'，利于众土也。"大意是为什么不用"土"字，是因为封土地为神，所以变化它的称谓为'社'，有利于众多的土地。"社伯"指城隍神。"社鼠"原指土地庙中的老鼠，后用来比喻仗势作恶的坏人。土地神崇拜的形式便是"社祀"。

由土地神的意思引申开去，"社"可以指祭祀社神之所。辛弃疾《西江月》："旧时茅店社林边，路转溪头忽见。"其中的"社林"指的就是土地庙。"社稷坛"指旧时帝王祭土神、谷神之所。"社"又引申为祭祀社神的日子。"社日"就是古代祭祀社神，祈祷丰收的日子。社日有春社、秋社之分，分别在春分、秋分之后。历代帝王无一例外都要祭祀社神。北京的地坛公园就是明清两代皇帝祭祀社神的地方。

"社"是土神，"稷"是谷神，"社稷"一词将"土神"和"谷神"并列，就是国家的象征。在农业社会，农业生产是国民经济的基础，土地是一个国家财富的象征。我国古代尤其提倡"重农抑商"的政策，无论是哪朝哪代的君王，都把土地和农业视为立国的根本。因此，历代帝王都非常重视祭祀社稷，后来就用"社稷"一词来代表国家。《史记·陈涉世家》："将军身被坚执锐，伐无道，诛暴秦，复立楚国之社稷，功宜为王。"意思是将军您身先士卒，讨伐无道的秦国，恢复了楚国的江山，按您的功绩来说应该自立为王。

"社"表示一定的规模、范围、形式，因此由各种人群组成的团体也可称为"社"。在古代，"社"指基层的行政单位，周代二十五家为一社。在现代，"社"指为他人办理某种事务的机构，如商社、学社、会社、社团等。"社会"一词指一定的经济基础和上层建筑构成的整体，泛指由于共同利益而互相联系起来的人群。每个人都生活在一定的社会环境中。社会属性是人之所以为人的根本属性。

在中国古代，民间有秘密结社的习俗。民间结社带有宗教色彩，在春秋战国时期颇为盛行，至后汉时期开始出现政治结社，也即朋党。道教的最初起源——五斗米道本是在这一时期出现的民间秘密宗教组织。明清时期，随着社会动荡的加剧，下层民众中的民间秘密结社和民间宗教组织十分盛行，著名的如白莲教、天地会等。

会【會】

hui

甲骨文　　金文　　小篆

　　"会"，繁体为"會"。会意字，从亼，从曾省。

　　"会"的甲骨文从彳，从止，从亼，从口："彳"为行走，"止"为脚的象形，意为走，"亼"像三方会合，是聚集，"口"为说话。各方的人聚集起来说话、发表意见，"会"为会合、聚合，会谈、会晤。

　　《说文·會部》："會，合也。""會"从曾，"曾"为曾经，表示以前经历过。会晤、会面、约会的对象均是曾经认识的，或曾有过交往的，或与大家的事业有关联者。

　　简化字"会"从人，从云。"云"为云集、又为说话：开会、会晤、约会等是人们云集于一处讲话、交流、沟通的聚会活动。《史记·廉颇蔺相如列传》："秦王使使者告赵王，欲与王为好会于西河外渑池。"这里的"会"用的是本义会合。"会"从云，为云集，有时一些人云集在一起做着同样的事情，也可以用"会"来表示，如会诊、会师、会审等。由聚会之意，"会"引申还指为一定的目的而成立的社团或者组织，这些群众组织代表相应阶层或群体的利益，针对这部分人展开工作，如工会、农会、学生会等，及各种学会、协会、促进会、研究会等社团组织。

　　此外，定期的集市也称"会"。早期庙会仅是一种隆重的祭祀活动，与佛教有着密切的关系。随着经济的发展和文化交流的需要，庙会成为中国集市的一种重要形式。人对事物的理解与事物本身蕴涵的意义之间的结合也是一种会合，这种会合相比一般意义上的集会，对人更具有启示性。人的理解与事理相吻合则为体会、领会。《朱子全书》："举一而反三，闻一而知十，乃学者用功之深，穷理之熟，然后能融会贯通。""融会贯通"即把各方面的知识和道理融合起来，从而得到全面透彻地理解。

　　人们云集在一起总是有一定的目的，通常都是因"会"而"聚"，"聚"是形式，"会"是目的。唐代白居易的"七老会"以及《三国演义》中的"群英会"中的"会"，都是有一定目的的集会。发展到后来，人们就用

"七老会"来比喻德高望重的人之间的聚会，而用"群英会"来比喻英才之间的聚会。

"会"聚起来就要说一说，议一议，所以称会议、集会。"会"的形式多种多样，如报告会、讨论会、舞会、宴会等。会议是解决各种问题的有效途径。针对任何问题都可以举行会议，展开交流、谈论或是谈判，从而达成妥协或一致，得出双方都能接受的解决方案。不过，"会"虽然由"人""云"构成，与会者却不能人云亦云，毫无主见，否则会议就会成为纯粹的形式而失去意义。

政治活动常采取会议的形式，而国计民生则是政治会议上常议常新的话题。通过经常性的政治会议，可准确及时地了解、讨论、研究、解决国家政治生活和百姓日常生活中存在的问题。

政治

治国如治病，治病之本是培元气，治国之本在正人心。

政 zhèng

攵 甲骨文　政 金文　政 小篆

"政"，会意兼形声字，从攵，正声。"正"为正确、端正、公正，又为正事、正途、正轨，寓意光明正大；"攵"的甲骨文字形为持鞭敲打，意指行为、动作、方法，寓意鞭策、督促。"政"为敲打鞭策使其走正路，办正事。《说文·攵部》："政，正也。"本义是匡正、治理，引申泛指为治理国家所采取的有关措施。"政"中有"正"，强调以正确的认识、正确的心态、正确的方法来做正事，走正路，使光明大行天下。"政"中有"攵"，表示统治者通常是通过强制性的手段和措施来行使其职权，推行其统治。"政"有政府、政策、政务、政治等意，进而引申指国家某一部门主管的业务，如财政、邮政、民政等。

"政"从正，政府处理政务要公正、公平、公开，使公民信服，得到公民的支持。所谓"打铁先得自身硬"，从政者在带头走正路的前提下，才能领导百姓走正路；而百姓也是在自身追求正路的前提下，才能选出优秀、正直的从政人员。正如《释名·释言语》中所言："政，正也，下所取正也。"

政府的权力来自百姓，所以百姓有监督政府的权力。此时"政"中的"攵"寓意：公民通过行使公民的监督权，鞭策政府和从政者走正路；政府要严格自律，树立为民服务的信念，以民为本的思想；同时，公民也要自我监督，支持政府高瞻远瞩的政策，遵守政府颁布的法律、法规，为国家的发展献计献策。

在古代，统治者对百姓的统治与管理主要通过两种方式：刑罚镇压和道德教化。前者是法家所推崇的治理社会、教育子民的方式。子民只要触犯了法律所规定的罪行，就严格按照法律的规定处罚；后者是儒家推崇的统治方式。《论语·有政》："政者，有所改更匡正。"官员的职责是督促民众勤奋劳作，匡正他们的失误，用人伦之理来教育民众，使得君臣关系讲究道义，父子关系讲究亲情，夫妻关系讲究内外有别，兄弟关系讲究长幼秩序，朋友关系讲究言而有信。儒家反对片面强调法制。

孔子说："道之以政，齐之以刑，民免而无耻。道之以德，齐之以礼，有耻且格。"（《论语·为政》）意思是，仅仅用政令来引导，用刑罚来威慑，禁止百姓做坏事，那么百姓充其量能做到不触犯法律，但不会有羞耻之心。如果用道德来引导百姓，用礼节来规范百姓的行为，百姓就不但会有羞耻之心，而且能逐渐成为有道德的人。

"政"由本义引申可做动词，指治理。治理活动有不同的层次和内容。"家政"、"校政"等指的是要治理的集体事务；"财政"、"民政"等指的是国家某一部门主管的业务。一个国家履行治理职能的机关是"政府"；国家权力是"政权"；政权的构成形式是"政体"；国家、政党为了达到一定的目的，根据自己的政治路线，结合当前情况和历史条件制定的一切实际行动的准则是"政策"。政府通过制定政策，发布政令来管理国家事务。

"政"由动词意义引申为名词，指政治、政事。《孟子·梁惠王上》："察邻国之政，无如寡人之用心者。"观察邻国的政事，没有哪个国君像我一样尽力用心。政治主要处理的是国家生活中的各种关系，包括阶级内部的关系、阶级之间的关系、民族关系以及国际关系等。政治常常表现为代表一定阶级的政党、社会团体、社会势力在国家生活和国际关系方面的政策和活动。

治理国家、处理政事的人都是有政治权力的人，故"政"引申为政治权力。《墨子·尚贤》："贪于政者不能分人以事，厚于货者不能分人以禄。"政府的权力是百姓给予的，自然受百姓的监督和督促，但从政者要坚持自我监督。惟有自身正直，而又不断反省、鞭策自己，为百姓办正事、教育公民走正路、为国家发展而奉献、奋斗的正义之士，才能通过自己踏实勤奋的工作，使社会进步，百姓团结，民族兴盛，国家富强。

治

zhì chí

 小篆

"治"，形声字，从水，台声。

《说文·水部》："治，水。出东莱曲阳丘山，南入海。""治"的本义为水名。从东莱郡曲成县阳丘山流出，向南注入大海。读作"chí"。水是古今之患，历朝历代皆花巨资人力治理；"台"可视为"怡"的省字，"怡"为喜悦、快乐之意。"水""台"为"治"，可理解为对泛滥的水加以整治使人们获得平安、快乐的生活，"治"指治理水患，即《玉篇·水部》云："治，修治也。"

"治"由治水引申指一般意义上的管理、处理，如治理、治家等；表示整理之意，如治水、治沙等；表示惩办，如治罪、惩治等；用于医疗，如治病、医治等；从事研究，如治学、治史等；使社会安定，如治世、治安等。文人常将百姓比作水，而"台"字则意为台上者，也就是掌权的统治者。故"水""台"为"治"引申特指统治者对国家、百姓的整顿、治理、管理。如治国、统治、法治等。

"治"从水，另有如下几层涵义：水由点滴构成，积小流而成江河，寓意治理从点滴开始，从小事做起；水清澈透明，寓意治理要有透明度，公开、公平、公正；水由高向低流，寓意治理是由上对下实施，逐级渗透，直至基层；水性无情，寓意治理不能留情面，要铁面无私；水性趋平，寓意治理要一碗水端平，官民同治；水具有流动性，寓意治理需要一而贯之，自始至终；水具有渗透性，寓意治理不能急于求成，要慢慢深入。"台"的本义为喜悦，也是"胎"、"始"、"怡"的省字，分别表示初始、自始至终和喜悦之意。寓意任何治理都要从萌芽开始，从初始开始；治理活动无论大小，都要有始有终，不能虎头蛇尾；而治理的结果要见成效，要令人满意，令人喜悦。"水"也是柔和顺畅（上善若水）和具有韧性的代表（水滴石穿）；"台"为高大的建筑物，会意坚固、刚硬，故治理应刚柔并济。

先人对洪水泛滥往往无所适从，从成语"洪水猛兽"中可以看出水的危害性以及人们对水患的恐惧。古往今来，治水都是一项浩大而艰巨的工程。在我国古代，著名的水利工程包括战国时期由李冰父子主持设计施工、造福于成都平原的都江堰排灌水利工程，以及始建于隋朝用以沟通南北水上交通的京杭大运河等。建设水利工程是一种防患于未然的措施，目的是从源头和根本上消除水患带来的灾难，所以把解决水患问题的举措统称为"治水"。治理水患，关键在于把握住水的特性和规律。基本的治水方式有两种：一是疏导顺流，二是堵塞改流。上古时期有两个著名的治水人物：鲧和大禹。鲧采用堵塞改流的方法，但最终遭到失败；大禹采用疏导顺流的方法，而最终取得成功。

"治"由对水患的整治引申为对国家的治理和统治。其实与治水一样，治国同样需要疏导和堵塞两种基本方式。但是，国家由不同的人群组成，各有各的主张和目的，并且人的私欲是根深蒂固的。因此，单纯凭借顺其自然的治理方法根本无法实现有效的管理，这就需要法律法规的约束和规范。这些规则如同水道，制定得合理，符合人的本性，适合社会整体的发展方向，便如同疏导水流一样，顺畅无阻。制定得不合理，违背人的本性，不适合社会前进的方向，便如同堵塞水流、强迫水流改道，随时随地都有决堤的危险。

治理国家需要漫长的过程，不可急于求成，否则过犹不及。法律、法规的制定和执行，政策、措施的出台和应用，都需要长时间的实践检验。社会在摸索中前进，治理的措施也是在摸索中慢慢改进而臻于完善。过于急切，或只贪求自己在位时的政绩，不是缺乏后劲，就是后患无穷。同时，治理国家还要道德与法制并举。治理的方式过柔则无力，过刚则易断。惟有刚柔并济，才能在和谐中得到发展，在发展中求得和谐。

治理国家还要及早。古人云："圣贤不治已乱治未乱。"若等到天下大乱，再去治理，无异于彻底的革命，那样所付出的代价是相当惨重的。圣明的管理者往往能清醒地认识到"祸患常积于忽微"，从而防微杜渐，将灾祸化解于未然。

治理不是一味地强硬管理，更不是以我为王，自封为天下至尊，要求人人朝拜，人人景仰。那种惟王独尊的统治年代已经一去不复返了。今天的社会是文明的社会，是民主的社会。治理者手中的权力是百姓赋予的，所以治理必然要以百姓为本，为民服务。

人的疾患亦如同水患，也须要及时"治"之。故"治"引申为治病、治伤、治疗等。水道纵横，就像遍布人体的经络血脉。水道壅堵则成水患，经脉不通则患疾生病。

水性趋平，高处的水要往低处流。与水相类，人体内的阴阳也须要找到平衡。水平不流，人平不病。故《黄帝内经·素问》称健康的人为"平人"。治人如治水，须疏通导引、调理颐养。"治"从水，从台。"台"可视为"胎"省"月"，或"始"省"女"。"胎"为胚胎，是事物的萌芽状态；"始"意为开始、开端。治病宜早，得病浅容易治疗，病入膏肓则药石难入。古代中医讲："圣人不治已病，治未病，不治已乱，治未乱，此方谓也。夫病已成而后药之，乱已成而后治之，譬犹渴而穿井，斗而铸兵，不亦晚乎？"

要把可能酿成疾病的因素控制在萌芽状态、胚胎时期，"阴平阳秘，精神乃治"，"正气内存，邪不可干"，才会使疾病没有生发的可能，从而达到保健、养生的目的。故"治"应从"胎"起，从"始"起。

"台"也可视为"怡"省"心"，"怡"为喜悦、颐养。如果能把发病因素消于无形之中（胎），或者得病浅时就进行治疗（始），便会获得一个健康的身体，就像平静无波的水一样，这时便可称为"平人"，人没有了病，自然喜悦，所以是"怡"。没有病并不等于不会得病，因此还须依据身体的状况，采取一定的方法进行颐养，这样才能健康长寿。可以说，治的结果是怡（喜悦），治的最佳方法也是怡（颐养）。

党派

党派是持有相同目标和立场的人的集合体。

党 【黨】
dǎng

鸞 小篆

汉字简化前，"党"与"黨"是两个意义不同的字。

"党"为形声字，从儿，尚声。"党"本指党项，古族名，北宋时建立以党项羌为主体的大夏政权。"党"亦为姓氏。"黨"为形声字，从黑，尚声。《说文·黑部》："黨，不鲜也。"本义为晦暗不明。

在古代，"黨"多为贬义，如死党、朋党、党羽、结党营私等，故从"黑"。"朋党"是指为争夺权利、排除异己而结合起来的集团。成语"结党营私"指的是勾结朋党，谋取私利。朋党为了达到自己的目的而不择手段，用卑鄙下流、令人发指的方式打击对方。周邦彦《汴都赋》："黨同伐异，此妍彼丑。"意思是结交和自己观点相同的人，攻击和自己观点不同的人，认为这个美丽，那个丑陋。"黨同伐异"后来衍变为成语，指学术上的派别斗争，又泛指一切集团之间的斗争。

现代汉语中，"党"字使用最多的义项是政党、党派。每个国家都有党派，其中掌握政权的党派被称为"执政党"。现在我国采用的是中国共产党领导的多党合作制，执政党是中国共产党，各民主党派是参政党。

"党"从尚，从儿。"儿"是汉字部首之一，从"儿"的字通常与人有关。所谓"得民心者，得天下"。天地之间，莫贵于民。一个政党，尤其是执政党，要想长期维持自己的统治，保证自己的执政地位，最基本、最重要的就是要深得民心，要在百姓中树立高大的形象。百姓的拥护对于执政党而言，是生命之源、长青之本。

"尚"又有超出、高出之意。"尚""人"为"党"，意为党者，要站得高，望得远，有眼光，有见识。"尚"还有仰慕之意。寓意为党应当做到受人仰慕，众人敬仰。党的领导，关系到百姓的切身利益，而党领导的策略和效果，则取决于执政党的智慧。以人为本首先要明白百姓真正需要的是什么。在追求国泰民安这一根本要义的过程中，既要考察民情，倾听民声，符合民意，又不能因为少数人的一时不满，而改变那些对国家和百姓长远利益有好处的政策。执政党的每一个成员都是执政党形象的代言人。作为百姓的领头人，不但要做到时时为百姓着想，处处为百姓谋福，更须要拥有为民谋福的本领，做出实实在在的成绩，这样才能真正得到百姓的拥护。

《广雅》："尚，上也。尚通上。""尚"可引申为处高位的政府、机关领导；"儿"为人，可引申为百姓，为基层。"党"字上"尚"下"儿"，寓意人在高处是人，人在低处也是人。作为党所领导的政府，不能高高在上，要与百姓平等；要深入基层，深入百姓；要设身处地，换位思考，为基层百姓服务；要明白百姓是自己的衣食父母，自己是百姓选举出来代表百姓管理国家的人。作为执政党员，眼光高但要往下看，境界高但要为下想。思百姓所想，给百姓所需，树立党的良好形象。要俯首甘为孺子牛。党领导的政府的地位和权力是百姓赋予的，政府自然应该用手中的权力为百姓谋福利，为国家的兴旺而奋斗。

"儿"又为婴儿、幼儿。"儿"是家庭的未来，是国家的希望。"尚""儿"为"党"，意为党要让百姓看到希望，要让百姓有盼头，有奔头。"儿"又象形为单膝跪下的人，寓意崇尚、尊崇。"尚""儿"为"党"，又寓意党只有以高尚为尊、为崇，才能将天下贤士广聚党内，并被世人崇尚；也惟有这样的党，才能将优秀的民族精神、传统文化代代传承，并发扬光大。

"党"字下面一个"兄"，表示兄弟。当代我国的执政党是共产党，同时其他各民主党派也参政议政，各个党派之间是兄弟般的友好合作关系。我国宪法确立了我国政治制度"一党执政，多党合作，民主协商"的基本原则。兄弟和则家昌，兄弟仇则家衰。只有各党派共同合作，密切配合，心往一处想，劲儿往一处使，国家才能繁荣富强，百姓才能过上安定祥和的日子。

派 pài

小篆

"派"，会意字，从水，从反永。

"派"从"水"说明与水有关；"永"为长长的水流，反"永"表示与主流不同方向的水流，则"派"为支流。反"永"的笔画走向千差万别，没有两条方向相同，也表示"派"是主流的分支，是水向各不相同的方向流动。《说文·水部》："派，别水也。""别水"即由主流分出来的支流。"派"的右半为"脈"（"脉"之繁体）的省字，言水流就像人体内的血脉一样，流向大地的各个角落，主流如经脉，支流如络脉。舜在位时，天下洪水漫溢，于是命禹治水。禹疏导分配天下之水为九派，进而分配天下之土为九州，重新安排了山川河流，"派"又有分配、分派的意思。"派"的右半部分包含有三个不同形态的"人"字，表示要把人分派到不同的岗位。故"派"又为派遣。

"派"也泛指水流。王安石《僧得殊家水簾求予咏》："淙淙万音落石巅，皎皎一派当簷前。"诗中的"一派"就是一条水流的意思。此"皎皎一派"是一个不可分割的整体，所以"一派"也用做量词，用来形容诸如景色、气象、声音、语言等等统一完整的内容，比如"一派胡言"，即说的话都没有事实基础。一个支流就是一个分支。说到支流，就带有众多、短小、旁岔这样的特点，一切具此特点的都可称为"派"。"派"的引申含义也多由此而来，如"派生"是从主干旁生出来；"分派"指对物、事的分配；"派遣"是分派任务之后将众人遣往四面八方。

"派"当"派别"讲，指宗教、政党或学术团体内因主张、利益不同而形成的分支或门派。如党派、学派、左派、新派、旧派、宗派等。"派"都是指相对本领域的主体而形成的若干分支。党派之间多为纲领、政策和权力之争；学派间多是理论、学术和见解之争；宗教派别之间多是信仰、教义和习俗之争。

"派"使得人群得以分类，并以各种团体和组织的形式存在。因为各领域都存在着众多派别，人们往往因同时属于不同领域的派别而具备不同的身份，充当着多重角色。

江河因为包容各支各"派"得以汹涌澎湃，奔流不息；各支各"派"因汇入江河得以气魄宏大，永不枯竭。"江"是"派"的汇聚，"派"是"江"的源泉，共荣共生，不可或缺。各"派"汇聚成"江"，启发人们要懂得互相融合，目标明确，取长补短。学派、党派之间要做到上善若水，在包容、融通的基础上汇聚为一体，这样既提升和成就自己，又发展壮大本派本党。

法律

法律阻止不了想犯错误的人走上邪路；道德让那些有机会犯罪的人走上正道。

法 【灋】
fǎ

（灋）金文　　　　（灋）小篆　　　　（法）小篆

"法"，古亦作"灋"。"灋"为会意字，从水，从廌，从去。

"法"的金文从水，从人，从口，从廌。"水"静则平；"人""口"意为人发生口角，争讼不休；"廌"是传说中的一种神兽，它既能辨别曲直真伪，又能分辨是非对错。"法"的金文字形表现的是辨别真伪，以求公正执法的行为。《说文·水部》："法，刑也。"本义是刑法、法律、法度。

繁体与简体的"法"字中均有"水"。水是万物赖以生存的物质，草木得水而生，动物饮水而长，社会有法而安，故"法"从水。水具有清澈透明、趋平善下、泽被万物、可载可覆等特征。"法"从水，清楚地传达了"法"的以下深刻内涵。

首先，水清澈透明、无色无味，说明法是公开明了、不掺杂质的。无论是法律的制定还是执行，都要坚持一个最基本的原则——公正严明。不能对权重者轻判，也不可对卑微者重罚；不能因人情、感情等因素随意歪曲事实，也不能任意减轻或加重刑罚。法律是引导和规范公民行为的指南，公开化和透明度是对法律的基本要求。法律只有公开、透明，执法行为才能不偏不倚，才能起到引导和强制的作用。在夏、商、周时期，治国者秉承"刑不可知，则威不可测"的理念，认为法律不公开，人们便无法预知自己行为的结果如何，在行事时就会小心翼翼。因此，那时的法典都无一例外地以秘密的状态和习惯法的形式存在，法律只掌握在司法者或占卜人手中。到了春秋战国时期，郑国执政者子产"铸刑书于鼎，以为国之常法"。该"鼎书"可以说是我国历史上第一个正式公布的"准"法典。

自此，法律由神秘走向公开，民众也得以在明确的法律制度下规范自己的行为。

其次，水的属性润下，水自始至终从上向下流淌，纵使流遍千沟万壑，也只有最低处才是它的归宿。"法"从水，暗含法律的执行是一以贯之的，法律由国家最高权力机关制定，一层层向下推行：从中央到地方，各行各业；从官员到百姓，男男女女，层层照办，人人遵守。而法律的宗旨是保障公民的根本利益。西汉时期桓宽《盐铁论·诏圣》："法者，刑罚也，所以禁强暴也。"在当时文明发展的条件下，是靠法律对违法者实行强制性处罚，来阻止残忍或野蛮的暴行。然而通过以暴制暴所取得的平静与安宁只是暂时的。现在和谐型社会的构建，切实需要的是政府为民做主，法律为民服务，急百姓之所急，想百姓之所想，以百姓的利益为出发点。惟有如此，公民才能自觉遵守法律的规定，维护法律的尊严；也惟有如此，法律条例出台后，人人才会自觉遵守。

再次，水的去向始终是由高往低，不论前方是山石树木还是良田美宅，只要地处低位，水总会光顾。古语云"水火无情"，法从水，说明法律是公正的。法律面前人人平等，没有强弱之分、贫富之别、官民之异。法律不同情弱者，亦不谄媚权贵。法律以平等为准，以公正为刃。刃依准削，如水泻地，故云"水""去"。执法部门要做到有法必依、执法必严、违法必究。执法人员不能徇私枉法，知法犯法，执法违法，应该自觉维护法律的严肃性。法律能否得到贯彻实施，一方面依赖公民的自觉遵守，另一方面要依靠执法机关的公正执法。如果执法机关不能秉公执法，法律规定的权利就无法行使，义务就无法履行，公正就无法实现，正义就无法伸张。公正是人类永恒的价值追求。

在漫长的历史长河中，人类社会就是在文明与野蛮、公正与偏私、正义与邪恶的斗争中不断向前发展的。追求公正是人类文明重要的价值取向，是人类不断走向文明的显著标志。为了保证法律裁决的公正，人类很早就发明了占卜、决斗、审判、仲裁等各种被视为公正的裁判方式，并逐步形成和建立了习惯、道德、宗教、法律等各种被视为公正标准的裁判规则。在现代，人们对于公正的理解更加全面，对于公正的追求更加执著，对于公正的实现也更加期盼。正因如此，法律被人们称为善良与公正的艺术。

其四，水包容宽厚，所到之处，滋润万物，无怨无悔，不图回报。"法"从水，说明凡是公民，均可以用法律的武器来维护自己的根本权益。以法律为武器捍卫公民权益的前提就是普及法律知识，让人人了解法律。但法律的完善需要一个长期的过程，还有赖于全体公民的共同努力。司法机关作为公民与法律之间的媒介，只有捍卫法律的尊严，维护法律的正义，最大限度地保障公民的合法权益，公民才能信赖并有效使用法律这一武器。

"灋"从廌，寓意执法人员要树立法律意识，掌握执法技能，提高明辨是非的能力。执法部门要培养一支高素质的执法队伍，杜绝冤假错案。法律是由国家最高权力机关制定并一步步向下推行的，如果司法机关及执法人员都不具备相应的素质，那么公民的法律意识和社会的法治环境又从何而来，凭何而建？法律、法规的落实，关键在于执法，而执法效果则取决于执法队伍的素质。一支高素质的执法队伍是确保法律有效实施的关键，这就须要政府重视执法队伍的建设，切实提高执法人员的素质，建设一支政治合格、业务精通、作风过硬、纪律严明的执法队伍。

"法"、"灋"二字均有"去"。"去"为离开、离去和除掉、失去、减去等意，与"来"相反。"法"从去，表明建法律制度，立法纪法规，旨在严格依法办事，去恶止邪，使人们远离犯罪。同时也明示触犯法律之人必将受到法律制裁，从而洗心革面，重新做人。然"上善若水"，水虽有无情的一面，却以柔情而著称。对于违法之人，法律虽然是以强制的手段给予惩罚，暂时或终身剥夺其自由，但是从根本上来说，法的深处也有柔情似水的一面——其根本宗旨是为了社会经济繁荣，百姓生活安定；根本目的是为了改造罪犯，惩前毖后，治病救人。

"去"又从土，从厶："土"具载万物之公心，"厶"为"私"省，有利一己之私意，"土"在上而"厶"在下，意为执法部门和司法人员要以国家和人民利益为重，秉公执法，不谋私利。"水""去"为"法"，强调法律要去掉水分，去掉私心，以公心为上，铁面无私，执法如山，维护法律的尊严。

"法"字的构成，不仅仅体现了法律的深刻内涵，同时也表明完整的宗教除信仰外，还包括一定的组织形式，有具体的教主、教徒，有明确的教规、教义等。宗教的教规、教义也就是宗教所遵行的法。宗教因有法而立，以此表明其完整。与国家法律、社会法则一样，宗教中的法规范着所有教徒的思想、言行，同样具有严明公正、一视同仁等特点。尤其佛教更是奉行"众生平等"的原则，法施万众，不分厚薄。

"法"后引申指标准、规范。做任何事情，不能没有规章制度，从帝王将相到各种工匠，无一例外。故而，《墨子·法仪》中说："天下从事者，不可以无法仪。无法仪而其事能成者无有也。虽至士之为将相者，皆有法，虽至百工从事者，亦皆有法。"

"法"还有规律、常理、方法、办法之意。方法是处理事物的手段，如兵法、算法、指法、身法等。"法"也指道家拿妖捉怪之术。有了好的方法，可以传授给他人，让他人效仿，所以"法"又可充当动词，表示效仿。《吕氏春秋·察今》："上胡不法先王之法？非不法也，为其不可得而法。"君王不效仿、沿用先王制定的法令制度，不是因为它不好，而是因为它不适合现在的实际情况，不宜生搬硬套。

"法"也特指佛所悟到的道理，是佛典中的常用语。"佛法"指佛陀之教法，又称"教法"或"正法"，泛指佛门中一切行为规范、教说。佛典中，"法"是梵语"达摩"的意译。

律

律 甲骨文　　律 小篆

"律"，形声字，从彳，聿声。"彳"古有人慢步行走之意；"聿"是"笔"的本字，表示书写。"彳""聿"为"律"，既体现了走路与运笔时所遵循的不变之法，也可理解为是笔在行走，强调了用笔写字时所遵循的关于行笔、格式等方面的规则。《说文·彳部》："律，均布也。"本义为普遍施行的规律、法则。"聿"也为"書"的省字，表示书法。中国的古书是按照由上到下、从右到左的规则书写和浏览。写字也有规律：先上后下、先左后右、先外后里，即便是写美术字也有"点如瓜子撇如刀，横平竖直捺如扫"的规矩。"律"中有"聿"，寓意律就在生活中，万事万物都有律，都在依律而行，因此人也要依律行事，方能与万事应和，与万物互动。

"彳"由行走之意引申为循序渐进的实践活动，"聿"由书写或通过文字记录形成的文书引申为不断总结的系统理论。"彳""聿"为"律"，表示"律"是通过实践总结出来的。"彳"在"聿"前，也意为"律"是为监督人的行为而制定的准则与章程。因此，"彳""聿"为"律"，是约束行为的文字，是行为遵奉的条文，是指导施行的章程。"律"引申指法律、法令，如纪律、法律、定律、清规戒律。"律"从彳，意为人是法律的制定者、施行者；法律是人在长期的实践中慢慢摸索，然后通过理论将其书面化而制定出来的。法律的制定应该遵循事物运行的规则、公认的道德标准和风俗习惯。"彳"为双人旁，意为多人，表示法律作用于众人，法律面前人人平等。人与人相处要以修养自律，以法律他律，以公德互律。

《尔雅·释诂》："律，法也。"天载日月运行，地养万物生长，循环往复不息，自有其内在的运行机制，这就是规律。规律是事物之间内在的本质联系。探求并掌握规律，是一个由此及彼、由表及里、去粗取精、去伪存真的过程，是一项艰巨的、充满曲折的、须要不断深入、长期坚持的活动。对事物本质规律的探索与把握，是为了更好地认识客观世界，掌握并遵循大自然的规律，这是人与自然和谐共处的基本原则。天有天道，地有地理，违背自然规律就要付出惨重的代价，必将受到大自然的报复与惩罚。曾几何时，我们战天斗地，逆天道，违地理。面对人类的"壮举"，大自然毫不留情地反击：江河断流，湿地消失，植被退化，沙漠侵进，风沙席卷，冰山融化，臭氧空洞……这正是自然之律对人类的惩罚。

人与人、国家与国家之间交际往来也必须遵循一定的规律，即法律、规则。与自然规律不同，这些法律和规则是为了约束人们的社会行为而订立的；是人们经过长期实践，不断摸索而总结出来的；是通过逐步执行而建立起来的；是在慢慢灌输，世代传承中逐渐完善起来的。

"律"具有权威性和相对稳定性。古人以刀代笔，将国家的律法典章镌刻在青铜器上，以此表明律法是国家意志的象征，神圣不可侵犯，轻易不容更改。即使须要修订，也要按照一定的程序进行。

秦有秦律，汉有汉典。"律"也是一个历史范畴。北宋变法革新的代表人物王安石曾说："变置施设，必当其务。"（《本朝百年无事札子》）政策法令的变更和设置，一定要适合当时的实际情况。历史在前进，时代在发展，律法自然也要随之不断地修订、充实和完善。"律"的建立健全是一个相当漫长的过程，要经过长期的实践来证实其合理性。法律只有经过长时间的施行、调整和修正，才能逐渐适应社会的需要，充分发挥对人的行为的规范和约束作用。

根据规范强度、适用范围的不同，"律"又可分为法律、纪律、戒律等。法律是由国家制定和认可并以国家强制力保证实施的行为规范的总和。法律是对人的行为约束力最强的一种规范，是确保整个社会有序运行的保障。在法制社会里，为人一世，为官一任，执政一方，只有"守法持正"，才能"巍如秋山"。纪律是某一部门或组织为了维护集体利益，确保工作正常进行而制定的规章、条令。纪律虽然没有法律那样的强制力，但也要求特定的群体主动遵守，在团体内部，同样具有约束力。戒律则属于宗教范畴，是指宗教信徒必须遵守的教规、教义和生活准则。

"律"有约束之意，从这个意义上说，"律"有他律、自律之分。"他律"是通过规范、纪律来约束社会成员的行为。他律中最有效、最重要的形式是法律，法律是国家意志的体现，是一种特殊的社会规范，具有国家强制力和普遍约束力，社会成员无一例外地都要遵守。"自律"是作为社会成员的个体自我约束、自我控制的行为。自律首先来自对道德标准的恪守。道德的功用就在于，行动之前已告诉人们应当做什么，怎么做；而法律的功用却在于，告诉人们做错了事情会受到什么样的惩罚。一个用于防范，一个用于警戒，二者不可偏废。只有懂得自律的人，才能享受到真正的自由。自律的最高境界是"慎独"，也就是在独处的时候，也能严以律己，谨慎行事。慎独作为自我修养的方法，在古人的道德践履中发挥着重要的作用。张养浩《风宪忠告》："自律不严，何以服众？"每个人只有严格地自我约束，自觉规范，才能获得真正的自由，才能赢得他人的尊重。

如果一种行为被严格限定在某种章法下进行，也可称为"律"，如以严格的诗词格律创作的诗词为"律诗"；以严格的审定标准校正乐音高低的器具为"律吕"。

谈到"律"，不能不提及律师这一职业。律师是为社会提供法律服务的人员。他们既是法律的代言人，也是当事人的代言人，是司法部门与当事人之间进行沟通的桥梁和纽带。所以，律师从业的准则应包括三方面：保护当事人的合法权益；维护社会正义；促进法制完善。对于司法部门而言，律师要将当事人的实际情况和应当享有的权益阐述清楚；对于当事人而言，律师要在法律允许的范围内为当事人争取最大的权益。因此，作为一名律师，自律是非常重要的。既不能损害当事人的合法权益，也不能为了当事人的权益而钻法律的空子，更不能违背律师的职业道德，损害国家的利益。

条例

条例是政策法令的作业指导书。

条 【條】
tiáo

 小篆

"条"，繁体为"條"。形声字，从木，攸声。

"攸"意指长远；"木"为树木、木材、木料。"攸""木"为"條"，既表示树木细长的枝条，也表示长形的用木头制作的器物，泛指长条形物体。"條"简写为"条"，从"夂"，从"木"。"夂"似相互交叉的形状，"木"为树木，"夂""木"表示交叉着的枝条，细小的枝条在微风吹拂下，轻柔地摆动，很容易相互交织在一起。《说文·木部》："條，小枝也。""条"的本义指小枝，细长的枝条。"风不鸣条"意思是和风轻拂，树枝不发出声响，比喻社会安定。汉代桓宽《盐铁论·水旱》："周公载纪而天下太平，国无夭伤，岁无荒年。当此之时，雨不破塊，风不鸣条。""雨条烟叶"指雨中的柳条，烟雾中的柳叶，形容凄迷的景色，亦比喻情意的缠绵。宋代晏殊《浣溪沙》："只有醉吟宽别恨，不须朝暮促归程。雨条烟叶系人情。"

《诗·周南·汝坟》："遵彼汝坟，伐其条枚。"毛传："枝曰条，干曰枚。"唐代李白《折杨柳》："攀条折春色，远寄龙庭前。"

"条"泛指一般长条形物体。北周庾信《七夕赋》："缕条紧而贯矩，针鼻细而穿中。"清代徐珂《清稗类钞·艺术类》："虽长条巨幅，俄顷之间，淋漓殆遍。"又如"条幅"、"口条"、"条印"、"条纹"、"发条"等。"条"由长条形的物体可引申指长方形的东西，如"条几"为长方形的几案，"条子"为长方形的纸张、便条。

长条形的东西摆放起来，视觉整齐，故"条"又可引申为条理、次序。《尚书·盘庚上》："若网在纲，有条而不紊。"孔传："有条理而不乱也。""条分缕析"形容分析得条理分明，极为严谨。西汉司马迁《史记·屈原贾生列传》："治乱之条贯。""条贯"指内部结构条理或做事的顺序。一个能够合理安排时间，做事有逻辑、有条理的人已经接近成功的一半了。做事无条理性的最大害处就在于浪费时间。

"条"又指条款，条令。《广韵·萧韵》："条，教也。"《战国策·秦策》："科条既备，民多伪态。"《明成化说唱词话丛刊·包龙图断曹国舅公案》："是我皇新无道理，做了违条犯法人。"

"条"又用作量词。南朝齐谢朓《咏菟丝诗》："烂漫已万条，连锦复一色。"再如"三条意见"、"五条新闻"、"一条街"、"一条路"等。

"条剂"是中药学名词，指将药末粘附于纱布条上，或单用药末加浆液搓成药条，插入伤口，用以化脓引流或腐蚀瘘管。"条口"是经穴名，属足阳明胃经，在小腿前外侧，当犊鼻下8寸，距胫骨前缘一横指，主治膝胫酸痛、两足无力、脚气、转筋、腹痛、泄泻、肩凝症等。

例 lì

小篆

"例"，形声字，从人，列声。

"例"从"人"表明与人有关；"列"为并列、排列，有摆出、列举之意。"例"的本义为类、列。《说文·人部》："例，比也。""比"为并排、并列。"人""列"为"例"，又表示人并列而立，是人和人并列进行比较或将人一个一个列出来进行比较，故而"例"有比照之意。元代刘壎《隐居通议·欧阳公》中有一句话叫"举此以例其余"，意思是列举出这件具体的东西来和其他的作比较。这里的"例"用的是本义，在现代汉语中，这种用法已经很少见了。

"例"是以人为范列举出来，故而"例"也表示可以作依据的事物。如实例、病例。"例"是一个一个地举出来，目的是举出件具体的东西来和其他的作比较，或是将其列举出来以更好地说明问题。事物各不相同，但是某些事物总能在某些方面找到共同点，可以根据这个共同点把它们归成一类。在说明这类事物的特征时，不必把所有的事物全列举出来，只要拿出其中一个或几个典型加以说明就可以了。这就叫做"举例"，被列举出来的事物就叫做"例子"。《南齐书·陆慧晓传》："便是未有前例。"在现代汉语中"例"的引申义的使用频率已经远远超过了它的本义。"例证"指能进行说明和解释的任何特定的人、事情或局势。人们在学习文化知识的时候，都要研究例题，例句做为参考。一本书要有它的体例，著作前用来说明体例的语言文字叫做"例言"。

"例"作为法律术语在中国古代专指审判案件的成例，经朝廷批准，可作为审判案件的法律依据。从名称和作用上看，与英美法系中普遍适用的"判例"出入不大，由此可以看出，在现今我国使用的大陆法系成文法系统确立之前，早在遥远的古代，我国就是"律"、"例"并举，在古代法制建设方面拥有自己严格的体系。《秦简》中的"廷行事"即指"例"，汉时称为"决事比"。《晋书·刑法志》有"集罪例以为刑名"之说。唐代允许在法律无明文规定时可比照成例办案，但不像后来那样重视例，尤其反对用例来破坏法律的明文规定。宋代规定"法所不载，然后用例"，清代则例律并行。

"例"也可以泛化，表示这一组事物的整体。"例"就有了列、类的引申义。成语"不在此例"即不在这个行列的意思。

例子既有说明性，又有规范性，以此例为准，故而，"例"有规定之意，"例"引申为规定、规则、条例。如条例、禁例。清代方苞《狱中杂记》中使用了"故例"这个词，指的就是以前的规矩。成语"例行公事"指照例按规定履行公务，泛指敷衍了事、走过场。不按规定的、和一般情况不同的叫做"例外"。用来规范人的行为的制度叫做"规章条例"。依据约定的惯例每隔一定期限举行一次的会议叫做"例会"。

权利

事事有人管，人人有事做。

权　【權】
quán

權　小篆

　　"权"，繁体为"權"。形声字，从木，雚声。

　　"权"从"木"表示与树木或木头有关。《说文·木部》："權，黄华木也。"本义为黄华木。此树木质坚硬，比重大，在金属未被发现和利用之前，人们通常用这种木料制作秤砣，所以《论语·尧曰》有"权，称也"。说"权"是用来称量物体重量的工具，即秤。秤是用来衡量轻重的工具，故"权"引申指衡量，如权衡。

　　"权"又引申指权力、权威、权势。因为有权有势故而通常凡事占上风，掌握优势，如制空权、制海权。"权"也指应享的权利，如选举权、发言权、公民权。

　　"雚"的甲骨文像一只头顶长有毛角，瞪着两只大眼的猫头鹰。猫头鹰目能夜察秋毫，然因鸣叫声难听，民间通常认为闻者有祸，因此，这里将"雚"看作是明察秋毫、决定福祸者。"木""雚"为"權"可理解为，黑夜里，猫头鹰停在树间，高高在上，目光锐利，审视四围。"权"字意为职责范围内支配和指挥的力量，即"权力"。

　　简化字"权"从木，从又："木"在这里指权杖，是象征王权和神权的木杖；"又"的甲骨文是一只手的象形，表示掌管、控制。"权"是手中握有兵符，有调兵遣将、指挥千军万马的权力；也是手中持有权杖，掌握生杀大权，主宰百姓命运的权力。"权"体现了人赋予自身的主宰万物的权力，强调把握、集中和利用。《孟子·梁惠王上》："权，然后知轻重；度，然后知短长。"

权力就是判断事物轻重缓急的能力，有了这个能力，就有了支配别人的能力，也就有了权力。1986年，在四川省广汉三星堆古文化遗址发掘出一根象征王权和神权的木质权杖，外裹黄金。《礼记·曲礼》："大夫七十而致事，若不得谢，则必赐之几杖。"几案和手杖是身份、权力的象征，是皇帝对年迈德高人士的一种恩赐。随着时代的发展，用来象征身份、权力的物品变得越来越广，权力的范围也从敬老扩大到人类社会的各个层面。如国家有"政权"和"主权"，军队有"兵权"，皇室有"王权"；统治阶层有"统治权"，被统治者也有相应的"民权"；"特权"属于少数人，"生存权"则是全体生命所共有。

通常情况下，有实际意义的权力统称为"实权"，拥有实权的人被称为"权贵"、"权臣"、"权要"，各级政府又称"权力机构"。"权力"不同于"权利"，权利侧重于"利益"，权力则侧重于"力量"。不论大小，"权"都有"力"，背后总是以强力、势力、甚至威力、暴力作为后盾。凡是权限所及的人或物，都要受这个"力"的制约；一旦对这个"权"质疑、抵抗，就要受到"力"的惩罚。有"权"就有"力"，拥有权力就能够支配、控制他人，通过权力可以获取特权、私利，因此人们往往对权力趋之若鹜，为获取权力，不择手段。古往今来，人们对待权力无非两种态度——或嗜权如命，或与权无争。历史上，围绕权力之争上演了无数惊心动魄的悲喜剧。武则天为了攫取皇权，亲手掐死自己两岁的女儿以陷害皇后，之后又残忍毒死两个有条件继承王位的亲生儿子。她的二儿子李贤临死之际，写了一首《黄台瓜词》："种瓜黄台下，瓜熟子离离。一摘使瓜好，二摘使瓜稀。三摘尤尚可，四摘抱蔓归。"武则天为了权力泯灭人性、残杀儿女，想来令人发指。

不过，并非所有人都会为权力所左右，孔子说："不义而富且贵，于我如浮云。"（《论语·述而》）用不正当的手段得来的富贵，对我就像浮云一样。又说："富与贵，是人之所欲也。不以其道得之，不处也。"（《论语·里仁》）金钱和地位，是人人都想得到的，但若不是用正当的方法得到它们，君子不享受。孟子则更为彻底坚定："非其义也，非其道也，禄之以天下，弗顾也；系马千驷，弗视也。"（《孟子·万章上》）不合道义的"富"和"贵"不足取、不可求，即便金钱再多，地位再高，对君子来说，都不屑一顾。圣人的态度很明确，富贵是常人所求，无可厚非，但"君子爱财，取之有道"，君子求权，也要合于道义。这种重义轻利、重道轻权的思想，正是中华民族的浩然正气。历史上，也有一种人，虽然位高权重，但对权力却能泰然处之。张良为"初汉三杰"之一，他运筹帷幄之中，决胜千里之外，协助刘邦推翻秦朝、打败项羽、统一天下，被封为留侯（汉代侯爵中最高一级的封号，即"万户侯"），但他却视富贵如鸿毛，激流勇退，隐身江湖，其人品深受后人尊崇。而同为"三杰"之一的韩信，虽然为建立汉朝立下了汗马功劳，但他眷恋权位，功高盖主，不可一世，最终招致杀身之祸。

从字形上看，"权"是以手握杖，松则杖易失，紧则杖易断，施政不善，民必遭其害；施政不仁，杖反噬己身。从"权"的本义来看，凡是衡器都有一定的限度，在合理范围之内正确行使权力，权力就会发挥积极作用；超出范围滥用权力，权力就会贻害无穷，既伤人，又伤己。三国诸葛亮施行善政，蜀地官员受益匪浅，百姓殷富庶足。手中有权时，或造福一方，或广济天下，受人敬重爱戴。然而权力是一把双刃剑，好人运用它，为百姓造福，就能为天下致太平；坏人利用它，以权谋私利，足以危害社稷苍生。这样的例子举不胜举：唐代口蜜腹剑的奸相李林甫、宋代构陷岳飞的秦桧，哪一个不是手握重权？哪一个不是嫉贤妒能，为逞一己之私而将社稷苍生置之度外？因此，古人认为治理国家的首要任务是"选贤任能"，注重选拔德才兼备的人到权力岗位上。诸葛亮在总结治乱之道时说："亲贤臣，远小人，此先汉所以兴隆也；亲小人，远贤臣，此后汉所以倾颓也。"（《前出师表》）亲近贤德之臣，远离肖小之辈，这是先汉兴隆的原因；亲近小人，远离贤臣，这是后汉衰颓的原由。孔子更将任人用人提高到民心民意的高度。一次鲁哀公问他，怎样才能使百姓信服，孔子回答：将正直的人安置在邪曲的人之上，百姓就信服；将邪曲的人安置在正直的人之上，百姓就不服。在如何用人上，历来有两条路线：一是用人唯贤，一是用人唯亲。唯贤唯亲，决定了权力使用为公为私、是正是邪的根本不同。

权力具有决策决断的功能，治乱兴衰，影响甚大，在行使权力时，需要运用高超的智慧和技术，谨慎从事。由此，"权"还有"权衡"的意思。

权衡，就是思考、衡量。作为当权者，在行使权力时需要反复权衡，不要鲁莽轻率做出决定。权衡的关键在于权衡的内容：权衡是非、权衡得失、权衡利弊、权衡进退。张良处理汉军攻占咸阳一事，可谓四者兼具的范例：当初刘邦与项羽约定，谁先攻入秦朝的都城咸阳，谁就为王。刘邦采用张良计谋避实就虚，先入咸阳。入咸阳后，军士忙于抢掠珍宝美女，刘邦也沉溺于称王美梦中，只有张良以冷静的头脑，审时度势，力劝刘邦放弃抢掠退出城外，恭候项羽大军光临。张良认为，实力远胜刘邦的项羽不会轻易践约，随时都可能吞并刘邦，如果此时得罪了项羽，一切王图霸业皆成泡影。阻止抢掠是权衡是非；判断珍宝与天下孰大孰小是权衡得失；掌握形势，趋吉避凶，是权衡利弊；驻军霸上，避免与项羽发生冲突是权衡进退。刘邦也是胸怀远志，听从了张良的规劝，否则历史恐怕也得重写了。

事物、情势并非一成不变，是非得失、利弊进退有时很难以常理进行权衡，需要因势利导，随机应变，因此，"权"还含有"权变"之意。《孟子·离娄上》："男女授受不亲，礼也；嫂溺，援之以手者，权也。"儒家礼教认为男女之间应谨遵礼节，身体不能随便接触，更别说是男女之间的拉拉扯扯了。遇到特殊情况，比如嫂子掉到水中，小叔子就不应死守男女大防的礼节，应当立即伸手援救，这就是权变、权通、权宜。不懂权变亦不是一个高明的当权者。孔子说："可与共学，未可与适道；可适道，未可与立；可与立，未可与权。"学习进而得大道，得大道进而立业，但立业最关键的还是要懂得权变。孔子认为，共学、得道、立业与权变是人生奋斗的四个重要阶段，而权变列在最后，可见孔子对权变的重视。东汉中兴之主光武帝刘秀，当初随其兄刘演起兵，后来刘演被刘玄所杀，按常理，刘秀应为其兄报仇。当时刘玄大权在握，刘秀不敢造次，不但不发丧致祭，也不口出怨言，反而给刘玄下跪表示理解支持。忍常人所不能忍，为常人而不能为，这就是权变。倘若刘秀不能忍一时之忿，通权达变，肯定会招来杀身之祸，以后的统一大业便无从谈起了。权变之于历史和个人，是一种善于权衡的高超智慧和艺术。不懂权变，不知道什么是权宜之计，墨守成规，纸上谈兵，肯定是用不好"权"的。

利 lì

彩 甲骨文　利 金文　利 小篆

"利"，会意字，从刀，从禾。

"禾"为五谷，庄稼；"刀"为古时劳作所用的收割工具。"刀""禾"为"利"，即谓收割，收割后才能真正见利。"禾"为"和"省，是和善，和善之人最终获利。以刀割禾，刀要锋利，刀口要快，故"利"有锋利、锐利之意。而刀锋利则收割顺利，故"利"也有顺利的意思。锋利的刀可用较少的时间收割较多的庄稼，省时省力，此处"利"为好处、益处。收割是种一粟而得万斛之事，是以较少的投入得到较多的收获，故"利"还有利润、利息之意。

《说文·刀部》："利，铦也。""铦"就是锋利。"工欲善其事，必先利其器。"工匠要想把活干得漂亮，一定要先把自己的器具磨治锋利。俗话说"磨刀不误砍柴工"，准备工作做得充分了，我们离成功也就不远了。《老子》："国之利器，不可以示人。"这告诉我们韬光养晦的道理，为人处世要含而不显，锋芒毕露常常会给自己惹来不必要的麻烦，善刀而藏更为可贵。《荀子·劝学》："金就砺则利。""利"与"砺"同音，刀剑"砺"方能"利"，人经过磨炼才能更突显出锐意、锋利。"利"为顺利、吉利。《易·乾》："飞龙在天，利见大人。"这是乾卦九五爻的爻辞，此爻像龙飞在天，象征着人会得到吉利。西楚霸王项羽中了埋伏，被困垓下，在四面楚歌中，与心爱的虞姬生死离别时唱道："力拔山兮气盖世，时不利兮骓不逝。""时不利"就是时势不顺利的意思。"利"用做使动表示"使……顺利"，成语"利用厚生"是充分发挥物的作用，使民众生活优厚富裕起来的意思。佛典中有"利己"、"利他"的对立，即为使己利、使他利。

古时，人们以农业为主，收割的粮食是人们的主要生活来源，用刀割禾，表示收获、丰收。由此"利"引申为利益、实利的意思。《论语》："君子喻于义，小人喻于利。"对君子要用"义"来教育，对小人则要用利益来引导。墨子所推崇的"兼相爱，交相利"，简单理解就是要大家互相关爱，由此互得利益。可见先秦的思想家们都不否认人们对利益的追求，因为这是人之本性，正如《史记》中所说："天下熙熙，皆为利来；天下攘攘，皆为利往。"只是要把这种追求限定在合理的范围内，即所谓"以义克利"。

"利"中之"禾"代表财富，求"禾"是民之权利，不容侵犯。当它受到侵犯的时候，"利"中之"刀"就会发挥作用。"禾"为利之本，"刀"为利之戒，获"禾"应时时警醒有一把刀紧随其后。"禾"在"刀"前，也说明辛勤劳动、辛苦耕耘是利的基础。要想得到自己应得的利益，必须做到辛苦在前。商人追求利益天经地义，但如果尽干些投机倒把、伤天害理的事情，丢掉了基本的道德良心，就是奸商、恶商，必将因利而自毙。古人有言："君子爱财，取之有道，用之有方。"利益固然重要，但还有比它更重要的东西，如道德、情感、原则。对待利益，应该有自己的操守，该是自己的，就要去"收割"、去拥有，遭到侵害时，就要坚决捍卫；不是自己的，也不贪求、不伸手。俗话说："利深而祸速。"对利益的过分贪求是致祸的根源，越是不择手段、唯利是图，就越快地招致灾祸。反过来，只要我们手段正当，问心无愧，无论是为人，还是经商，都会无往而不利。

自由

约束不是让人失去自由，而是为了让自由合理化。

自 ^{zì}

甲骨文　　金文　　小篆

"自"，象形字。

"自"的甲骨文是鼻子轮廓的勾勒，本义为鼻子。《说文·自部》："自，鼻也。象鼻形。"人在称说自己时，总是用手指着自己的鼻子，故"自"又为代词，表示第一人称，相当于自己、本身。后人在"自"下加"畀"造"鼻"，来表示鼻子义。如今"自"可作偏旁，凡从自取义的字大都与鼻子有关，如臭、息等。

"自"中有"目"，表示作为一个人要有明确的人生目标，要看清自己，不断认识自己，经常检视自己的言行，不断自勉自励，如此方可修身、齐家，进而治国、平天下。"目"上一"丿"，会意做人不可目中无人、目空一切。

"自"可引申为始、开头，也表示时间或方位的由始，相当于"由"、"从"。《诗·大雅·文王有声》："自东自西，自南自北，无思不服。""自始至终"指从开始到终了，从开始到最后；"自上而下"指从上到下。

"自"表示自己是自指而非他指。《战国策·齐策》："窥镜而自视，又弗如远甚。"照着镜子再看看自己，更加觉得差得太远了。孟子云："人必自侮，然后人侮之。"朱熹有言："自敬，则人敬之；自慢，则人慢之。"西方有谚语说："天助能自助者。""敝帚自珍"意思是把自己家里的破扫帚当成宝贝，比喻东西虽然不好，自己却很珍惜。

一个人能够正确认识自己并不容易。《老子》："知人者智，自知者明。""自知"即自己了解自己，"明"即看清事物的能力。"自知之明"指了解自己的情况，对自己有正确的估计。自负、自高自大，就难以认识到自己的不足，也不能及时补救。自卑、妄自菲薄，一样会妨碍个人进取。"自以为是"指总以为自己是对的，形容主观，不虚心。说某人要谨言慎行、尊重自己的人格时，我们谓之"自重"；当提醒一个人不要自以为了不起，不要夸大自己的价值时，我们劝他不要"自大"。"自怨自艾"原意是悔恨自己的错误，自己改正，现在指悔恨自己的错误。《孟子·万章上》："太甲悔过，自怨自艾。"

"自"为开始、开头。事物之开端，才是其本来的面貌，是最自然的表现，由此引申，"自"指本来、自然。《老子》第五十七章："我无为，而民自化；我好静，而民自正；我无事，而民自富；我无欲，而民自朴。"东汉王充《论衡》："人之死生自有长短，不在操行善恶也。"人的生死本是一定的，不在于操行和个人的善与恶。唐代刘禹锡《砥石》："得既有自，失岂无因。"无论是得还是失，都有一定的原因。"自然"是个多义词，它可指宇宙生物界和非生物界的总和，即整个物质世界；也指属于、存在于或产生于自然界的、自然天成的事物；还可作形容词指行为动作不勉强、不拘束、不呆板。道家崇尚自然无为，反对人为虚饰，就是要保有自然的本真。

"自得"是中国古代思想家如孟子、程颢和朱熹等人所提出的治学方法论。这种方法论力倡以主体的体验来获得认知，在学习中有所发现、有所创新。"自得"还有自己感到舒适的意思。"安闲自得"指安静清闲，感到非常舒适。

"自在"是安闲、舒服。在佛教中，"自在"又作无碍、纵任，即自由自在，随心所欲，做任何事均无障碍。此为诸佛及上位菩萨所具之功德，故佛亦称自在人。

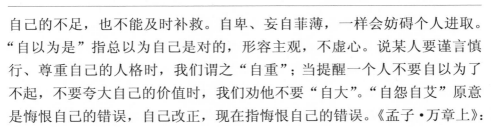

由　yóu

"由"，会意字。

"由"的字形为"田"出头。"田"为大地、田地，是赋予生命的土壤，是万物生长的根基。"田"出头为"由"，是土生万物之象。大地为生命之源，一切皆出于大地，这正如事物总有源头，万事总有原由，故"由"有原因、缘由之意。《集韵·尤韵》："由，因也。"

嫩芽的萌生依赖于"田"的营养供给。如果不是土壤中有足够的水分，适当的温度，以及充足的养分支持，嫩芽即使萌动，也会在短时间内枯萎死亡。芽的萌生是有前因的，所以"由"引申为原因、缘故的意思。西汉司马迁《史记》："盖闻古者祖有功而宗有德，制礼乐各有由。"意思是说天地万物人伦教化，都有必然的原由，不会无缘无故便出现。世界上任何事情都有其原因。

"由"是最先的存在，果是从"由"发展而来，这样"由"又有了来源、开头的意思。汉代王充《论衡》："善行动于心，善言出于意，同由共本，一气不异。"意思是说：善良的行为是出自善良的内心，善良的言语则出自善良的意图，而这两者又有一个同样的来源。一个人行善，实际上言语行为并没有什么"心""意"之别，都源自高尚的品德，这才是共同的来源。

"由"的字形如嫩芽出土，所以"由"又可以解释为"自"、"从"的意思。《尔雅》："由，自也。"比如"由衷"一词，意思就是从内心中发出来的，强调的是自发性，而不是为了达到某一目的所采取的伪装。别人在自己困难时刻伸出了援助之手，自己很本能地就会产生感激的心情。感激是一种顺从于心灵的天然情感，不需要强求。

"言不由衷"意思是话不是打心眼里说出来的，即说的不是真心话，指心口不一致。《左传·隐公三年》："信不由中，质无益也。""行不由径"指从来不走邪路，比喻行为光明正大。《论语·雍也》："有澹台灭明者，行不由径，非公事，未尝至于偃之室也。"

"由"可以引申为顺随、听从、归属。比如成语"信马由缰"的意思是撤掉束缚，让马儿随着自己的意愿前进。"自由自在"形容没有约束，十分安闲随意。宋代释道原《景德传灯录》卷二十三："问：'牛头未见四祖时如何？'师曰：'自由自在。'曰：'见后如何？'师曰：'自由自在。'"人从自然中走出，身体中带有很大部分的感性因素，但社会的秩序性和法律性都需要理性来束缚。通俗地说，人不能由着性子来，要适当地自我克制。就好比《西游记》中的孙猴子，他想自由，所以翻天蹈海，结果是五行山下 500 年的痛苦煎熬，之后又有金箍这摆脱不掉的束缚。这个世界由不得你随心所欲，自由也不是不受任何约束的。"为仁由己"意思是实行仁德完全在于自己，表示做好事全凭自己作出决定。《论语·颜渊》："克己复礼为仁。一日克己复礼，天下归仁焉。为仁由己，而由仁乎哉？"

种子的芽从泥土中钻出，这是它们生命进程的必由之路，是以"由"字亦有经过、经历的意思。"必由之路"指必定要经过的道路，泛指事物必须遵循的规律或做事必须遵守的法则。《孟子·告子上》："仁，人心也；义，人路也。"朱熹注："义者行事之宜，谓人之路，则可以见其为出入往来必由之路，而不可须臾舍矣。""居仁由义"意思是用心于仁爱，行事循义理。《孟子·尽心上》："居仁由义，大人之事备矣。"每个人每一天总在告别，昨天远逝了，而每一天又在迎接，明天要来临了。生命的历程就是每个人的必由之路，这条路有很多相同的地方，也有很多不同的地方。因为每个人都会有不同的前因，也就造就了不同的后果，这不同的前因后果又使人走向不同的必由之路。人生的魅力就在这里，终点不可选择，过程却可以选择。

"自由"与"必然"相对，组成辩证法的一对范畴。"自由"指人们对必然的认识和对客观世界的改造。人们未认识客观规律时，没有真正的自由。任何一种规律一经被认识，人们便能自觉地运用它来改造客观世界，这时人们就获得了一定的自由。人类的自由是随着社会实践和科学的发展而发展的。必然和自由是辩证的统一。把必然和自由机械地割裂开来，或者强调绝对的必然，就会导致宿命论；强调绝对的自由，则会陷入唯意志论。

责任

爱国是美德，是情操和义务，是做人的准则。

责 【責】
zé

責 甲骨文　　責 金文　　賞 小篆

"责"，繁体为"責"。形声字，从贝，朿（cì）声。

"责"的甲骨文从朿，从贝，会意用尖木刺取贝中的肉而食之，即索求之意。"朿"为"刺"的古字，表示刺杀、穿刺，具有很强的方向性、目的性和穿透性；又为刺耳、刺激，是外界事物对人感官的影响，也意会为一种方法、方式。"贝"为汉字部首，凡从"贝"的字均与钱财货物有关。"朿""贝"为"责"，意为将贝壳刺穿而取得所需之食。《说文·贝部》："责，求也。"本义为索求。

"责"又引申为责任，现实中责任总是与利益相挂钩的，而激励众人或个人完成任务也是需要有一定的利益相刺激的。"责"字上为"王"出头，"王"乃在位之人，可代指君王、长者、领导，是主体、主位。出头者既是有责，也要尽责，此为责任、职责，是分内应做的事。若将"责"的上部视作由"王"、"士"、"土"构成，"王"是王者，"士"为贤士以及朝中官员；"土"为土地、国土，是所管辖的区域范围。"责"为君王与朝廷官员要用自身的学问、智慧、力量为国家倾心倾力创造财富，从而使国富民强。

索求的满足是有很多要求的，故"责"又有要求之意，例如"责成"、"求全责备"。由索求之意引申，"责"还表示要求取得言语、道德上的保障或承诺，如"责诺"指求取他人的许诺。"责义"指以合乎礼义要求别人等。《论语·卫灵公》："躬自厚，而薄责于人，则远怨矣。"孔子说，对自己要严格要求，对别人要持宽容态度，做到这样，就可远离怨愤了。

"责"作责令（要求命令）解时，比"求"本身的含义更具有强制性，带有不可抗拒性，以及非执行不可的意味。《史记·李将军列传》："大将军使长史急责广之幕府对簿。"大将军令长史责令李广幕府中的人员去对质、受审。

"责"从束，箭是攻击的武器，语言有时也是一种武器，伤人于无形，由此"责"又引申出责备、责骂、苛责之意。责是人们对犯错之人情绪上的不满而付诸以责言，或者说是期望以自己的意志来影响对方，迫使对方改变或调整行为。

现代汉语中，"责"最重要的意义为责任、分内应做的事。责权相对，权力越大，责任也就越重。君权至高无上，要对整个国家、天下百姓负责。家长享有监护权，就有养育子女的责任；领导拥有管理权，就要对单位和员工负责。"国家兴亡，匹夫有责"，作为普通公民，享有公民的基本权利，也就负有维护国家利益和尊严的责任和义务。

王安石《代陈景文书》："官身有吏责，触事遇嫌猜。"为君者、为王者、为领导者，都有自己主要管辖的范围，有自己该负的责任。在其位，谋其政，担其责，成其事。如果为官者遇事处理不妥，就会引起百姓的反感，从而影响政府在百姓心目中的形象。

任　rèn　rén

仁　甲骨文　　壬　金文　　任　小篆

"任"，形声字，从人，壬声。

"任"从"人"说明与人有关；"壬"的像两头有刃、中间可以执拿的兵器。"任"的甲骨文是人背负兵器的样子，表示这个人具有上阵杀敌的能力和才干，负有保家卫国的职责和责任，并且正在执行或随时准备执行任务。由此，"任"有担负、能力、责任、任务等意义。楷书"任"可视为从仕，从丿。"仕"为仕途，为做官；"丿"在此寓意昂首挺胸之人。"仕""丨"为"任",会意堂堂正正、以身作则之人,才能有机会成为"仕";而当官之人,在其位谋其政,位高而任重,故而须有强烈的责任心,有担当重任的能力和时刻准备着为自己的岗位奉献一切的理想。

"仕"又为"士人",是将士、志士、勇士、谋士、有识之士和有专业能力的人士。生活中每个人都有自己的责任,但岗位不同,责任的分量也就各异。负责任的人首先是有识之士、有能力办事的人,才能委以重任。一说金文"壬"字中间一横长像两头挑有物品的担子,是重担,"壬"字上面一撇像一个人低头挑担,脚踏实地的样子,则"任"为人肩负重担,为担负、肩负等意。《正字通·人部》:"任,负也,担也。""任"读 rén时,是中国古代女子爵位名,也是中国古代南方的一种民族乐曲,今天主要作为姓氏之一。

"任"从人,重"任"是要人来承担的。《孟子·滕文公上》:"门人治任将归。"即徇役整治行囊准备回家。引申开来,"任"用于泛指负担着重物,受到重力压迫而行动迟缓之意。《吕氏春秋·博志》:"骥一日千里,车轻也。以重载则不能数里,任重也。"驾车的马一日能跑一千里路,那是因为它所拉的车辆很轻的缘故;倘若让它载满一车,就连跑几里都很难,缘于它所负担的太过于沉重啊。成语"任重道远"与这句话异曲同工,形容任务紧急繁重,而路途又很遥远,行程十分艰难。

人活着要有所作为,敢于承担责任。"任"有职责、责任之意。《孟子·告子下》:"天将降大任于斯人也,必先苦其心志,劳其筋骨,饿其体肤,空乏其身,行拂乱其所为,所以动心忍性,曾益其所不能。"只有这样才能不断增长他的才干和处世应变的能力,也惟有如此才能令其有足够的资本担负起上天要赋予他的重要责任。

韩愈说过:"任有大有小,惟其所能。"人在社会生活中角色不同,担负的责任也各不相同。只有那些有责任心的人才可以信赖、可以重用,并且成就大业。《管子·立政》:"临事不信于民者,则不可使任大官。"处理政事得不到百姓信任,这种人不能任命为大官。为政者,必须能取信于民,否则就不可能为百姓谋福利。《说文·人部》:"任,符也。"段玉裁注："如今言保举是也。"此为"任"之任命、委任意。王安石《策问十道》："有安民之惠心，而无知人之明，则不能任人。"如果仅有安抚民众的善心，却没有识别人才，辨别忠奸的能力，就不能让他来委任人。为政之道，在于用人。举贤用能，知人善任，永远是实现天下大治、国强民富的"不二法门"。

领袖

决定一个国家是否伟大，不是看总统，而是看百姓。

领 【領】
lǐng

領 小篆

"领"，繁体为"領"。会意兼形声字，从页，令声兼表义。

"令"为命令、发号施令；"页"的篆文像头，表示头部、头脑，也意为头目，表示重要的，"领"从"页"表示与头有关。不论人类还是其他动物，头部的俯仰、左右转动等都由脖子来决定。故"令""页"为"领"，指脖子。《说文·页部》："领，项也。"本义为脖项、脖颈。"令""页"相合，强调了事物起主要作用的主要部分，因此"领"为要领、纲领、提纲挈领。"领"有了解、体会之意，如领会、领悟。"领"从令，从页，可意为发号施令的人是头目，如首领；"领"也为发号施令所管辖的区域，即统属、管辖之意，如领域、领空、领海。

"领"为脖颈。《诗·卫风·硕人》："领如蝤蛴，齿如瓠犀。""蝤蛴"是天牛的幼虫，身长而白软；"瓠犀"是葫芦籽，它既长又白，排列整齐，故用以形容牙齿的美。诗句的意思是脖似蝤蛴软长，齿似葫芦籽齐而好。《孟子·梁惠王上》："如有不嗜杀人者，则天下之民皆引领而望之矣。"如果有不喜欢杀人的人，天下的老百姓，就都会伸长脖子巴望他来解救自己了。

"领"由本义引申，又指衣服围绕在脖子的部分，如衣领、领口、领带、领章、领结等。领子是衣服的关键部位之一。若要提起一件衣服，提起它的领子就可把衣服轻易给提起来，故"领"由衣领引申为事物的要点。"提纲挈领"提起鱼网的总绳，拎住皮衣的领子，比喻抓住事物的关键，或把问题扼要地提起来。

"领"为领导、头领。领导是众人的头儿，如领袖、统领、领队、领班等。身为领导，要有卓越的才能，宽阔的胸怀，困难危机关头能够身先士卒，带领部属战胜艰险。人无头不走，鸟无头不飞。一个国家、集体、团队没有领导，就会成为一盘散沙或像无头苍蝇一样到处乱撞。一个领袖人物在团队中起着关键的作用，将引导大家顺利地向前走。"领"从令，谓领导可以对被领导者发号施令；从页，说明领导是走在前头的，不仅职位高于别人，处理事情、为民办事更应该走在前头，即所谓的吃苦在前，享受在后。一个优秀的领导，其首要任务就是治理好所负责的地域，如果治理不好一方水土，甚至鱼肉百姓，祸害乡里，贪污腐败，就没有资格成为领导，所以选拔、任命领导要慎之再慎。

　　"领"为领土，是一个国家所拥有的领空、领域、领海和大陆架等的总称。领水是国家领土管辖下的所有水域，既包括边缘海、河、湖等水域，也包括内陆水域。领海是沿海国主权管辖下与其海岸或内水相邻的一定宽度的海域，是国家领土的组成部分。领海的上空、海床和底土，均属沿海国主权管辖。

　　"领"从令，意为只有拥有领土主权的国家，才有权在领土之内发号施令，行使管理权，他国无权干涉，更无资格占有，否则即违反国际法而成为侵略行为，遭到主权国家的强烈抗议或武力驱逐。

袖 xiù

小篆

　　"袖"，形声字，从衣，由声。

　　"袖"从衣，表示是衣服的一部分；"由"指自、从、经由。"衣""由"为"袖"，指衣袖，穿或脱衣时，手自此经过而出入。《释名·释衣服》："袖，由也。手所由出入也。"

　　曹植有诗句云："攘袖见素手。"歌妓跳舞的时候，袖子撩了起来，露出来白嫩的手臂。"大袖"指两片袖结构中较大的袖片，也称外袖，原为皇后嫔妃常服，因其两袖宽大，故名。《宋史·舆服志》："其常服，后妃大袖。"以后传到民间，成为贵族妇女的礼服。"箭袖"是古代一种窄袍服，原为便于射箭，所以称为箭袖。"长袖善舞"意思是袖子长，有利于起舞。原指有所依靠，事情就容易成功，后形容有财势会耍手腕的人，善于钻营，会走门路。《韩非子·五蠹》："长袖善舞，多钱善贾。"古代的衣袖多是由两片布料缝合而成的，靠近袖口的一截称为袖搭。成语"两袖清风"指除了两个袖子挥动带起的清风之外，什么也没有；形容为官清廉，没有余财。"袖袪"指的是袖子的边口。"袖"由袖子的意思可以特指袖口。唐代慧琳《一切经音义》："袖，衣袂端也。""摆袖却金"比喻为人廉洁，不受贿赂。唐代韩愈《顺宗实录》："执谊为翰林学士，受财为人求科第，夏卿不就应乃探囊中金以内夏卿袖，夏卿……摆袖引身而去。""袖里乾坤"意思是袖中藏有天地，比喻离奇的幻术。清代蒲松龄《聊斋志异·巩仙》："尚曰：'袖里乾坤真个大。'惠曰：'离人思妇尽包容。'""断袖"典出《汉书·董贤传》，"断袖之癖"指男性同性恋。

古人的上衣都有宽大的袖子，手拿着东西的时候，把袖子放下，人们就看不到手里面拿着什么了，所以袖子可以隐藏东西，"袖"由此作为动词，表示把东西藏到袖子里面。明代宗臣《报刘一丈书》："袖金以私之。"意思是把钱藏到袖子里面偷偷地送给守门人。"袖刃"指在衣袖中暗藏兵器，这样可以出其不意地攻击对方，达到制胜的目的。有种暗器叫做"袖箭"，就是藏在衣袖里暗中射人的箭，它是借着弹簧的力量发射的。成语"袖手旁观"指把手藏到袖子里面，在旁边看着，不想参与眼前的事情。

一件衣服中，领子和袖子是重要的组成部分，由此，"领袖"用来代指国家、政治团体、群众组织等的领导人。"袖"字右边的"由"有听从、归属的意思。

民主

民主就是人民选择谁来进行统治，人民授权谁来进行管理。

民 mín

甲 金文　民 小篆

"民"，象形字。

"民"的金文字形像以有刃的物体刺左眼的样子。周朝最初把战俘的左眼刺瞎作为奴隶的特征，"民"最早指奴隶。"民"又为百姓，没有功名，服役纳税，有别于君臣百官之人。楷书"民"从门，从氏："门"为囊括、包括，"氏"为姓氏。

民为百姓，是所有的姓氏都囊括其中，所有的姓氏组成一个整体，处于同一个阶层；皇帝只有一个，民却有万千，故"门""氏"为"民"。

"民"又从尸，从戈省："尸"为人低头的样子，"戈"为双手持劳动工具。意为民是低头劳动，靠双手的勤奋劳作为生，并将自己辛勤劳动获得的果实，双手贡奉朝廷。"丶"为枪，"丿"为刀，"戈"去掉"丶"、"丿"，是去掉百姓手中的兵器，只留下有长柄有勾齿的耒耜进行劳作，以弱民力，使其没有能力反抗朝廷。"民"是数量最多的群体，代表着人类的生存、生活、发展水平，"民"又指人、人类。

《谷梁传·成公元年》："古者有四民，有士民，有商民，有农民，有工民。""民"是相对于君主、群臣百官和士大夫以上各阶层的庶民，是社会底层最广大的群体。所谓"民间"，就是广大群体的生存空间，涉及的内容丰富多彩，民间生活与历史的浓缩就是民间文学，它包括神话、传说、民间故事、民间戏曲、民间曲艺、歌谣等等，主要以口头文学的形式在时间与空间的双重范围内广泛流传，内容鲜活，生命力极强。"民"也泛指整个人类或笼统表示人的概念。《诗·大雅·生民》是赞颂周民族诞生的诗篇，题为"生民"。此篇描写的是人类诞生的故事，讲的是先祖姜嫄脚踏天人的足迹，有感生灵而受孕，生下了周民族的创始人后稷，即诗中所说的"厥初生民，时维姜嫄"。姜嫄"生民"是生下了周族的始祖，也孕育了整个民族。

古者，土著曰"民"，外来曰"氓"，所以"民"也专指世代定居本地的人，中原人也特称汉族人为"民"。《东坡志林》卷一："步西城，入僧舍，历小巷，民夷杂糅，屠酤纷然，归舍已三鼓矣。"苏东坡走了很多地方，到了各民族杂居的热闹地带，到达住所时已经是三更了。"民夷"就是汉族与其他少数民族，"民夷杂糅"不同文化交互碰撞，尤指纷然繁华之貌。

在法律范畴上，"民"指公民，是拥有国籍，依法享有特定权利，并履行一定义务的人。公民享有的基本权利，称为"民权"，主要包括平等权、选举权和被选举权、人身自由、宗教信仰自由等等。随着法制化程度的不断提高，我国公民的法律意识越来越强，通过法律手段解决矛盾和纠纷、保护自身合法权益的现象日益普遍。

政治上，"民"指民众。民主、民权、民生，都是为了保障民众的权益。古代"民"是奴隶，只有义务，没有权利；今天，"民"是主人，既有义务，也有权利。政府执政、行政的基础在于民众的支持和拥护。所以，政府的一切政策、法规和举措都要为民着想，为民造福，否则就会遭到全民的反对。

zhǔ

小篆

"主"，象形字。

篆文的"主"字上面从"丶"，为火焰形，下像灯碗灯座形。火焰是灯的中心主体部位。《说文·丶部》："主，灯中火主也。"本义为灯头火焰，后来另加义符"火"构成"炷"字表示这层含义。今体"主"为"王"

上一"、"。"、"似头，表示身体的主体部分，起统率作用；"王"为君王、大王，为首领。"主"即王者点头做主。"主"为主人，可表示权力的拥有者，如物主、东道主；是事件中的当事人、带头人，如盟主、事主；王者要令人信服，就要拥有属于自己的闪光点，此为主张、主见；拥有关键的一点，便有了做主的权利，此为主权、主体。家有一家之主，国有一国之君。将"、"视为事情的关键、重点、核心：做主之人须有王者风范，能够头顶重任，拥有主见，把握关键，掌握核心，要努力抓住属于自己管辖的关键之点，使之不被他人侵犯和掠夺。

也可将"主"视作从宀，从土。"宀"为"玄"字头，或"高"字头，代表不可捉摸或高到极点；"土"为土地。"宀""土"为"主"，意为土上至高点，为主峰，进一步强调"主"的主体、主要之意。

"主"在古代指作为一国之主的帝王、君主，举国之内都要服从他的命令和旨意。三国时蜀国皇帝刘备死后被称为先祖，他的宝贝儿子刘禅继位，称为后主；李煜是南唐的亡国之君，被称为"李后主"，他的词则称"后主词"。各派宗教都有自己信奉的神，基督教称信奉的上帝耶稣"主"，伊斯兰教称信奉的穆罕默德"真主"，以示膜拜和虔诚。

君王是一国之主，家长则为一家之主。由此"主"引申为主人、东道主。《世说新语·方正》："遂举觞对语，宾主无愧色。"其中"主"即与宾客相对的主人。古代主位在东，宾位在西，所以主人称"东"，即"东道主"。现在，"东道主"含义已延伸至国家、民族，如中国是 2008 年第 29 届夏季奥运会的东道主。"主"与"宾"相对时，"主"也可代表主要的东西，"宾"代表辅助的东西。现代汉语语法中的"主语"、"宾语"即由此而来。宾主落座时主人占据主位，在宴席或会议中起着主导作用，"主"由此引申为最基本、最重要的意思。"主要"指事物中关系最大、起决定作用的；"主笔"指报刊编辑部的负责人；"主编"指编辑工作的主要负责人，出版物全体编辑人员的领导者；"主力"指主要力量；"主力军"承担主力作战的军事力量或起到或发挥主要作用的力量。"主"与"次"相对，"主次"指事物的主要方面和次要方面，做事分清主次，才不会走冤枉路。身居要位，不能孱弱而无主见，否则就会大权旁落，什么事都做不了主，而悲哀地充当傀儡。

自己做主的事情，就要自己负责。"主"又引申为负主要责任的、主持之意。刘勰《文心雕龙·史传》："轩辕之时，史有仓颉，主文之职。"轩辕黄帝时代，仓颉做史官，主持创编文字的工作。"主办"指主持办理。"主谋"指为首策划的人。

主权是国家高于一切的权力，国家主权神圣不可侵犯。国家没有主权，就不成其为国家。捍卫自己国家的主权，是每一个公民神圣的义务。

改革

改革就是用鞭子抽打自己，无需扬鞭自奋蹄。

改 gǎi

改 小篆

"改"，会意字，从己，从攴。

"己"为十天干之一，位属中央，表示不偏不倚之意；"攴"为击打、动力。"改"的字形为用力使事物不偏不倚，意为更改。《说文·攴部》："改，更也。""己"又为自己，"攴"由击打之意可引申为鞭策。"改"为严格要求自己，鞭策自己，使自己的行为中正或归邪于正，因此"改"是自省、修身。"己"在五行属土。土具有实在、厚重、包容等特性。"改"字从"己"，从"攴"，表明"改"是通过不断地击打、鞭策等行为达到实在、厚道、宽容等特性。

"改"为改变、改换。"柴天改玉"指改朝换代。"柴"指烧柴祭天；"改玉"是改变佩戴的玉石。清代黄宗羲《余恭人传》："柴天改玉之交，皇风未畅。""改玉改步"意思是改换玉饰，改变步数，指地位身份改变，礼数也应变更。"步"指古代祭祀时祭者与尸相距的步数，以地位排列。《左传·定公五年》："六月，季平子行东野，还，未至；丙申，卒于房。阳虎将以玙璠敛，仲梁怀弗与，曰：'改步改玉。'""改弦易辙"的意思是弓换弦，车改道，比喻改变原来的方向、计划、办法等。唐代白居易《王公亮可商州刺史制》："况商土瘠，商人贫，可以静理而阜安，不宜改弦而易辙。""改换门楣"指改变门第出身，提高家庭的社会地位。"门楣"指门框上的横木。明代宋应星《风俗议》："为士者，日思居官清要，而畎亩庶人，日督其稚顽子弟儒冠儒服，梦想科第，改换门楣。""幡然改途"指迅速地完全改变原来的道路。《孟子·万章上》："汤三使往聘之，既而幡然改途曰：'与我处畎亩之中，由是以乐尧舜之道。'"

中国历史上，从汉武帝开始用年号纪年。汉武帝即位的那一年是以"建元"为年号的，以后新的皇帝即位，都是从第二年开始用新的年号，以向天下昭示改换了新的皇帝，这种改变年号的做法叫"改元"。有的皇帝在位期间，为了吉利、长久等原因，亦多次更改年号，虽没有新皇帝即位，也叫"改元"。唐朝的李隆基即位初期的年号是"开元"，这一时期他励精图治，唐朝的繁荣、富足达到了顶峰，使中国成为当时世界上最富有、国力最强盛的国家，史称"开元盛世"。后来李隆基开始贪恋美色，任用奸人，使大好国势一去不返，李隆基虽曾改元"天宝"，但唐朝再也没有恢复往昔的兴盛。

人要坚守自己的原则和操守，不轻易改变，不轻易放弃，这是很难得的。孔子的弟子颜回自幼家贫，孔子对他非常赞赏："一箪食，一瓢饮，在陋巷，人不堪其忧，回也不改其乐。"只能吃一点点饭，喝冷水，住在陋巷中，换了别人，都受不了那样的穷苦，颜回却不改变他自有的乐观本色。能够在极端的困境中保持积极乐观的态度，实属难能可贵，难怪孔子这么赞赏他这个学生。

人总是会犯错误的，"过则勿惮改"，犯了过错不要害怕改正。《论语·述而》："三人行，必有我师焉，择其善者而从之，其不善者而改之。"几个人在一起，其中必定有人可以做我的老师，学习好的品德，将不好的地方作为借鉴，改掉自己的缺点。人非圣贤，孰能无过？过而能改，善莫大焉。在人成长的道路上，由于种种自身或外界的原因，总是免不了犯这样或那样的错误，有了错误，一旦发现就要勇于改正。如果屡次犯过不思悔改，或者屡诫不戒，那下次同样的过错难免还要重犯，那就是最愚蠢的行为。

"改"的本义是更改，倘若是别有目的的更改，故意颠倒事实，那就是"篡改"。"篡改"属贬义词，"篡改历史"是说不尊重历史事实，别有用心地添枝加叶。文人写文章、搞学问时，要反反复复地修改，以求达到尽善尽美的境界。相传唐代白居易作诗十分下工夫，每有新作，必定拿去念给民间的老妇人听，如有不懂的地方就更改，力求达到清新易懂的效果。因此白诗流传最为广泛，人人喜读。

革 _{gé}

革 金文　革 小篆

　　"革",象形字。

　　金文的"革"字像动物身上剥下来的一张完整并去毛的兽皮,即皮革。《说文》:"革,兽皮治去其毛。"本义指去掉毛的兽皮。"革"是去除多余的毛,引申泛指去除、取消之意,如革职、革除、革故鼎新等。楷书"革"由"廿"、"口"、"一"、"丨"四部分组成。"廿"为双十;为不断、经常;为完善、完美。"口"为旧的框框、模式、制度等。"一"为原有的平衡。"丨"为立,为支柱。廿、口、一、丨为"革",意为要使社会进步、时代前进,必须要经常、不断地打破原来的、不符合时代发展的旧模式、旧框框和原来陈旧的、死水一潭的状态,洗心革面,改革创新,在破中求立,立中求变,使社会日臻完美。因此,"革"引申为改变之意,如革新、革命、改革、变革等。

　　将"革"视作从廿,从中,从一。"中""一"相合,表示一个中心、中正归一、不偏不倚。"革"由这三个部分组成,可理解为改革必须围绕着一个正确、明确、有利的中心思想,本着中正归一、不偏不倚的原则进行,从而达到完善、完美的理想目标。

　　"革"本是去毛后的兽皮,而人亦属于动物的一种,故而古人时常将人的皮肤也叫做"革"。《管子·水地》:"脾生隔,肺生骨,肾生脑,肝生革,心生肉,五肉已具。"人的五脏生五肉,其中肝脏的作用是供养皮肤。

　　兽皮在古代的应用非常广泛。原始人类以渔猎为生,猎得的野兽,肉用于食用,皮就围在身上遮体御寒,可以说是人类最早的衣服。然兽皮为衣,有很多弊端,最基本的就是兽皮被剥离动物身体后,很快就变得僵硬,人的皮肤直接接触必然感觉不舒服,也不够贴身温暖。后来随着技术的发展,聪明的古人将兽皮去毛,并通过敲打、揉搓等手法,使脱毛的兽皮变得薄而柔软,称之为"革"。革广泛地应用于日常生活之中,例如鞋子、腰带、外衣、酒囊、鞍辔等。战场上专用的甲、胄、盾合称为"三革"，质地坚韧，能起到很好的防御保护作用。"三革"是主防御的用具，兵器是主进攻的利器，所以"兵革"连为一词，成为武器的统称，也是战争的代名词。"革角"则是军中常用的革制的号角；而武人带甲就谦称自己为"革吏"。刘书《新论·风俗》："是以先王伤风俗之不善，故立礼教以革其弊。"此处之"革"指革除弊病。

"革"代表的是变更、改变。成语"洗心革面"就是革除本来的面目，以新形象示人。形容人幡然悔悟后重新做人，脱胎换骨如同换了一个人似的。可见，"革"的"除"是为了"变"，"变"则是求"新"。而革新、革命、改革更是以求新为目的的大变革。古代以天子受天命称帝，故凡朝代更替，君主易族，皆称为"革命"。近代则指自然、社会或思想发展过程中产生的深刻的质变。在王朝的统治过程中，新王室总是推行一些让利于民的政策，以博取百姓拥戴；当王室权力得以巩固而天下太平时，统治者则容易变得安于享乐，沉湎私欲，成为保守、落后、腐朽的代表，于是新的革命必然出现，进而主张推翻旧王朝，建立新王朝，如此往复。革命是通过大幅度、深层次、具有颠覆性的方式，来破除旧的、不符合时代发展和民众要求的模式、框架，在动荡中寻求新的发展模式、新的前进方向。与革命的猛然与彻底颠覆不同，改革是在原有基础上的完善，而非彻底洗牌。社会在不断的发展和改革中进步，国家的各项政策、法规都是在摸索中制订的，难免存在不完善的部分，所以改革就显得非常必要。

《周易》中有革卦，兑上离下，泽、火为革。《象》曰："泽中有火，革；君子以治历明时。"水火不能相容，火在泽中，或鱼死，或网破，此乃相生相克、往复运动的变化之象，所以君子应俟时而动，待到"己日"方能成就大事；若不待"己日"则是选择了不利的时机，缺乏天时，必然破败。所谓"物极必反"，"否极泰来"，事物走到了顶点自然会发生变化，掌握好这个时机，就是顺应了自然的规律，必然运数亨通。事物的发展，就如"革卦"的水火运动，于变化中体现着不变的自然规律——"变"，才是永恒的运动和规律。无论是于发展中运用改革来完善，还是通过革命彻底地将一切腐朽的事物推翻，其实都是通过"变"来达到前进的目的。随时而变，因事而革，才是改革或革命的关键所在。

集中

只有集中人民的声音，才能集中人民的力量。

集 【雧】

jí

甲骨文　金文　小篆

"集"，繁体为"雧"。会意字，从三隹，从木。"隹"本为短尾鸟，这里泛指各种鸟，三"隹"为众鸟之意；"木"为树木、森林。"雧"为群鸟栖于森林，引申为至、聚集等意。"雧"上之"隹"不单指鸟，亦可引申指人、事、物，"雧"下之"木"不单指树，亦可泛指任何场地。人聚于一地、事聚于一点、物聚于一处、文聚于一书，都称为"雧"，即集会、集结、集合、聚集、采集、文集、集锦、集资等。《尔雅·释言》："雧，会也。""雧"上之"隹"又为"难"省，表示困难、艰难，任何事物都不是孤立存在，而人为的将一些事物集中起来，就意味着要集中人力来完成，集中财力以资助，集中时间以投入等，因此具有一定的难度。简化字"集"为一鸟在树，以一鸟代替众鸟。每当傍晚，各种鸟都会群集于林中，若用于人，则是四方之人定时或临时聚于一地从事买卖交易活动（在古代，如非进行买卖交易，是禁止多人聚于一处的），此为集市、赶集。"集"最常用的意思是聚集、会合。所谓"集体"，是许多人有组织地聚集而成的整体。人是社会的人，有归属的社会心理需求，因此都会自觉或不自觉地属于某一团体。王羲之《兰亭集序》："群贤毕至，少长咸集。"说的是贤士们都来了，年长年幼的人都聚集在一起。"兰亭之会"是东晋时一场著名的文人雅集，包括王羲之、谢安、孙绰等40多人，可谓名流荟萃，他们一边欣赏山水，一边饮酒赋诗，不但为后代留下了优美的诗篇，更留下了千古流传的书法名作《兰亭集序》。古时文人常把自己的作品集中在一起编印成书，以便流传于世，也有后人整理前人诗文成书的，这些都叫做"集"。现代出版的图书也有各种诗集、文集、图集、别集、选集、全集等，都是各类作品的汇集，并且已经不限于诗文类的作品了。后人将前人对一部古籍的注释汇合成一书称为"集注"，有时也附上自己的见解，如朱熹的《四书集注》。又如宋代著名书法家米芾研习书法非常刻苦，遍临古人法帖，终于自成一家，他对自己的书法颇为自得，并说他人笔锋只有一面，而自己的却有四面，又自诩其字为"集古字"，意为自己的书法是遍集古人之字而自成一家，这里的"集"即为汇集。

四面八方的人汇聚在一起进行买卖活动的场所，即谓"集市"。《礼记·月令》："四方来集，远乡皆至。"四方各地的人都聚集在这里。《礼记》中的这段话说的是在秋季收获结束后，朝廷开设集市，让各地的百姓都集中到这里来交换物品，满足各自的需要。因为买卖的地点是人口集中的地方，亦是买者与卖者云集的场所，故"集"引申为集市。北方方言称"集"，即为买卖交易的开阔场地，南方称为"墟"或"场"。

在中国的经济发展史上，集市代表着商品经济自发的萌动。现代经济生活中的集市概念，早已经超出了传统界定的内涵。

"集"不再仅仅是面对面的货物买卖场所，通过网络进行交易的股票交易所和期货市场就是一种不见面的新型集市。虽然不见面，其庞大的规模和巨额的交易量却是我们的祖先所无法想象的。随着经济的发展，集市的规模和形式还将有新的变化，这种发展的趋势使得"集市"这个词不但没有走下历史的舞台，而且愈发充满了光彩与活力。

中　zhōng　zhòng

甲骨文　金文　小篆

"中"，指事字。

"中"的甲骨文字形中间像旗杆，上下有旌旗和飘带，旗杆正中竖立，本义是中心、当中。古时有大事，聚众于旷地必先立徽帜，群众以此为中心环绕而坐，久而久之，徽帜成为中央的象征。甲骨文常在徽帜中部加具有指事意味的点，或者将徽帜的飘带省去，只留一竖，将点双勾成"口"而成"中"，遂与今日字形相同。现在的"中"由"丨"、"口"组成。"丨"处于"口"的中间位置，使口的两侧大小相当、左右对称，与建筑学所谓的中轴线颇为相似。

"中"由中间、中央引申为内、里面，与外相对。《说文·丨部》："中，内也。"《周礼·考工记·匠人》："国中九经九纬。"国中即城内。

"中"由中间引申为不偏不倚、中正，如《荀子·天论》："故道之所善，中则可从；畸则不可为。""中"由中间位置引申指中等水平，即比上不足、比下有余。《韩非子·难势》："中者，上不及尧、舜，而下亦不为桀、纣。"中等的国君，比上不及先贤尧和舜，但比下等的暴君桀和纣又要强得多。

儒家将"中庸之道"作为提高人的基本道德素质以达到太平和合境界的理论和方法。中庸之道的主要思想是教育人们自觉地进行自我修养、自我监督、自我教育、自我完善，把自己培养成为具有理想人格，达到至善、至仁、至诚、至道、至德、至圣，合外内之道的理想人物，共创太平和合的境界。"喜怒哀乐之未发谓之中，发而皆中节谓之和。""中也者，天下之大本也；和也者，天下之达道也。"将中和作为人生之准则，作为社会之理想。中庸之道的具体内容主要包括五达道、三达德、九经等。五达道指运用中庸之道调节君臣、父子、夫妻、兄弟以及朋友五种人际关系。三达德就是用来调节五种人际关系的仁、智、勇三种天下通行的品德。九经就是中庸之道用来治理天下国家以达到太平和合的九项具体工作。中庸之道的主要原则是慎独自修、忠恕宽容和至诚尽性。慎独自修要求人们在自我修养的过程中坚持自我约束，忠恕宽容要求人们互相谅解、体仁而行。至诚尽性是施行中庸之道的重要原则。只有坚持至诚原则，才能充分发挥自己善良的天性。

"中"由中间引申为一半。"中辍"指半途停止；"中夕"指半夜；"中分"指从中间分开。"中"作为方位名词，泛指一个地区内或一个时期内，表示中间、居中。"中阵"指居中的阵地、营垒，一般为主帅所在地；"中部"指居中的部分；"中处"指适中的处所。东晋陶渊明《桃花源记》：

"晋太元中，武陵人捕鱼为业。""中"表方位，也指宫禁之内，并借指朝廷。"中涓"是皇帝亲近的侍从官；"中书"指皇宫中的藏书。"中土"指中原地区，古以冀州为中土，汉以来以河南为中土；"中天"指天空的中央；"中色"指中央之色，即黄色。《新书·属远》："古者天子地方千里，中之而为都。"

"中"指人的内心，如"悲从中来"。"中私"指内心的感情；"中函"指藏蓄于内心。"中"亦指内脏，如《素问·阴阳类论》："五中所主，何藏最贵？""中"作为方言，有成、行、好之意，如："中不中？""中"又是中国的简称，如"古今中外"、"洋为中用"。

"中"作动词时读作"zhòng"，表示正好对上、射中、正合心意的意味，如"看中"指经过观察，感觉合意；"中的"指箭射中靶子。古时科举考试被录取也用"中"表示，如"高中状元"。动词"中"还有遭受、受到的意思，如"中煤气"、"中风寒"、"中计"等。

议程

议程设置是引导大众对社会焦点问题进行选择性关注。

议 【議】
yì

議 小篆

　　"议"，繁体为"議"。形声字，从言，義声。

　　"議"从"言"表示与语言、言论有关；"義"为"义"的繁体字，表示合宜的道德、行为、道理是大众公认的。"言""義"为"議"，表示围绕一个共同的话题展开讨论。《说文·言部》："議，语也。"本义为商议、讨论。"議"从言，从義，表明"言"为"議"的形式、手段，"義"为"議"的宗旨、目的。"議"又从言，从羊，从我。"羊"是善良、吉祥、重义的象征；"我"为第一人称自指。"義"字"羊"在上，寓意每个"我"在"議"的过程中都要出于善良美好的心愿，都要持有正义、正直、公正、公平的态度，把善意、吉祥、良好的建议或意见说出来。"義"字"我"在下，寓意"議"首先要代表大众的利益，要合道义，讲伦理，去私利，弃小我，为大我。"議"就是要坚持正义，从众人的意愿出发，为众人的利益服务。

　　简化字"议"由"言"、"丶"、"乂"组成。"言"寓意议者要以语言为工具，就议题展开议论、讨论、辩论；"议"中之"丶"为议的焦点、话题、主题，也是议的出发点和归结点；"乂"是不同的观点、意见、思想的交流、碰撞、沟通、融合。"丶"在上在内，"乂"在下在外，表示议论发言必须围绕主题，并要形成决议，不能东拉西扯，离题万里，使"议"变成了"聊"，更不能莫衷一是，议而不决，不了了之。"议"中之"乂"的本义为治理、平安，从其字形上也可理解为交叉、交流。中间一点为议题，一切商议都必须有议题，为了某个目的而议。治理、安定是商议、议论所要达到的目的，但商议的过程中，难免会各有不同的看法。正如"乂"字所示，"议"需要相互交叉，彼此交流，你辩我驳，各抒己见，求同存异，通过思想的碰撞，擦出智慧的火花。如此，才能最终将认识统一到"、"上，共同点头（"、"）认可，从而共同履行、完成"、"——目标。

"議（议）"中的"義（义）"要求：人们集中在一起，要围绕合道义、有意义的话题，畅所欲言，最终达成一致。"义"又为"仪"的古字，是仪制、法度和仪容、状貌。不论古今，在进行一些重大事件的商议时，都有一定的章程、仪式。参与会议的人要注重自己的形容举止，说话要有礼有节，不侮辱别人，使各方处于平等的位置，如此方才可议。若是以大欺小、以强凌弱，搞一言堂，就失去了"议"的初衷。

《广雅》："议，谋也。"用"谋"来释"议"，本质上就对议论、商讨的过程要求更高了一层。商议时不仅要积极思考、运用智慧，围绕主题提出有意义的观点，而且还要通过语言的交流来达成一种共识。当然，观点有意义首先要建立在议论的内容有意义的基础上，如果议题本身无足轻重，也就没必要"谋"了。有一则寓言，说两兄弟看到大雁南飞，就想打下来烹煮吃掉。但雁还没打，俩人就激烈地争论起吃雁的方式，就在他们互不妥协争论不休时，大雁飞走了。这个寓言让人联想到那些只会不议的过场式会议。发言者动辄几个小时的报告，耗费了时间，于解决实际问题却了无助益。另外，现在很多会议选址不是旅游景点就是名胜古迹，会议由"议"变成了"游"。这不但是对会议形式的滥用和会议初衷的背离，也是对"议"固有之意的篡改和扭曲。

程 chéng

程 小篆

"程"，形声字，从禾，呈声。

"禾"为谷类作物的总称；"呈"有显出、露出之意。"禾""呈"为

"程"，可理解为作物生长的高度。《说文·禾部》："程，品也。十发为程，十程为分，十分为寸。""程"是古代长度单位，为度量衡的总称，后引申指称量。度量通常有固定的规则，因而"程"有规矩、法式之意。"呈"为呈现、显露，禾苗的生长是一个过程，因而"程"也有进展、限度之意，后也指道路的段落。

《吕氏春秋·慎行》："后世以为法程。"其中的"程"就是法度。"作程"指作楷模、典范，也指立法度、做准则。衡量事物发展变化达到的状况可用"程度"这个词来表述。现在"文化程度"用得最为广泛，它是指知识、能力、技巧等的高下层次。

"过程"指事物发展所经过的阶段。在哲学上，事物发展的过程是很重要的，必须给予充分的重视，也就是"过程哲学"。在我国儒学传统中，"仁"的哲学可以说是一种过程本体论的哲学。"仁"反映的是道德生命由情及理、实践超越的整个过程。恭、宽、信、敏、惠、刚、勇等，都是这个过程的组成部分，这使得"仁"不再是抽象的空泛的理论。完成了这些细小具体的部分，也就形成了"仁"的思想，这个过程是最重要的，而结果反而不那么重要了。人生同样是以过程为主的。每个人的终点是固定的，不同的是走向终点的路。追求过程，可以让人享受到人生每一寸阳光的美好；追求结果，则会在不满足或消极的情绪中沉沦。

在古代，"程"还用来指以驿站邮亭等为起讫的一段路。途中可供食宿休止的地方叫程顿；路程中休止处叫程头；行程中的食宿休止行为叫程歇。"程"也可指学习、办事的进展安排，如日程、课程、进程等。"日程月课"意思是每日每月按一定的程序课试，形容因循守旧，无所创新。清代莫友芝《〈巢经堂诗钞〉序》："其盘盘之气，熊熊之光，浏漓顿挫，不主故常，以视近世日程月课，檀酿篇牍，自张风雅者，其贵贱何如也？""程"也可指事情进展的步骤，如工作的流程、治病的疗程、比赛的赛程等等。"初程"指刚开始的旅程，引申指事业的开始阶段。

"程"还是姓氏。在宋代，有两位哲学家姓程——程颢和程颐，他们开创了新儒学的两个重要学派，而且他们还是兄弟，这也成为了我国哲学史上的佳话。《宋史·道学传二·杨时》："一日见颐，颐偶瞑坐，时与游酢侍立不去。颐既觉，则门外雪深一尺矣。"后世用"程门立雪"

比喻尊师。

"程"作动词，有衡量、品评的意思。"计日程功"意思是工作进度或成效可以按日计算，形容进展快，有把握按时完成。《礼记·儒行》："程功积事，惟贤以尽达之。""以铢程镒"意思是用铢同镒作比较，表示很不相称。明代姚士粦《见只编》卷上："陈水南臬宪尝以南唐李昇宜继唐后，遂改马令《南唐书》为《唐余纪传》，此犹萧常以《三国·蜀志》为《续后汉书》也。然昭烈世系甚明，犹觉以铢程镒。""程书"出自《汉书·刑法志》："至于秦始皇……专任刑罚，躬操文墨，昼断狱，夜理书，自程决事，日县石之一。"颜师古注引服虔曰："县，称也。石，百二十斤也。始皇省读文书，日以百二十斤为程。"后以"程书"谓限量阅读处理文书。"衡石程书"用以形容君主勤于国政。宋代李纲《建炎进退志·总叙下之上》："近君子而远小人，虽不亲细务，大功可成；不然，虽衡石程书，卫士传餐，亦无益也。"

官吏

物以类聚，官以廉分。

官 guān

甲骨文　金文　小篆

"官"，会意字，从宀，从阜省。

"宀"的本义为屋舍、庐舍；"官"的下半部分为"阜"省，其甲骨文像臀尻之形，可表示为坐卧止息。"宀"与"阜"省相合，意为供人休息之所，故"官"的本义为营房、客馆、馆舍。"宀"可引申表示区域、范围；"阜"又有盛、多之意，故"宀""阜"省为"官"，表示在一定范围内管理众人，是为国家和君王管理相关事务的人员。《说文·宀部》："官，吏事君也。""官"又为官员之意。"阜"省居于"宀"下，寓意为官者要使辖区内物阜民丰。

"阜"的甲骨文字形像山崖边的石磴，本义为土山，意喻为官者要站得高看得远，深入基层，体察民情，为民做主。"阜"又为"垖"省，"垖"为军队驻扎之所。最早的官员任命制度是军政合一的，地方官员既是军事长官也是行政长官，因为官员需要军队来维护其权力。"官"通"管"，官是管理者，同时也要接受百姓的监督和管理。

"官"做动词，是做官、为官、当官。古代王朝中，当官的过程就是官吏为君王做事的过程。曹操《论吏士行能论》："明君不官无功之臣。"明智的君主不会给没有功勋的人授予官职。"官人"的"官"为意动用法，指任命人做官；后做名词，是文武百官的泛称；宋以后则是对有一定社会地位的人的尊称，特别是用于妻对夫，或奴仆对主人的称呼。

"官"为官吏，官员，是管理地方、身负重任的人。官吏是对旧时政府工作人员的总称。官宦则泛指做官的人。官员、官吏都是国家管理机构的组成人员，是为政治服务的机构成员。按照划分标准的不同，官的种类也有很多种，如文官、武官、京官、地方官等，这是以领域和区域来划分的；清官、贪官，则是以为官的作风来区分的。

随着社会文明的进步，官员成为由百姓选举出来代表百姓管理国家的公务人员。他们的工作就是为民服务，不再具有高高在上、独断专行的权势。"官"的读音通"管"，寓意当官的人，要懂得管理自己的子民。古人把官称为父母官，寓意当官就是在自己所属的区域做主，要将自己管辖的土地当作自己的家，凡事要为辖区百姓着想。官与民是相互促进的关系——为官一任，当造福一方，方能得到百姓拥戴。子民因官员的正确治理而受益，故而继续支持对方。俗语有："当官不为民做主，不如回家卖红薯。"形象地说明当官必须多做实事、好事，才能得到百姓的认同。每个政府官员，无论职位高低，都有其相应的职权，切不可滥用手中职权贪赃枉法、鱼肉百姓。当官应走正路、求上进，即使路途坎坷，也要勇于攀登，万不能辜负百姓的厚望和重托。不用说，为官也是件艰难的事，他们身负重任，要用自己的能力来造福百姓；而且还要承担起百姓与政府之间沟通的作用，沟通得好，才能上下通达，相互理解，相互支持，而致天下太平，国家和谐。

为官者管理人，也受人管，官在此是监督、监管。官僚制度是一级管制一级的，下级要服从上级，受其管制；民主制时代，政府要受百姓的监督，所以官还要受民管。"官"字头上的那顶帽子是百姓授予的，不是随便就能戴的。它是权力的标志，也是义务的象征，如果不珍惜，就会被民摘下来。同时，官员和官员之间有相互监督的义务，不可官官相护，狼狈为奸。"官"音同"棺"，即棺材，寓指死亡之路。为官者，一味贪污受贿，榨取民脂民膏，却不为民做主，民众自然对其恨之入骨，为官的日子势必不会长久；有些官员会因此而锒铛入狱，甚至断送自己的性命。

"官"中之"阜"省又似侧目，意为众人审视和挑剔的眼睛：上级侧目而视，看下属有没有尽忠职守、为国出力；百姓侧目而视，看官员是否廉洁清正，为民办事。众人都在侧目而视，看官员做了什么。称职的会得到大家的公认，奉为公仆；渎职的会遭到众人的唾弃，永留骂名。

官是手中持有各种特殊权力的人，而人的天性中总是有难以消除的私欲，惟有通过教育提高其素质修养，通过众人的监督使其保持时时警醒，刻刻尽心。"阜"为多，官员管理国家事务，不仅是官员自身的事情，更需要社会方方面面的共同参与。

吏

甲骨文　　金文　　小篆

"吏"，会意字，楷书从丈，从口。

甲骨文、金文、小篆的"吏"是一只手握笔书写的形象，是执笔记录公务以上禀君王、下治黎庶，"吏"为官吏，做动词，指治理。"丈"为大丈夫，为男人，有知识、懂事理、顶天立地、悟透人事、一言九鼎、以身作则；又，十尺为一丈，"丈"为丈量，引申为尺度、法度。"口"为人口，是百姓；又是说话、发号施令的器官。"吏"为大丈夫之口，大丈夫通过发号施令来治理国家地方。《说文》："吏，治人者也。"

"吏"是治理百姓的人，即官吏，是官员的通称。起初，"吏"是官员的通称。"三吏"指古代的"三公"：司徒、司马、司空，又叫"三司"，共同负责军政事务。《左传·成公二年》："王使委于三吏。"君主安排任务给"三公"。古代的"六官"设置，分别指天官、地官、春官、夏官、秋官、冬官。天官也叫冢室，负责君王的生活及供品赋税；地官也叫司徒，负责全国的人口和生产；春官也叫宗伯，负责朝廷的典礼等仪式和占卜；夏官也叫司马，负责全国的军事；秋官也叫司寇，负责全国的刑罚；冬官也叫司空，负责全国的教育。

汉代以后，"吏"所指的范围缩小，仅表示低级官员或吏卒。"吏目"是八九品芝麻官，"吏胥"是地方官府中掌管簿书案牍的小吏。杜甫写过著名的"三吏三别"，其中"三吏"即《石壕吏》、《新安吏》、《潼关吏》，揭露了安史之乱时的小官吏们狗仗人势，鱼肉百姓的丑恶嘴脸。古代官制"六部"中的"吏部"，主管官吏的任免、考课、升降、调动等事务，其长官为吏部尚书。

官吏的任务是治理朝政和百姓。"吏才"指为政的才能；"吏方"指为政的方略；"吏道"指官吏处理政务之道。由此，"吏"引申为治理、为官。"吏"者，丈口也，即要丈他人之口，也要丈自己之口，以身试法则万劫不复。《汉书·王莽传下》："夫吏者，理也。"为官者治理民众，要秉承道理。从古至今，这都是官员要谨记信守的原则。官吏代表国家行使权力，在处理裁决政务时，要秉公守法。贪官污吏利用手中权力徇私舞弊，只能给百姓带来灾祸，最后自己也不得善终。"吏"是"丈"字中间加"口"，寓意大丈夫之口。古代官吏由男人担当，通过一定的法度来管理百姓、治理国家。为官者，要身体力行，以身示范，言行一致；管理的方法要符合法度，发布的命令和所说的话要有尺度。

"丈"在"口"外，表示百姓被官吏依法管制；并且官吏之口也受"丈"之制约。"口"在"丈"内，表示官吏和百姓关系密切，官吏需要听取百姓的建议，为百姓的利益办事。

干部

无私无畏秉公道，自警自励干部心。

干 【乾幹榦】
gān　gàn

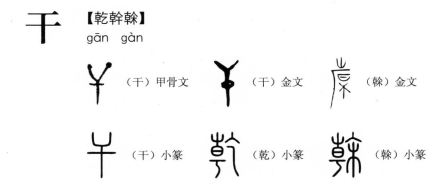

（干）甲骨文　（干）金文　（榦）金文

（干）小篆　（乾）小篆　（榦）小篆

"干"，繁体为"乾"、"幹"，异体为"榦"，汉字整理前，此四字的意义并不完全相同。

"干"为象形字，甲骨文作"丫"形，是一种以叉形木枝制作的猎具，发展为进攻用武器，后用于防御，作用与盾牌相似，读为"gān"。《方言》："盾，自关而东或谓之干。"东晋陶渊明有诗句"刑天舞干戚"。"刑天"是《山海经》里的人物，他与天帝争夺神位，二人发生激烈拼斗，天帝把他的头砍下，刑天以乳为目，以脐为口，仍"操干戚以舞"。"干"即盾牌，"戚"为斧。

人们常用"干戈"一词指战争或争斗。"戈"是一种类似矛的兵器，与"干"都是古代战阵上最常用的兵器，"干戈"连用，借指战争。商周之际，周武王灭商，为使争战平息、刀兵不起，下令将干、戈等武器用虎皮包裹起来，倒置在车上。因虎皮上有斑纹，以之包裹兵器，暗示"以文止武"，故后世有成语"干戈虎皮"。俗语有"化干戈为玉帛"，"玉"和"帛"常被作为高档礼品赠予友好邦国，这句话表示停止争斗，友好相处。

我国用天干地支纪年，天干由甲、乙、丙、丁、戊、己、庚、辛、壬、癸组成，这十个字符在甲骨文中均为兵器之形，可以推知本义是各自代表的兵器，与干同类，总归为干，故名"天干"。（按：天干十字中，部分字义学界尚无确说，此仅供参考。）

"干"是武器，武器是用来打猎杀人的，故"干"又引申为触犯、冒犯的意思。《说文》："干，犯也。"《左传·文公四年》："干大礼以自取戾。"触犯大礼而自取其辱。

触犯他人会扰乱其正在进行的事情，于是"干"又有扰乱、干预的意思。《淮南子·说林》："辐之入毂各值其凿，不得相通；犹人之臣各守其职，不得相干。"是说众多辐条在车毂上都有各自的孔窍，不能共用，就像为人臣者应各司其职，不得相互干预。唐代杜甫《兵车行》："哭声直上干云霄。"人们哭声惨厉，声震于上，以至云霄的正常秩序都被扰乱了。极言常年征杀给百姓带来的苦难。

有意地干扰他人、干预他人之事，必是有所求取，"干"因而又有求取的意思。《尔雅·释言》："干，求也。"《公羊传·定公四年》："伍子胥父诛乎楚，挟弓而去楚，以干阖庐。"伍子胥的父亲被楚国君王诛杀，于是伍子胥带着弓逃离楚国，向吴国国君求取职事，以便培积力量报仇。明代马中锡《中山狼传》："时墨者东郭先生将北适中山以干仕。"这里的"干仕"即求取功名。

干扰、干预都是指向他人他事的，他人自然也可干预到自己的事，所以"干"就有了关涉、牵扯的意思。宋代李清照《凤凰台上忆吹箫》："新来瘦，非干病酒，不是悲秋。"近来身体消瘦，和生病、喝酒、悲秋都没有关系。

古代儒士以文章、议论干世，以救济天下为己任。唐代钱起《送郎四补阙东归》："无事共干世，多时废隐沦。"宋代王安石《宝应二三进士见送乞诗》："少喜功名尽坦途，那知干世最崎岖。"其中的"干世"就是参与、干预社会的意思。《史记·孟子荀卿列传》："自驺衍与齐之稷下先生和淳于髡、慎到、环渊、接子、田骈、驺奭之徒，各著书言治乱之事，以干世主。自如淳于髡以下，皆命曰列大夫，为开第康庄之衢，高门大户尊宠之，览天下诸侯宾客，言齐能致天下贤士也。"春秋战国时期的稷下学派以著述议论来影响君主，从而使自己的政治主张得以转化为现实，开后世文人以文干世之滥觞。

乾读"gān"，形声字，从乙，倝声。"倝"为太阳照射，"乙"像物体干瘪之形。经过太阳曝晒，物体会失去水分，外形干瘪，故"乾"以太阳曝物成"乙"形表示没有水分或水分很少，意为干燥，与"湿"相对。《集韵》云："乾，燥也。"明代刘基《卖柑者言》："剖其中，乾若败絮。"把柑剖开来，里面已经没有水分了，像用旧了的棉花一样。没有水分即是枯竭，《玉篇》："乾，竭也。"《左传·僖公十五年》："外强中乾。"杜预注："外虽有强形，内实乾竭。"去掉水分而制成的食品也称为"乾"，如萝卜乾、豆腐乾、葡萄乾等等。

拜认的亲属关系称"乾"，理解为虽是亲属，但无血缘关系，血缘已"乾"。如乾爹、乾娘、乾女儿等等。

"幹"读"gàn"，形声字，从干，倝声。"倝"为太阳初升光芒照射，"木"为树，太阳升起，照耀树木，树木越是高大，所接受的阳光越多。树木高大与否取决于主干，"幹"即为主干，是草木的茎，《广韵》："幹，茎幹。"

《淮南子·主训》："枝不得大如幹，末不得强于本。"说树的枝长得不能比幹大，事情的末节不能压过根本。唐代皮日休《桃花赋》："密如不幹，繁若不枝。"桃花密得就好像桃树没有幹，繁得好像没有枝，极言桃花繁密。

做一件事情时，只需把最主要的那部分做完了，便可以说这件事完成得差不多了，于是"幹"有做某事的意思。如幹事、幹什么等等；也指所做的事情，如有何贵幹、公幹等。

"幹"通"榦"，古时以土筑墙，先是丈量土地，然后在墙的起止处立木，称桢，进而在墙两侧立木板，称榦，于榦内填土夯实成墙。《说文·木部》云："榦，筑墙端木也。字亦俗作幹。"

幹在筑墙时掌管着墙的厚、直，因此"幹"引申为才能、才幹。《集韵》："幹，能事也。"如幹练、幹办、幹吏等等。

在汉字整理后，"乾"、"幹"的所有意思都归于"干"了。

部 ^{bù}

部 小篆

"部"，形声字，从邑，音声。

"音"为"剖"的省字，意为解剖、分开；"邑"为城邑，表示区域、范围。"音""邑"为"部"，表示经划分后而形成的不同的地方行政区域。"部"的本义指古代划分出的地方行政区。《说文·邑部》："部，天水狄部。""部"特指古汉地名，约在今甘肃省天水、清水、秦安、两当、礼县、徽县一带。"部"由"立"、"口"、"邑"组成："立"为设立、建立，寓意行动；"口"为说话器官，又可指口号、文告。"部"指部门，具有出台文件、宣传口号、发布法令等权力。《广韵·厚韵》："部，署也。"部门的职责是总领下属分支机构，故"部"有总领、统率、管辖等义。部门需要通过"口"来传达工作，故"部"从"口"；"立"又为立刻、立即，表示效率，目标制定、命令下达后，需要立即执行，故"部"从"立"；每一部门都有各自管理的区域范围和职责范围，故从"邑"。"部"从音，从邑。"音"又从立，从口。部门管理的范围有限，"部"从"口"强调了是站在自己管辖的范围内发号施令，不越权限；"立"是站立，表明要做好本职工作，不能只停留在口头上。"音"由"立""口"组成，表示言行合一。

"立"为立正，"口"为发令。发出命令，军人要立刻做出立正的姿势，听取官长训导；且军队的职责是保卫国家、城池、百姓，故从"邑"。"部"引申代指军事编制单位，泛指军队。在我国现代军队编制中有总参谋部、总政治部、总后勤部、总装备部等机构。"部伍"即部曲行伍，是军队的编制单位，后用以泛指军队，也指伍长，即军队的基层长官。

"部"是部署，需要安排、布置。《史记·淮阴侯列传》有："欲发以袭吕后、太子，部署已定。"偷袭、袭击是秘密的活动，事先都要计划周密、妥当。部署是为了落实计划，对人员、物资等进行合理有效的安排和配置，也说"布署"。行军打仗，战略部署是重要的环节，关系着整个战局的成败，所以事先要考虑周全，仔细解剖各个环节。

《山海经·西山经》："司天之九部。"这里的"部"意为边界、界限。由血缘相近的氏族结合而成的集体称为部落。《辽史·营卫志中》："部落曰部，氏族曰族。"另外，由本义引申，"部"也指部位、部分。"条贯部分"指条理贯穿，部位分明。《弘明集·正诬论》："佛经说天地境界，高下阶级，悉条贯部分，叙而有章。""部"又为标志空间、方位的专用语，如"上部"、"中部"。

古代地方行政区划中，方圆30里称为"部"。《管子·乘马》："方六里命之曰暴，五暴命之曰部，五部命之曰聚。"后在这些地区设置管理机构，亦称为"部"，代指衙署，指中央行政官署，有时也指地方行政官署。"千部一腔"意思是演奏的都是一个声调，比喻都是老一套，没有变化。"部"指唐代管理音乐的机构，按所管音乐的性质，区分为若干部。《红楼梦》第一回："至于才子佳人等书，则又开口'文君'，满篇'子建'，千部一腔，千人一面，且终不能不涉淫滥。"

"起部"为官署名。两晋、南北朝时遇营造宫室宗庙等大工程时，设置起部尚书，工程完成后撤销。隋朝以工部为六部之一，实即起部改称，而扩大其所辖，并沿袭北周工部在大夫之名。工部所辖工部、屯田、虞部、水部，即旧有起部等曹。隋大业三年，修改官制，又改工部一司为起部，主官为起部郎，使与部名有别。唐武德三年仍改起部为工部。"部曲"在魏晋南北朝时指家兵、私兵，隋唐时期指介于奴婢与良人之间属于贱口的社会阶层。部曲在汉代本是军队编制的名称，大将军营有五部，部下有曲，联称泛指某人统率下的军队。新莽末农民大起义中，地方豪强曾以军事编制部勒所属的宗族、宾客、子弟等，组成武装力量。宾客的部曲化，在中国历史上这是首次出现。东汉末世族大姓为聚众自保或出师作战，更多地采用军事封建制来部勒自己的宗族、宾客、佃客、门生、故吏。这样，部曲就再次大量地形成，成为世族大姓私人武装的常用代称。

集体

国家之兴衰，甚于个人生死。

集【雧】

jí

雧 甲骨文　　雧 金文　　集 小篆

　　"集"，繁体为"雧"。会意字，从三佳，从木。"佳"本为短尾鸟，这里泛指各种鸟，三"佳"为众鸟之意；"木"为树木、森林。"雧"为群鸟栖于森林，引申为至、聚集等意。"雧"上之"佳"不单指鸟，亦可引申指人、事、物，"雧"下之"木"不单指树，亦可泛指任何场地。人聚于一地、事聚于一点、物聚于一处、文聚于一书，都称为"雧"，即集会、集结、集合、聚集、采集、文集、集锦、集资等。《尔雅·释言》："雧，会也。""雧"上之"佳"又为"难"省，表示困难、艰难，任何事物都不是孤立存在，而人为的将一些事物集中起来，就意味着要集中人力来完成，集中财力以资助，集中时间以投入等，因此具有一定的难度。简化字"集"为一鸟在树，以一鸟代替众鸟。每当傍晚，各种鸟都会群集于林中，若用于人，则是四方之人定时或临时聚于一地从事买卖交易活动（在古代，如非进行买卖交易，是禁止多人聚于一处的），此为集市、赶集。"集"最常用的意思是聚集、会合。所谓"集体"，是许多人有组织地聚集而成的整体。人是社会的人，有归属的社会心理需求，因此都会自觉或不自觉地属于某一团体。王羲之《兰亭集序》："群贤毕至，少长咸集。"说的是贤士们都来了，年长年幼的人都聚集在一起。"兰亭之会"是东晋时一场著名的文人雅集，包括王羲之、谢安、孙绰等40多人，可谓名流荟萃，他们一边欣赏山水，一边饮酒赋诗，不但为后代留下了优美的诗篇，更留下了千古流传的书法名作《兰亭集序》。古时文人常把自己的作品集中在一起编印成书，以便流传于世，也有后人整理前人诗文成书的，这些都叫做"集"。现代出版的图书也有各种诗集、文集、图集、别集、选集、全集等，都是各类作品的汇集，并且已经不限于诗文类的作品了。后人将前人对一部古籍的注释汇合成一书称为"集注"，有时也附上自己的见解，如朱熹的《四书集注》。又如宋代著名书法家米芾研习书法非常刻苦，遍临古人法帖，终于自成一家，他对自己的书法颇为自得，并说他人笔锋只有一面，而自己的却有四面，又自诩其字为"集古字"，意为自己的书法是遍集古人之字而自成一家，这里的"集"即为汇集。

四面八方的人汇聚在一起进行买卖活动的场所，即谓"集市"。《礼记·月令》："四方来集，远乡皆至。"四方各地的人都聚集在这里。《礼记》中的这段话说的是在秋季收获结束后，朝廷开设集市，让各地的百姓都集中到这里来交换物品，满足各自的需要。因为买卖的地点是人口集中的地方，亦是买者与卖者云集的场所，故"集"引申为集市。北方方言称"集"，即为买卖交易的开阔场地，南方称为"墟"或"场"。

在中国的经济发展史上，集市代表着商品经济自发的萌动。现代经济生活中的集市概念，早已经超出了传统界定的内涵。

"集"不再仅仅是面对面的货物买卖场所，通过网络进行交易的股票交易所和期货市场就是一种不见面的新型集市。虽然不见面，其庞大的规模和巨额的交易量却是我们的祖先所无法想象的。随着经济的发展，集市的规模和形式还将有新的变化，这种发展的趋势使得"集市"这个词不但没有走下历史的舞台，而且愈发充满了光彩与活力。

体　【體軆躰】
tǐ　tǐ

（體）小篆

"体"，繁体为"體"，异体为"軆"、"躰"。在古代，"体"与繁体"體"是两个字，意义并不同。小篆"體"为形声字，从骨，豊声。

"骨"为骨头，脊椎动物身体里面支持身体的坚硬组织。"豊"字上"曲"下"豆"："曲"表示曲伸，"豆"的甲骨文为盛器形，表示支撑、支

柱。故而，"豊"为能屈能伸、可转折、可支撑的部位。"骨""豊"为"體"，意为身体中起支撑以及做各种动作的部位。《说文·人部》："體，总十二属也。"段玉裁注："首之属（有）三：曰顶、曰面、曰颐；身之属三：曰肩、曰脊、曰臀；手之属三：曰肱、曰臂、曰手；足之属三：曰股、曰胫、曰足。"《广雅》："體，身也。"本义为身体。

"骨"是支撑人身体的物质基础，是本体；"豊"为"礼"的古字，是知事达礼、通情达礼，亦是伦理。"豊"是支撑人身体的精神基础，如果无礼，则只剩骨，人则为行尸走肉。所以有"骨"有"豊"方为"體"。

异体字"體"从身，从豊。"豊"指盛放祭品的礼器，是"礼"的本字；"身"指身体。"體"为人站在盛放着祭品的礼器前弯曲身体行礼；"軆"为人们相见曲身行礼，表示对人有礼节，能伸能屈，举止得体，体态大方，行为规范。异体"躰"从身从本。"本"为根本、基本。"身""本"为"躰"，意为身体的根本。

简化字"体"从人，从本。"人"由头、躯干、四肢组成；"本"是根本。"人""本"为"体"，表示"体"是人之根本，是人的魂魄、活力所托付之所。人体是由功能各不相同的多个部分构成的，故"体"为肢体，是身体的某一部分。《集韵·止部》："体，四支也。"典故"四体不勤，五谷不分"出自《论语·微子》：春秋时，孔子六十多岁了，还在同子路等几个弟子周游列国，希望得到某一国君的聘请，但迟迟没有着落。有一天，子路跟随孔子外出，落在了后面。正着急时，看到一位在田间除草的老者。于是上前问道："您看到我的老师了吗？"老者没好气地答道："四体不勤，五谷不分，孰为夫子（既不劳动，又无生产知识，哪里配称什么老师）！"说着自顾锄起草来，不再理会子路。子路也觉得冒失，就在田边恭敬地站着。后来，老者觉得子路谦恭有礼，就邀请他到家里做客，竭诚款待。第二天，子路赶上孔子说了这件事情，孔子说这一定是个有修养的隐士，返回去想与之攀谈，但未找到。"四体"指人的四肢，"五谷"为黍、稷、麦、菽、稻。"黍"即糜子，北方谓之黄米，可酿酒；"稷"即粟，一说是高粱；"麦"有小麦大麦之分；"菽"为豆类作物总称；"稻"为水稻；"籽实"俗称大米。这五种是古代最常耕种的粮食，泛指百谷。"四体不勤，五谷不分"指手脚不劳动，连五谷都区分不清楚。原为讥笑读书人的话，后形容人懒惰，不爱劳动，脱离实际。

《国语·晋语》："夫君子以目定远，足以从之，是以观其容而知其心矣。木目以处义，族以步目，今晋侯视远而足高，目不在体，而足不步目，其心必异矣。目体不相从，何以能久？"从一个人的目光和脚步是否和谐一致，即可看出他的内心。晋侯恰恰因为他的目足不一暴露了他的异心。成语"五体投地"指两肘、两膝和头着地，是佛教、道教最恭敬的礼节，比喻敬佩到了极点。

人和动物的身体都是有一定形态的，故"体"由身体引申为事物形体。《玉篇·骨部》："体，形体也。"如液体、长方体。形体是物质存在及其特征、属性的外在证明和表现，故"体"有体现、表现之意。《易·系辞下》："阴阳合德，而刚柔有体。以体天地之择。"孔颖达注曰："天地之内，万物之象，非刚则柔，或以刚柔，体像天地之数也。"在天地之间的万事万物之象，不是刚强的、坚硬的，就是柔弱的、柔软的，或是刚柔相济的，这些特征体现了万物的"数。"

"体"还指文字的书写形式、文章的体裁风格等。字体有篆体、隶体、楷体等。文体有古体、近体，有骈体、散体等。"体"为人之本，也可引申为事物的本质、本性。《古今韵会举要·齐韵》："体，质也。"《吕氏春秋·情欲》："万物之形虽异，其情一体也。"万物虽然外形、情状各不相同，但它们的本质是一样的。"体"还指亲身经验、体察。"身体力行"指亲自勉力实践；"体认"指体察认识。由此引申为体贴、体谅，设身处地为人着想之意。《篇海类编·身体类·骨部》："体，体贴。""体国"指关心国家；"体悉"指体谅了解。

"体"的另一个读音为"tī"，指亲近的、贴心的。如"体己话"指贴心话；"体己人"指亲近、可靠的人；"体己钱"指家庭成员个人的积蓄。

"人是铁，饭是钢，一顿不吃饿得慌"。语虽俚俗，却道破养生真谛，是以体为本、保本固精的哲明之言。"人""本"为"体"，拥有健康的体魄是事业成功、生活幸福、国家昌盛的基础。因此每个人都关注自己的健康，每一个国家都很重视发展体育运动、增强国民体质。国内、国际上经常组织不同规模的体育竞赛。体育竞赛的宗旨不仅仅是推动体育事业的发展，更是为了弘扬优良的体育精神和体育道德。在某种程度上，努力拼搏、坚韧不拔、友好合作、公平公正的体育精神比体育成绩更重要。

团结

国家兴亡，匹夫有责，这是人生最大的道德。

团 【團】
tuán

 小篆

"团"，繁体为"團"。形声字，从囗，専声。

"囗"四边闭合，示意一个整体；"専"的甲骨文是手拨纺锤之形。纺锤转动可使麻毛等物扭结成线，而后缠绕于専体，并最终形成一个整体。故"团"是由一个个个体组合而成的整体。"専"为"专"的繁体，有专业、专门的意思。"囗""専"为"團"还表明，把具有专业水平的人专门集中在一起、聚集在一起也可为"團"。如智囊团、审判团、考察团等。"团"是从草书写法而来的简化字。

宋代的行会叫"团行"，"团"就是集体，"行"就是同行，类似现代的商会。"团练"是中国古代地方武装的一种，开始出现于宋代，主要指地方乡绅自行征集壮丁编制成团，施以军事训练，用以捍御盗匪、保卫乡土的武装。"团"又是军队的一级编制。

"团"是圆形的。"团"和"圆"互相释义，并常常组合为"团圆"，表示亲人好友相聚一堂，类似的词语还有"团聚"。中国传统的中秋节被视为团圆节，月饼更成为节日团圆的象征。唐代贯休《行路难》："寄言世上为人子，孝义团圆莫如此。"团圆之夜，亲人欢聚一堂，确是人生之幸事。可惜的是，该团圆时亲人们往往又团圆不了，所以苏轼感叹："人有悲欢离合，月有阴晴圆缺，此事古难全。"

汉代的班婕妤写过一首《团扇歌》："新制齐纨素，皎洁如霜雪。裁为合欢扇，团团似明月。"团扇既然被比作明月，就应该是圆形的。这种丝制圆形扇子能够长期流行，一是因为宫女、闺秀们喜欢，一是因为古代诗人常常吟咏。唐代李百药《妾薄命》："团扇球风起，长门夜月明。羞闻拊背入，恨说舞腰轻。"

"团"可以用来指球形物，如"汤团"、"面团"、"线团"等。"团"又表示把散碎的东西揉弄或缠裹成圆球体，所以常有"一团乱麻"、"一团毛线"等说法。宋代石孝友《南歌子》："西园歌舞骤然稀，只有多情蝴蝶作团飞。"成百上千只蝴蝶团团飞舞，远观就像五彩斑斓的圆球，这样的奇观在云南的澜沧江边倒是十分常见，当地人称"蝴蝶会"。

"锦簇花团"形容五彩缤纷，十分鲜艳多彩的景象，也形容文章辞藻华丽，其中"锦"指有文采的丝织品，"簇"是丛聚的意思。宋代释道原《景德传灯录》卷十七："若无恁么事，饶你攒花簇锦，亦无用处。""团"也用来指抽象的东西，如"疑团"比喻许多弄不清的问题。清代曹雪芹《红楼梦》第八十七回："弄得宝玉满肚疑团，没精打采地，归至怡红院中。"

"团茶"是茶叶的一种制作形式，始于宋代的一种小茶饼，是宋代丁谓发明的，当时专供宫廷饮用，茶饼上印有龙、凤花纹。印盘龙者称"龙团"或龙茶、盘龙茶、龙焙、小团龙。

结 【結】
jié jiē

結 小篆

"结"，繁体为"結"。形声字，从糸，吉声。

"糸"为细丝，可编制成丝线、绳索等；"吉"为好的、有利的。古人用绳子打结记事或捆绑物体，有利于记忆、证明或运载等，故"糸""吉"为"结"，是有利于人类的一种处理线、绳的方式。"结"的本义指打结，读作"jié"，是将绳子等条状物相交联而形成疙瘩或用这种方式制成的物品。《说文·糸部》："结，缔也。""结"从"糸"，从"吉"，也可理解为好丝，表明打结也通常用好的丝线或绳子。

　　"结"从"糸"，意寓事物之间丝丝不断的联系；"吉"为吉利，是一种事物发展到后来的结果。"糸""吉"为"結"，可理解为植物条状的枝或蔓上结出的果实就如同绳子上所打的结一样；古人食果果腹，植物结果有利于人类的生存。因此"结"引申表示植物长出果实，读作"jiē"。

　　"糸"可引申为连接、联系；"吉"为吉祥、喜庆。用丝线来缔结吉祥，亦为"结"，所以结婚是由他人牵线搭桥而使双方从此紧密联系一起的喜庆之事。古礼认为最大的喜事莫过于男女婚嫁，百年好合，所以词语"吉夕"专称新婚之夜。传说掌管天下婚姻的神是月下老人，简称"月老"，如果一对男女有缘分，月老就会用红丝线分别系住这两个人的一只脚，无论他们身在何方，纵然是天涯海角，最终也会成为夫妻，这也是俗语"千里姻缘一线牵"的由来。用一条红线来连结一段婚姻，也是"结"字所要表达的含义。"兵连祸结"意思是战争接连不断，带来了无穷的灾祸。《汉书·匈奴传》："虽有克获之功，胡辄报之，兵连祸结，三十余年。"

　　用丝线打结，是将线的两端互相穿插系成的中间突起的疙瘩，这是最简单"结"。"结"有很多种不同的打法，可大可小，可以打得很漂亮很复杂，其中最有特色的就属"中国结"了。中国结通常用红绳编制，中间打一个大致的菱形，纹理纵横交错象征锁住吉祥幸福；两边饰以明珠，光鲜亮丽；下面坠有红穗，意寓扫除不祥厄运。逢年过节打几个中国结挂在家里增添喜气，馈赠亲朋更可表达心结对方之意，十分富有情趣。古代年轻女子经常编同心结，送给男方以示定情。"百结愁肠"指愁绪如结无法解开。宋代蒋兴祖之女《减字木兰花·题雄州驿》："飞鸿过也，百结愁肠无昼夜。""百结悬鹑"比喻衣衫破烂。鹑鸟尾秃，像补缀百结，故云。彭养鸥《黑籍冤魂》第二十回："乞丐身上，破衣褴褛，百结悬鹑，怎抵得住那一天风雪？"

　　"结"作动词，意为作结、串结。"施衿结缡"本指古代女子出嫁，母亲将五彩丝绳和佩巾结于其身，后比喻父母对子女的教训。《诗·豳风·东山》："之子于归，皇驳其马，亲结其缡，九十其仪。"《仪礼·士昏礼》："母施衿结帨，曰：'勉之敬之。夙夜毋违宫事。'"成语"结草衔环"指通过各种方式报恩，其中"结草"典出《左传·宣公十五年》。春秋时秦桓公伐晋，晋大夫魏颗领兵抵抗，秦军势力强大，晋兵边打边撤，眼看不敌。不想秦军追到一片草地时，忽然马失前蹄，一个个都摔倒下马，晋军杀了个回马枪，打了胜仗，还生擒了秦军大力士杜回。那天晚上，魏颗梦见一位老人，自称是魏颗父亲一名爱妾的父亲。魏的父亲弥留之际，曾经要用小妾殉葬。魏颗觉得这种做法很残忍，就没有听从，并且在办完父亲的丧事后，将小妾改嫁了。梦中的老人说，今天战场上秦军大败是因为他在草地上打了结的缘故，是感激魏颗当年救他女儿性命的回报。从此，人们便使用"结草"来比喻知恩图报。

"结"还有集结、结块的意思。"洞见症结"意思是清楚地看到肚子里结块的病，形容观察锐利，看到了问题的关键。《史记·扁鹊仓公列传》："扁鹊以其言饮药三十日，视见垣一方人。以此视病，尽见五脏症结，特以诊脉为名耳。""猥结蚊聚"指人众集结。南朝梁任昉《奏弹曹景宗》："故使猥结蚊聚，水草有依。"

"结"要是系在心里就是心结，表示心中的疑难或忧愁；要是舌头打了结，就叫做"张口结舌"、"结结巴巴"。要是结打得不好就使丝线乱作一团，纠结在一起不易解开，所以"结"有"纠结"、"盘结"的意思，形容一种难以应付的混乱局面或者两人互相扭打的样子。但是，即使"结"打得井井有条，也是不易解的，而且可以说越是打得好就越牢固，所以"结"又有"结实"的意思，这时"结"读"jiē"。

结成了就告一段落了，所以有结就有果，植物长到了一定阶段会开花结果，一件事情有了结果剩下的就是享受果实了。"结束"、"结业"、"结论"、"结局"之类都表示告一段落之意，好比是打一个结子，最后一步总要系个死扣，这样才够完整，然后再开始下一个。事情结束了，有收尾的工作，一个过程之后有"小结"，最后进行一个"大总结"，"结"而后"束"，善始善终。

佛教中有"五结"、"九结"之说。"结"即系缚之义，谓一切众生，因此妄惑，造作诸业，而为众苦系缚，流转三界，不能出离。所谓"五结"，"贪结"谓众生贪着三界生死之法，"恚结"谓众生心有恼害，"慢结"谓自恃凌他，"嫉结"、"悭结"谓众生耽着利养。

"结习"指积久而难改的习惯，多含贬义。"结习"源于佛经，意为烦恼和习气。"结"为系缚，谓众生被烦恼所系缚。"习"指习气，也就是烦恼的余习。一般地说，"结"的程度较重，"习"的程度较轻，然而，"习"
比"结"更难以清除。南朝梁沈约《内典序》："结习纷论，一随理悟"。

　　"结体"亦称"结字"、"间架"、"结构"，指每个字点划间的安排与形
势的布置。元代赵孟頫《兰亭跋》："书法以用笔为上，而结字亦须用工。"
汉字各种字体，皆由点划联结、搭配而成。笔划的长、短、粗、细、俯、
仰、缩、伸，偏旁的宽、窄、高、低、欹、正，构成了每个字的不同形
态，要使字的笔划搭配适宜、得体、匀美，研究其结体必不可少。清代冯
班《纯吟书要》："先学间架，古人所谓结字也；间架既明，则学用笔。间
架可看石碑，用笔非真迹不可。结字，晋人用理，唐人用法，宋人用意。"

协作

爱国不是空喊的口号，而是需要你付出具体的行动。

协【協】
xié

岀 甲骨文　協 小篆

"协"，繁体为"協"。甲骨文为会意字，从十，从口。

"十"为大数，表示多；"口"是说话、歌唱的器官。众口同声喊号、歌唱即为"協"。"协"是共同、和谐之意。《说文·劦部》："協，众之同和也。"

繁体字"協"为形声字，从十，劦声。"十"为四面八方；"劦"为三"力"，为众人的力量。"協"为汇集各方的力量，各方共同出力。简化字"协"为会意字，从十，从办。"办"为做、干。多人同做、众人合作即为"协"，亦有共同之意。

"协"由协同又引申为帮助，"协助"指协作助理。历史上有个"协飞熊"的传说，相传周文王梦见飞熊，占卜得到的结果是将要遇到贤臣，不久果然在渭水河畔遇见姜尚，在姜尚的辅佐下推翻了商纣王朝，建立了周朝。后来用"协飞熊"比喻帝王将要得到贤臣辅佐的征兆。

"协"为共同的意思。"协定"指经过协商订立共同遵守条款的文件。"协会"指目的在于加快实现成员共同关心的某一目标的组织，如书法协会、武术协会等。"协商"指为了取得一致意见而共同商量。"协同作用"指各种分散的作用联合后，总效果优于单独的效果之和。西医药理学中"协同作用"指两种或两种以上药物的协作作用比一种药物单独使用的作用更大。"齐心协力"形容认识一致，共同努力。《周书·崔谦传》："然后与宇文行台，同心协力，电讨不庭，则桓文之勋，复兴于兹日矣。""同心协契"即齐心协力。《南史·宋纪·武帝》："同心协契，所在蜂起，即日斩伪徐州刺史安成王修、青州刺史弘。""同寅协恭"形容人们互相尊敬，同心协力地工作。"同寅"原指同具敬畏之心，后指在一处做官的人；"协恭"指友好合作。《尚书·皋陶漠》："同寅协恭和衷哉。"

"二人同心，力可断金"，"众人拾柴火焰高"，"众人划桨开大船"，一个人的力量是有限的，任何事业的完成都需要众多的人同心协力的努力。心往一处想，力往一处使，才有希望攻克难关。

作

ZUÒ ZUŌ

与 甲骨文　比 金文　作 小篆

"作"，会意字，从人，从乍，乍亦声。

"乍"的甲骨文像衣服未成之形，复加以针线缝纫之迹，是正在缝制衣服的形象，会制作、整治之意；"乍"旁加"人"而为"作"，表明"作"是人参与的活动。"作"为制作、从事，读为"zuò"。制作衣服是一个从无到有的过程，故引申为产生、兴起。《说文·人部》："作，起也。""乍"又为突然、忽然之意。"作"中有"乍"，表示人作与不作、事起与不起、物生与不生总在于一念之间，与机遇一样，"作"也具有强烈的偶然性。

"作"为兴起、产生、开始。《易·乾》："云从龙，风从虎，圣人作而万物见。""圣人作"即圣人出现。又如"振作"、"日出而作"、"一鼓作气"等。佛教术语中有"应作"，指应机而示现，与"应现"、"应化"同义，谓佛菩萨应众生之根机，而权巧方便示现种种身相威仪等。《法华文句》卷二下："名月是宝吉祥月天子，大势至应作；普香是明星天子，虚空藏应作；宝光是宝意日天子，观世音应作。"

由本义引申，"作"有起立、站立的意思，是人开始做事前的基本行为、姿势。《礼记·少仪》："客作而辞。"客人站起身来告辞。《孟子·告子下》："困于心，衡于虑，而后作。"其中"作"即振作。

"作"为兴起，寓意行动，而"息"则为休息，寓意结束。人们将生活分为"作"与"息"两大部分，"作"为劳动，是获取生存资料的手段，如作茶（制茶）、作治（制作，亦指制造的成品）、作黍（做黍米饭）、作烦（制造麻烦，添麻烦）等。唐代秦韬玉《贫女》："苦恨年年压金线，为他人作嫁衣裳。"秦汉时雇佣劳动称为"佣作"。雇佣劳动战国时已出现，汉代土地兼并加剧，破产农民多数沦为佃客，甚至一些没落的贵族、官僚、地主及其子弟也有潦倒到为人佣作的。当时使用雇佣劳动的范围也相当广泛，农业、手工业、商业、运输业、建筑业中，都使用佣工。佣工有的是短期出卖劳动力，有的是长期以佣作为生。农民在农忙时也有雇工或按雇值换工的，佣作在两汉农业生产的劳动力中占一定的比重。

"作"还要具体细分，耕作是为了口中食物；织作是为了身上衣物。解决了衣食，还有一个住的问题。解决住的问题自然需要人去主动制造，"作"作名词，可指建筑；作动词，为制作、制造。如建筑都城称为"作邑"；另建新都则为"作洛"（概缘于历代统治者都爱把洛阳作别都）；积土堆垒以御敌是为"作土"。

满足了物质生活之后，人们就会追求精神需求，写作、艺术创作的活动由此诞生。唐代白居易云："文章合为时而著，歌诗合为事而作。"文章、诗歌都要言之有物，由此意引申，"作"用作名词，指作品。《易·益》："利用为大作。""大作"本指大事，后来也称写得好的文章为"大作"。"作"还有造就培养的意思。《尚书》曰："作新民。"其中"作"即培育的意思。

多数人写作文章为了抒发胸臆，但也有些人纯粹出于利己的目的，所抒之情只是为了达到目的的伪装，由此，"作"引申为装，例如"作势"、"装腔作势"、"装模作样"、"做作"。"作"还引申为当成、作为，例如"作废"、"认贼作父"等。"作"还引申为发作，例如"作呕"、"作怪"。"作则"本谓统治者的言行为百姓所效法，后指做榜样。《礼记·哀公问》："君子过言则民作辞，过动则民作则。"郑玄注："君之行虽过，民犹以为法。"

"作"还读"zuō"，是名词，特指劳动的地方，如"作坊"。亦指从事某种活动，例如"作弄"。

崇尚

爱国需要对历史认同，对文化认同，对乡土认同，对血缘认同。

崇   chóng

 小篆

"崇"，形声字，从山，宗声。

"山"是高山、山峰，坚实威严，高不可攀；"宗"为祖宗、宗教，与神灵和祭祀有关，表示神圣不可侵犯。《尔雅》："崇，高也。"本义为山大而高，如崇山峻岭。由此"崇"泛指高，如崇高、崇业、崇盛。以"宗"喻"山"或以"山"喻"宗"，意指像山之威严、宗之神圣，不容亵渎、令人生畏，此为崇拜、推崇、尊崇，表示尊重、尊敬之意。

《说文·山部》："崇，嵬高也。""嵬"指的是高大的山；强调了"崇"专指山的高大。《国语·周语》："昔夏之兴也，融降于崇山。"意思是夏国兴起的时候，有一位名叫融的神灵在崇山降临。"崇亘"意为高峻绵延；"崇崖"指高峻的山崖；"崇阿"是高大的山丘；"崇崇"则是形容高耸的样子。后"崇"泛指一切事物所具有的高大特点。高、大的特点也是一种显耀。古代的帝王将相都把自己的庙堂、府邸建得既高又大，以显示自己的身份、地位和威严。《白虎通》中提到："天子曰崇城，言崇高也。"帝王居住的地方称为崇城，是为高贵之地。

高大绵延的山峰上往往树木繁盛，因此"崇"由本义引申为兴盛、繁荣。如事业兴盛称为"崇业"；形容事物繁兴，或人得到帝王的宠幸、势力隆盛，可称为"崇盛"。张衡在《东京赋》中提到："建明德而崇业。"注释曰："犹兴也。"若是人为地使某项事业达到兴盛，就可以说是推崇、尊崇。在我国历史上有一个很重要的思想，即为"崇本抑末"。其中的"本"指农业，国民经济的支柱；"末"是相对于农业以外的手工业、商业等。把农业作为国家的根本加以推崇、把其他各行业作为末节而加以抑制，这是古代"劝农课桑"政策的重要思想依据。这种思想是在我国古代社会现实的基础上产生的，早期曾经发挥过重要的有益作用，但对后来的经济发展和思想进步产生了越来越多的消极作用。

高大、盛满的形象是人们所向往、追求的。故"崇"还有尊崇、推崇之意。"崇正黜邪"指扶持正气，摒弃邪恶。"崇正黜邪"指扶持正气，摒弃邪恶。西汉时董仲舒提出"罢黜百家，独尊儒术"的主张，即禁绝除儒家以外的各家诸子的思想和主张。这种尊崇儒家思想为治国思想的做法，为汉武帝所采用，并在后世得到了各代统治者的继承。后世称此举为崇儒政策。

"崇拜"即指对所信奉之对象加以尊崇与敬拜，为宗教基本要素之一。"崇"是对祖宗、宗教的一种崇拜、崇敬的感情，表现于内心活动；而"拜"则是体现为肢体活动。因为崇拜的对象不同，因此也就形成了不同的宗教。如自然宗教有自然崇拜，部落宗教有图腾崇拜，文明社会之宗教有偶像崇拜、神灵崇拜等。各种不同宗教都有各自所敬奉、崇拜的神灵。崇拜神灵的目的主要在于对所信奉之对象进行感恩、祈求赐福，或是以之为学习楷模。由此，各宗教都先后逐渐形成了自己独特的教规教法。如法事、道场、礼拜、朝圣等，并且形成了主持仪式之专职人员，如祭司、僧侣等。

佛教中有些建筑是以崇拜、敬神的意思来命名的。如有名的崇圣寺三塔，又名大理三塔、大理崇圣寺塔，位于云南大理市旧大理城西北约两公里处的苍山应乐峰下、洱海边，因塔后原有大理最大佛寺崇圣寺而得名。崇圣寺建于中唐晚期，历经数次地震与兵火，现在已经荡然无存了，只有三塔保存下来。

尚 　shàng

尚 金文　尚 小篆

"尚"，会意字。
"尚"的金文似高地上有""形。"尚"的小篆金文表示以原有的高地为基础，再向上增加。《说文》："尚，曾也。"本义为增加，专门指增加高度。"尚"者，高也，上也，受人瞩目，令人尊崇。故"尚"引申表示尊敬、崇敬之意，如崇尚、尚贤、尚文、尚武。

"尚"字上"小"下"冋"。"小"的本义为细碎的尘沙微粒。"尚"从小，表示细微、微小，引申为自谦、低微；"冋"的本义是在郊野划出的一个范围。"尚"是将自己放在低微的位置，在一定的范围内尊崇、注重别人的意志，此为崇尚。

"尚"可视为从小，从高省。"高"为高大，此处可理解为精神高大。道德水平高的人为高尚之人。高尚者懂得自制、自律，谨言慎行，为人做事有分寸，注重修正自己的品行。"尚"的常用义指高尚。陶渊明《桃花源记》："南阳刘子骥，高尚士也。""高尚"用于人指道德品质，古圣先贤、民族英雄堪称高尚；用于事物指其性质，助人为乐、见义勇为、敬业爱岗等也都是高尚之举。

《广雅》："尚，上也。""尚"也为尊崇、崇尚。张衡《思玄赋》："尚前良之遗风兮，恫后辰而无及。"意思是说我仰慕虞舜时的遗风，痛惜自己不能生当其时。此处的"尚"即指仰慕。苏轼《教战守》："臣欲使士大夫尊尚武勇，讲习兵法。"我想让士大夫们重视武勇，学习兵法。"尚武"指的是崇尚军事和武术；"尚文"指重视文治；"尚气"指重气节，重义气。

被推崇、尊崇的人或事定有其高明之处，故"尚"又引申指超出。《论语·里仁》："好仁者，无以尚之。"喜好仁德的人，别人是没有办法超过他的。张衡《东京赋》："得闻先生之余论，则大庭氏何以尚兹？"这里的"尚"就是高出的意思。

高价不一定质优，高档与高尚更是没法等同。经济条件与道德品质是两码事，有时甚至成反比。有钱人不一定品德高尚，一无所有者未必自私卑贱；安贫乐道但品行高洁的人士数不胜数，腰缠万贯却为富不仁并不鲜见。高尚并不仅限于个人，任何组织、团体和事物都应追求高尚。

稳定

人心死伤身，良心死亡国。

稳 【穩】

wěn

"稳"，繁体为"穩"。形声字，从禾，隱（隐）省声。

"禾"在古代指粟，泛指庄稼；"隱"省"阜"为"㥯"，由"爪"、"工"、"彐"组成，呈双手持杵而捣形，表示劳作；下部为"心"，指劳动时的心情。"穩"从"禾"，从"隱"省，表示杵捣收获的禾谷去皮留实。《说文·禾部》新附："穩，蹂谷聚也。""穩"本义指捣谷时扬弃秕糠留下一堆谷实。

"隱"为殷盛，左思《蜀都赋》："尔乃邑居隐赈。""穩"从"禾"，从"隱"省，即禾谷殷盛。"隱"读"yìn"时，意思是依靠、凭仗。民以食为天，只有依靠禾谷殷盛，才能保持天下稳定。《说文新附》对"穩"的另一种解释为"安"，表示安定、平稳。而"隐"字另有隐藏、藏匿等义。"禾""隐"，即储藏粮食，有足够的粮食储备，则人心平稳。

今体"稳"从"禾"，从"急"。"急"表示迫切、要紧或严重。"禾""急"为"稳"，寓意是要保持团结稳定的局面，当务之急便是搞好农业，使百姓有饭吃，有衣穿，过上温饱生活；又寓含因禾苗、庄稼、农事而着急。每逢赤日炎炎，天气干旱之时，农民们都心急如焚。可是，最着急的却是传说中那个揠苗助长的农夫。禾苗本来在正常生长，可他却心急火燎的等不及，结果禾苗都被他拔高了一截，很快就枯死了。这就是有名的寓言"揠苗助长"。农业生产有其自身规律，重视归重视，着急归着急，还是要遵循客观规律，采取稳妥的办法，否则只能事与愿违。

"稳"表示安定、稳定，是其最常用的词义，如口语中的安安稳稳、稳稳当当、平平稳稳等，这种安定平和、沉着冷静的行事处世风格，十分切合中国儒家文化所追求的"中庸"。中庸就是中正平和，不偏不倚，既无过又无不及，这种思想观念来自中国古代高度稳定的农耕生活方式。讲究稳当，有着多方面的考虑，有时是为了万无一失，免出纰漏；有时是为了推卸责任，预留退路；有时是作风使然，不敢冒险。明代罗懋登《三宝太监西洋记通俗演义》："还须奏过了朝廷，才为稳便。"臣子办事不敢自专，必须先奏请上级才觉得稳当。此处的"稳"又可理解为妥帖，即事情做得恰到好处。

"稳"形容人的性格时，指沉着冷静，心思缜密，办事谨慎。"稳口深藏舌"，形容寡言少语，从不多嘴多舌。人在情绪过激或危险时刻容易行为莽撞或失误，铸成大错，所以越是这种时候越要稳住心、沉住气。"稳"有时也指迷惑对方、拖延时间：《水浒全传》第三十九回："兄弟吃了一惊，先去稳住众做公的在城隍庙等候，如今我特来先报知哥哥。"

古代医疗条件极差，生孩子要冒着很大危险，以至女人生孩子被说成睡在棺材板上，一不小心就翻进棺材里去了。所以，古代称接生婆为"稳婆"，这是因为她们技艺老练，经验丰富，同时希望她们能够在女子临产时稳住阵脚，帮助产妇和婴儿安安稳稳地度过难关。

老成持重，成竹在胸，言谈举止间表现得沉静而稳定，这种风格被称为"沉稳"。沉稳之人多指经历过大风大浪，足以担当大任的男性。他们对家庭而言，堪称好儿子、好兄长、好丈夫、好父亲；对朋友而言，不愧为可亲可敬、可信可靠的挚友；对国家社稷而言，必是君王之股肱，治国安民之栋梁。

古汉语中"稳"还当忍受解，元代关汉卿《救风尘》第三折："我为甚不敢明闻，肋底下插柴自稳。"为甚么不敢明着听呢，因为肋骨下忍着疼痛呢！

定 dìng

 甲骨文　 金文　 小篆

"定"，会意字，从宀，从正。

"宀"的本义为房屋，代指一定的区域范围；"正"为"走"、为"是"

的省字，表示行走或表示肯定。"正"中含"止"，寓指"定"是行走止于屋，表示止息。同时，"定"又强调了"是""家"。有了家才会觉得固定、稳定，走到家里才会觉得安定。因此"定"为安定、固定。《说文·宀部》："定，安也。"谓安稳之意。若强调结果，"定"则为决定、确定，而结果在一定范围内具有不可变更性，如定律、定论。心定则足稳，"定"是脚步安稳不乱，反映在情绪、心理上就是镇静，如镇定、定神。佛家也讲"定"，指的是修行的关键，修行之人要以安定之心修至清净之心。因此，人之学佛亦要有定力、定性。

"定"的本义是休息。中国古代讲"孝"，子女每晚为父母安顿床铺为"定"（冬日天冷子女先上床温被，以便父母睡时舒适安稳，夏天则要用扇子扇凉席）。后来"定"又引申为问安。古礼讲"昏定而晨省"，就是早晚要向父母请安，求父母早晚安康之意，"昏定"专指请晚安。

"定"当动词讲，意为"平定"。陆游《示儿》："王师北定中原日，家祭无忘告乃翁。"南宋时期，北方的大片江山都被异族占领，陆游一生最大的愿望就是"北定中原"，恢复大宋江山。因为"统一"就意味着圆满和安定，所以叫做"定中原"。

"定"为停止。白居易《湖亭望水》："日沉红有影，风定绿无波。""风定"即是风停。《徐霞客游记·游黄山记》："山高风钜，雾气去来无定。"意思是山高风大，雾气不断流动变化，永不停止，没有固定的形状。"定"又当固定、稳定、安定讲。如生活安定，是说人有了稳固的居所和收入之后，生活就可以自由把握了。而人生旅途当中，常常有很多事都无法预料，究竟是祸是福，有人认为是命中注定，自身难以把握，也就是我们通常说的"定数"。"使固定"的动作就是"确定"。如定名、一言为定、约定俗成。司马迁在《报任安书》中说："要之，死日然后是非乃定。"总之，等到人死的那一天，有关他的是是非非自然会有一个固定的结论了，也就是所谓"盖棺定论"。"定鼎"的意思乃是确定国都。传说夏禹收九州之金，铸来九鼎，为传国重器，鼎之所在必是帝王之都，故有词语"鼎定江山"、"鼎定中原"。九鼎之重器代表社稷江山的稳固和压服敌众的气势，置于王都，亦显示天子所在地的威严。"鼎"是定国定民的象征，"定鼎"不仅仅确定了一个国都，更重要的是确立了一个统一安定的国家，意义非比一般。"定"当"确定"讲，就是一个使安定的过程。

"定"引申也表示内心的平和安静，正如"定"字会意入家而心安，如镇定、恬定。文天祥《指南录后序》："痛定思痛，痛何如哉！"就是说内心的创痛平静之后，才能反思痛苦，然而当巨大的创伤渐渐愈合，伤痛又变成了源源不断的余痛，永不消失的伤疤。

佛教称无念无欲的境界为"定"，也就是达到了内心的绝对安静。僧侣们随着空灵的钟磬之声，闭眼打坐，开始控制各种身心活动，慢慢进入到一种心静如水的状态，这叫做"入定"，入定是佛家修身养性的重要法门。禅宗中又有所谓"禅定"，指通过锻炼达到定的心境，使内心持续专注而不散乱。念佛修行时，还有"定散念佛"之分，意指定业念佛与散业念佛。《往生要集》卷下云："一定业，谓坐禅入定观佛；二散业，谓行住坐卧，散心念佛。"分别指的是在坐禅入定的时候念佛和在走坐行动的时候念佛。之所以要修炼"定"的境界，就是因为凡俗之人心多杂尘，常常心神不定，因此总需要定睛而视，定神而思。这种境界不是很快就能达到的，需要精神异常的专注，此时的"定"又有专注的意思。

佛教中有"文殊出不得女子定"的典故，讲的是：文殊菩萨来到佛所在的地方，看见一女子近佛而坐，已经达到入定的状态了。文殊问佛："此女人何得近佛坐？"佛言："你且令此女子出定，去问她吧。"文殊绕女子三匝，鸣指一下，尽其神力，却不能使女子出定。佛言："假使百千之文殊，出此女人定不得。"佛又说下方有罔明菩萨，能令此女子出定。须臾间，罔明菩萨从地涌出，至女人前鸣指一下，女人乃出定而立。据说文殊菩萨是七佛之师，为何不能使女子脱离入定，其中蕴藏着什么样的深刻含义，至今仍是佛学界争论的话题，为一段著名的禅宗公案。

发 展

现代科技高速发展不假，寂寞的人越来越多也是现实。

发 【髮發】
fà fā

（髮）金文 （髮）小篆

（發）金文 （發）小篆

"发"，繁体为"髮"、"發"。汉字简化前，"髮"与"發"的意义并不相同。

"髮"从"髟"，从"友"。"髟"为梳理整齐的头发；"友"为双手。整个字会意人在梳理整齐的头发。《说文》："髮，根也。""髮"为头发、发根。"發"字为"登"字头，"登"有站立、用力的意思；"弓"是射箭或发射弹丸的器具；"殳"为古代的一种兵器，有棱无刃。"發"的整体意义为，一个人双脚蹬地站定，手拿弓将箭射出。《说文》："發，射发也。"简化后，"髮"、"發"统一书写为"发"。"发"由草书演变而来。

"发"指头发。"黄发"指长寿老人。《诗·鲁颂·宫》"黄发台背"。老人头发由白转黄。三国魏曹植《赠白马王彪》："王其爱玉体，俱享黄发期。""辫发"为妇女、儿童发式，是将头发编结成辫子，垂于脑后，多为未婚女子所喜尚。从考古材料证实，周代已有梳发辫的习尚，并有双辫和单辫之分。春秋战国、秦汉时期，妇女以梳双辫为多，明末和清代妇女，以梳单辫为多。"被发跣足"意思是披散头发，光着脚，形容困苦或生活散漫。清代和邦额《夜谭随录·王侃》："瞥见一画衣女子，被发跣足，冒风而至，连呼：'三郎救我命！'""祝发文身"又作"文身断发"，意思是削短头发，刻画其身，指中原以外地区异族的风俗服制。古代荆楚、南越一带习俗，以为身刺花纹、截短头发可避水中蛟龙的伤害。《左传·哀公七年》："大伯端委以治周礼，仲雍嗣之，断发文身，裸以为饰，岂礼也哉。"

"发"（fā）为射箭、放出、射出，"发炮"、"发箭"、"百发百中"等词中的"发"字都是放射之意。"发"又可用作计数枪弹、炮弹的量词，如"50发子弹"。放出、射出表示从一处向另一处的运动，所以"发"可以表示向外扩展的情形，如"发展"、"发行"、"发放"、"发配"等。"发"字还可表示生长、发生，比如"发芽"、"发酸"、"发酵"等等。清代李锴《述身赋》："草迎岁而发花。"句中的"发"即为生长、发生之意。"发"还有显现、突显的意思，如"脸色发红"是说脸上显出红色。了解事情的真相为"发现"；病情显现出来为"发作"。"发"字又有展开、打开的意思。西汉司马迁《史记·刺客列传》："秦王发图，图穷而匕首现。"这里讲的是荆轲刺秦王的故事。荆轲行刺秦王之时，将匕首藏在图卷里，展开图卷，就露出了匕首。不好的事情被发现，可以说是暴露了、败露了，所以当"发"指不好的事情被发现时就有暴露、败露的意思。如"东窗事发"。

由显现之意延伸，"发"字又有阐释的意思。人们无论是说话还是写文章，其目的都是为了表达自己的思想，所以"发"字又有传达、表达的意思，如"发言"、"发表"、"阐发"、"发议论"、"发表演说"等。"发"又引申为启发的意思。《论语·述而》："不愤不启，不悱不发。"引句中，"启"、"发"同用，"发"即为启之意。"发"字还有散发、分发、发散、发送、发泄等意，如"发传单"、"发工资"、"发脾气"、"发信"、"发货"等。"发"字还表示出发、派遣，"发兵"、"朝发夕至"等词中的"发"都是出发之意。物体的膨胀也称为"发"，如"发面馒头"、"发豆芽"。

"发"字也有奋起、兴起的意思。弓箭、子弹由静止而被射出，幼苗从破土长出，其发展方向都是向上的。《孟子·告天下》："舜发于田亩之中。"其中"发"就是发家、兴起的意思。"踔厉风发"形容精神振作，意气奋发。"踔厉"指精神振奋，言论纵横；"风发"指像刮风一样迅猛。唐代韩愈《柳子厚墓志铭》："议论证据今古，出入经史百子，中踔厉风发，常率屈其座人。"表示奋起、兴起意时，"发"字又可指醉而醒或者寐而觉，即酒醒或睡醒。西汉司马迁《史记·项羽本纪》："于是大风从西北而起，折木发屋。"引文中的"发"即是掀开的意思，指房屋被大风吹翻了。

此外，"发"还是古代长度名。《新书·六术》："十毫为发，十发为厘，十厘为分，十分为寸。"可见，"发"是比毫大、比厘小的长度单位。"发"引申可用来表示细微的意思，如"不差毫发"。

"五发"是病理学名词。五脏之病各有其发生的部位和时间，简称"五发"。《素问·宣明五气篇》："五病所发：阴病发于骨，阳病发于血，阴病发于肉，阳病发于冬，阴病发于夏。""穷发"指极荒远的不毛之地。《庄子·逍遥游》："穷发之北，有冥海者，天池也。"晋代谢灵运《游赤石进帆海》诗："周览倦瀛壖，况乃陵穷发。"

展 zhǎn

小篆

"展"，形声字，从尸，襄省声。

"展"可视为从尸，从衣，从四"工"。"尸"本义指陈列；"衣"为衣服之类的物品；"工"为工匠，也为工作。三部分合而为"展"，表示将衣物等铺陈开来。摆放的东西多才可称为陈列，因而需要的人手多，故从四"工"。《广雅·释诂》："展，舒也。"《字汇·尸部》："展，开也。""展"的本义为舒展、展开。舒展意味着面积增加了，因此"展"又有延长、放宽、扩大的意思。将东西陈列出来是为了示人，因此"展"有展示、展览之意。

《庄子·盗跖》："盗跖大怒，两展其足，案剑瞋目。"苏轼《题净因壁》："蕉心不展待时雨，葵叶为谁倾夕阳。"词语"展卷"意为张开和合拢，又指打开书本，借指读书；"展开"即张开；"展宽"是指拓宽、加宽；"展眼"为放开眼界，又比喻极短的时间。"愁眉不展"指由于忧愁而双眉紧锁，形容心事重重的样子。唐代姚鹄《随州献李侍御》之二："旧隐每杯空竟夕，愁眉不展几经春。""展眉"指眉开眼笑，比喻心情愉快。

"展"引申指铺开、陈列。《左传·襄公三十一年》："百官之属，各展其物。"东汉张衡《东京赋》："礼事民，乐物具。"清代蒲松龄《聊斋志异·促织》："展玩不可晓。"这里的"展"都为展览之意。"展品"是用来示范或展览的一组商品；"展评"指展示评估；"展期"是指往后推延预定的日期或期限，或者指展览的时期或日期；"展示"为摆出来让人看；"展玩"指仔细地观看；"展览"指展示实物、图片等，以供欣赏。

《方言》卷十七："展，信也。"钱绎笺疏："信，伸，古字通用。此信字兼屈伸、诚信二义。……是展又为屈伸之伸也。"《汉书·酷吏传·王温舒》："令冬月益展一月，卒吾事矣。"苏轼《论积欠六事并乞检会应诏所论四事一处行下状》："并乞特与展限。"其中的"展"皆为延长、放宽之意。"展"字还指伸直，后来又泛指直。《广雅·释诂》："展，直也。"《徐霞客游记·游雁荡宕山日记》："高而展者为板嶂严。""展手"即伸手。"展手"还为纸品名，宋代越州竹纸，著名的有"展手"、"常使"等。"展手"还指以开放长探为主要手法的花拳套路，全趟动作动静起落轻灵，曲身转折、灵活多变，常运用勾挂、截、拦、劈、点撩、挑之劲路，显示出舒展而不僵、快速而不乱。

"展"字的常用意义还有施展、发挥。三国魏曹植《赠白马王彪》："何必同衾帱，然后展殷勤。"明代汤显祖《牡丹亭·拾画》："到了观中，且安置阁儿上，择日展礼。"清代谭嗣同《秦岭》："誓向沙场为鬼雄，庶展怀抱无蹉跎。""大展经纶"指充分施展政治才能。"经纶"指整理丝缕，比喻施展政治才能治理国家。《三国演义》第三十八回："先取荆州后取川，大展经纶补天手。""一筹莫展"指一点计策也施展不出，一点办法也想不出来。"筹"指筹划、计谋。《宋史·蔡幼学传》："其极至于九重深拱而群臣尽废，多士盈庭而一筹不吐。""展骥"喻施展才能。《三国志·蜀志·庞统传》："庞士元非百里才也，使处治中、别驾之任，始当展其骥足耳。"

"展"有转的意思。《世说新语·德行》："（陈）遣已聚敛得数斗焦饭，未展归家，遂带以从军。"《西游记》第一百回："须臾间，那马打个展身，即退了皮毛。"《红楼梦》第七十回："展眼已是夏末秋初。"此义后另加义符"车"写作"辗"来表示。"展转"即"辗转"，指翻身貌，多形容卧不安席，也指经过许多人的手或经过许多环节、地方。

"展"字还有一些意义现在已经很少使用了。"展"表示整理。《字汇·尸部》:"展,整也。""展"还表记录。《仪礼·聘礼》:"史读书展币。""展"还有诚实之意。《诗·邶风·雄雉》:"展矣君子,实劳我心。""展"可表示省视、瞻仰。《尔雅·释言》:"展,适也。""展"表示演奏。《吕氏春秋·古乐》:"帝喾乃令人抃,或鼓鼙,击钟磬,吹苓,展管篪。"

朝廷

只有皇帝从善如流，大臣才会直言敢谏。

朝

cháo　zhāo

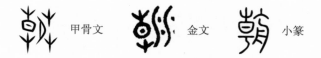

甲骨文　金文　小篆

"朝"，会意字。今从双十，从日，从月。

"朝"甲骨文从艸，从日，从月，像日出于草泽而月尚未隐没之状，寓早晨太阳初升之意。《尔雅·释诂》："朝，早也。"本义为早晨，读"zhāo"。楷书"朝"左侧从双十，从日。双"十"分别位在"日"的上下，"十"为大数，为十方，代表上下、东南西北、东南、西南、东北、西北。字形以日为中心向周围扩散状；"日"为太阳；"月"为月亮。古人以左为东、右为西，"朝"字表示日出于东，遍照四面八方，月位西天，即将隐没。"朝"又从十，从早，从月。"十"为光芒四射；"早"为早晨；"月"为西斜。早上，太阳从东升起，阳光照十方，此时，月亮从西方下沉，此为"朝"，如朝阳、朝晖、朝霞、朝气、朝朝暮暮。"朝"还读"cháo"。此时，"日"代表阳刚、强盛，寓指天子、帝王；"月"代表阴柔、弱小，会意诸侯、百姓；"朝"为朝见。商周时期，天子拥有九州，是天下之共主，其下分封各路诸侯，诸侯（月）每年都要从四面八方赶来（十），齐集京师朝见天子（日）。古人以"日"为尊，所以"朝"是臣见君、卑见尊，谓朝见。"十"也为十全十美，诸侯云集朝见天子是国势鼎盛、十全十美的表现。

"朝"的本义为早晨。《诗·商颂·那》："温恭朝夕，执事有恪。"人们在祭祀的时候，早晚都非常温顺恭敬，主持礼仪的人也表现得很谨慎。"朝"与"夕"、"暮"相对，分别指早晨和晚上。一日之计在于晨。早晨是一天的开始，由此"朝"引申表示日、天。《史记·鲁仲连邹阳列传》："三战之所亡，一朝而复之。""今朝有酒今朝醉"是一种贪图眼前享受、没有任何长远打算的消极的人生态度。

宗教徒参拜他们所信奉的神灵也用"朝",如朝拜、朝圣。"朝"字左面中间是"日"字,上下各是一个"十"字,说明太阳是公正的,不偏不倚,"十"代表了四面八方。阳光能普照任何一个方向,宗教徒信仰的神灵就像阳光一样无所不及。臣子朝拜君王是在朝廷上进行的,由此"朝"引申为朝廷。刘基《郁离子·千里马篇》:"易之以百金,献诸朝。"朝见君主时要面向君主所坐的位置,"朝"引申为动作的方向,朝着、向着、面对着。贾至《早朝大明宫呈两省僚友》:"银烛朝天紫陌长,禁城春色晓苍苍。""银烛朝天"指白色的蜡烛对着天空。古代帝王是世袭制的,由此"朝"又引申为朝代,即同姓帝王连续继承王位的时代。杜牧《江南春绝句》:"南朝四百八十寺,多少楼台烟雨中。"其中的"南朝"指的就是南北朝时期的南朝。杜甫《蜀相》:"三顾频烦天下计,两朝开济老臣心。""两朝"指刘备和刘禅统治时期。这里的"朝"就特指某一个帝王的统治时期。

廷 tíng

 金文　 小篆

"廷",形声字,从廴(yǐn),壬(tǐng)声。

"廷"的金文及篆文为一人站在庭院中的台阶小篆前,本义为庭院。今体"廷"从廴,从壬。"廴",古同"延",篆文像"彳(半条街)"的拉长形,表示长形,引申泛指拉引、延长,在这里是指将权力和范围扩充到众多的领域;"壬"的甲骨文字形是人挺立土上之形,本义指挺立、笔直,又引申有智力出众之意,意指超出一般、统领全局。"廴""壬"为"廷",寓意"廷"具有极大的权力以及拥有不断扩大的领地,处于统领地位。《说文·廴部》:"廷,朝中也。"

"廷"是古代君主临朝听政的地方,即"朝廷",而帝王的住所或由帝王及其大臣构成的统治集团则为"宫廷"。古代天子听政,并不在殿内,而是在大殿的延续范围——殿外的庭院里,官员们整齐地肃立其中,毕恭毕敬。国家的治理要求朝廷官员清正：即不仅仅要求听政时的挺直身姿，更要求其思想行为的堂堂正正。"廴"从延长、延伸之意可引申为千秋万代，代代相传；"壬"由"丿"和"士"组成："丿"为人昂首挺立之形，"士"是对古代男子的美称，代表忠厚、才能、智慧、贤德等美好的德行，因此，"士"为有识之士、贤能之士。朝廷的官员通常要经过严格的考试、选拔才能任用，是集天下贤士于一朝，从而为国为民尽贤能之力，为百姓造福，使国家兴盛，代代相继。"廷"是堂堂正正的有识之士发挥作用的场所。

"壬"可视作"任"省字，表示任务。"廷"担任着继承祖业，为民解忧的重担，是任务的无限延伸，要挑着这副重担一直走下去。段玉裁注释《说文》曰："朝中者，中于朝也。古外朝、治朝、燕朝皆不屋。在廷，故雨沾服失容则废。"古代最初听政并不在殿堂内，而是在殿外的庭中。我国从周代就有"三朝五门"之说，三朝为外朝、治朝、燕朝，五门为皋门、雉门、库门、应门、路门。外朝，又叫外廷。上朝时，天子在库门之外，诸侯在库门之内。治朝，在路门外，乃每日常朝听政之处。燕朝，在路门内，路寝之庭，是与公族、宗人议事之所，乃退朝后理政之处。后世的王朝才逐渐发展为在大殿内听政，但殿堂的设计仍是根据"三朝五门"的形式演变而来。与之俱来的，就是宫廷建筑的庄严、雄伟，以此对皇权极力渲染突出，以达到让人望而生畏的效果。

皇帝并不等于整个朝廷，"廷"由皇帝听政之所引申指古代的中央政府。中央政府与皇帝一样高高在上，所能知晓的情况十分有限，信息渠道难以畅通，只能通过各级官员的层层报告才能体察社情民意。而各级官员食君之禄，却不愿为君分忧，为了保住乌纱，不断加官进爵，不惜伪造政绩，报喜藏忧，即使天下大乱、民不聊生，也要鼓动三寸不烂之舌，让上级做着天下太平的美梦。同时，上面昏庸无能，也会阻塞言路，忠臣赤胆忠心说几句实话，说不定还落个罢官丢命的结局。

白居易在其《采诗官》中吟道："言者无罪闻者戒，下流上通上下泰"，说的就是听政于民的好处。我国最早的听政于民，大概要上溯到远古的《诗经》时代。《诗经》中的"风"便大多来自民间。传说古代有专司采诗之官，手执木铎，到各地收集民歌，献给乐官。再由乐官加工整理，在朝廷的一定场合吟诵演奏，以便使统治者了解民风、民情。

将相

王侯将相无论是居庙堂之高，还是处江湖之远，都应以国家社稷为重。

将

【將】

jiāng   jiàng   qiāng

將 小篆

"将"，繁体为"將"。形声字，从寸，酱省声。

繁体字"將"由"爿"、"月"、"寸"组成："爿"小篆是剖成一半的竹木片，代表古代用于调兵遣将的兵符；"月"为肉，为身体，代指人；"寸"的甲骨文是手的象形，表示与手有关。"將"为手持兵符、发号施令、带兵打仗之人。《说文·寸部》："將，帅也。"本义为统率、带领士兵的人，读为"jiàng"，如将帅、将士、将领等。

"爿"可视为"牆"（墙）的省字，寓意铜墙铁壁；"月"表示躯体，血肉之躯；"寸"为双手。"將"由这三个部分组成，意为"将"是国家的铜墙铁壁，要用自己和士兵们的生命筑成血肉长城，誓死保卫国家。

"將"字的右边是"月""寸"组合："月"代指士兵、百姓等，"月"在"寸"上，表示随时准备为国捐躯；"寸"在"月"下，寓意为将者是执掌兵权之人，身负保家卫国的大任，肩负一国百姓的安危，手握一军士卒的性命。"寸"也表示分寸，意为尺度；"寸"又为寸心。"將"从寸，寓意为将者，要赤胆忠心，运筹帷幄，统领大局。战场瞬息万变，胜负全在一念之差。因此，将帅要善于适时调兵，合理用兵，进退有法，攻守有节。如此，方能成为国家的铜墙铁壁，成为守内御外的钢铁长城。反之，稍有不慎，则会失去战争主动权，使胜负逆转。

将"爿"视作"壯"（壮）的省字，"壮"是体形的高大、魁伟，象征着坚强与力量；是内心的聪颖、勇敢，象征着不屈与智慧。"壮"是壮士，代表了雄壮、盛大、伟大。"将"从"壮"省，意味着身为将领，当有超群的本领、非凡的智慧、过人的胆略、赤诚的忠心。

肉之为物也，不举则瘫软，不持则委堕，故需木撑而立（爿）、手扶而起（寸），所以"将"又为扶持、扶助之意。《广雅》："将，扶也。"读为"jiāng"。《木兰诗》有句云："爷娘闻女来，出郭相扶将。"

"将"又为使用。《西游记》："菩萨将甚兵器？"（孙悟空）问菩萨使用什么兵器。下象棋时，攻击对方的"将"或"帅"也称为"将"，引申为用言语刺激、给人出难题、使人为难，如"将了他一军"。"将"还表示勉强适应之意，如将就等。此外，"将"也表示将要、快要，如将来、将次。用于成语，"将"表示"拿"，如将功赎罪、将心比心等。

"将"读"qiāng"时，意思是请愿、请求，表示尊敬。《诗·卫风·氓》："将子无怒，秋以为期。"女子安慰心急的未婚夫：请你不要生气，约定秋天作为婚期。"将进酒，杯莫停。"是一句著名劝酒语，出自李白的名诗《将进酒》。

"将"做动词意为统帅、率领。《史记·淮阴侯列传》："信善将兵，而王善将将。"韩信对刘邦说，我善于统领士兵，而大王善于指挥将领。这就是将才与帅才的区别所在，前两个"将"都是统帅的意思，最后一个"将"则为名词将领。

"将"也是武官名。春秋时各诸侯国以卿统军，故称"卿"为"将军"；战国以后转为武官之称，前面缀以各种封号。如汉朝有大将军、骠骑将军、车骑将军、卫将军；有前、后、左、右将军以及楼船将军、材官将军、度辽将军等。"将"是军衔名，高于校官，在统帅之下。解放初期，中国人民解放军把将官分为四级：大将、上将、中将、少将。我国军队现行将官设上将、中将、少将三级。"将"为将帅、将领，读"jiàng"。"将"从肉，从寸，可意为手上拿着肉。将领手中掌握着自己的性命和士兵的生命，将令一下，就会有无数将士为国捐躯。"肉"在此处就意味着生命，也寓意国家的命运。将领命令的正确与否，将直接影响到士兵的生命和国家的安危。"将"从寸，为手，表示为将者手中有权力，解决疑难有手腕。国有良将，社稷之福。每逢国家有难，将领的作用显得尤其重要，有时甚至关系到国家的兴衰和存亡。《孙子·谋攻》："夫将者，国之辅也。"将领是辅佐国家，解救国难的栋梁之才。《汉书·晁错传》："将不知兵，以其主予敌；君不择将，以其国予敌。"将帅不懂带兵打仗，无异于把自己的国君送给敌人；国君不会选择将帅，势必断送整个江山。久经沙场的将领称"宿将"；有文才的将领称"儒将"；勇敢、威猛的将领称"猛将"；冲锋陷阵的猛将则是"闯将"。

此外，"将"也泛指某个领域中的领军人物，即能手、能人，如体育健将、乒坛老将等。"千军易得，一将难求。"将领是一支部队的统帅，部队有无战斗力，善不善战，在很大程度上取决于将领的能力。为将者身担一军一国之重任，一言一行关乎国家的安危存亡，因此将领说话做事必须掌握好分寸，把握好尺度；为将者还要以寸心卫寸土，心中装着国家和百姓，保卫国家的和平，不让外敌侵占一寸土地。身为一军之将，其一言一行都会牵动大局，轻率的举动可能导致全军覆没，高明的谋划则可把握战机，先发制人，所以指挥作战的能力是将领的首要素质。战场情况瞬息万变，将领要以变制变，处处先敌一步，才能百战不殆。在信息化时代，一军的统帅更要紧跟时代，走在科技的前列，掌握先进的军事技术，同时应将前人的优秀军事思想发扬光大。

相　xiāng　xiàng

"相"，会意字，从木，从目。

"相"从"木"表示与树木、木头、木料有关；"目"为眼睛、注视、察看。木头外形的高矮、曲直、粗细和质地的坚软、疏密不同，其用处也各有不同，若想把木材用得恰到好处，就需仔细察看。

《说文》："相，省视也。""相"为仔细察看，读为"xiàng"。眼睛所看到的树木的高矮、曲直等等是物体的外在，"相"又指外貌、形貌。"相"

的产生首先是树木本身具有相，其次是眼睛能够看到，由于眼睛的观察而得知树木有哪种相，由此，木与目是一种交互依存的关系，故"相"又为交互、相互，读为"xiāng"。中医理论中，肝属木，开窍于目，木与目之间亦互相关联。为什么"相"字从"木"而不从其他？古人认为木、火、土、金、水五行是形成世间万物的基本物质，其中水、火、金、土均无定形，只有木有具相，故"相"从木。

《老子·国寡民》："邻国相望，鸡犬之声相闻，民至老死不相往来。""相"即为相互。与"相"有关的成语很多："相反相成"指相反的事物也能互相促成，即有同一性；"相敬如宾"指夫妻互相尊敬、爱护、很客气，像对待客人一样；"相安无事"指彼此和睦相处，没有什么矛盾冲突。"相生相克"为五行学说术语，借木、火、土、金、水五种物质之间互相滋生和促进与互相制约和排斥的关系来说明万物相互协调、互相制约的生理现象。"相"有递相、相传之意。如"父子相传"、"世代相传"等。

"相"亦可做代词，表称谓。《古诗为焦仲卿妻作》："便可白公姥，及时相遣归。"便可告诉我的父母亲，赶快把我给送回娘家。这里的"相"表自称。

"相"读作"xiàng"，有省视、观察之意——以"目"省"木"：一个人在省视树木，以度其材。《说文·目部》："相，省视也。""相马"指观察品评马之优劣；"相机而行"意为看当时的具体情况而决定。《诗·鄘风·相鼠》："相鼠有皮，人而无仪。"意思是那老鼠尚有皮，你是活人却无道义。这是一首讽刺卫国国君的诗，将之与老鼠相提并论，实际上指出统治者像老鼠一样善于偷窃，以此来嘲讽统治者的荒淫无度、榨取无度的行为。

"相"有辅助、扶助之意。如"相王"指辅佐帝王、宰相而封王者；"相吏"是汉代辅佐诸侯王的官员。辅助皇帝、宰相的人是帮助他们治理重要事务的，于是"相"有治理之意。

《小尔雅·广诂》："相，治也。"王夫之《续春秋之左氏传博议》卷下："语相天下之大业，则必举而归之于圣人。"说到治理天下、成就大业者，如必须列举，只能归于贤人。

　　"相"由辅助之意引申，指古代官名，为辅助帝王的大臣，后专指宰相、丞相。"相父"则是皇帝对继续任职的先朝宰相的敬称。"相"有相互之意，古代宰相是辅助帝王的，但是宰相的权势往往极高，不时地威胁到帝王的统治，而帝王既想借助于宰相，又怕宰相架空自己，于是想出各种方法进行掣肘。

　　现代有些国家中央政府各部领导人也称"相"，如主管外交事务的部长称"外相"。

俸禄

当官不为民做主，不如回家卖红薯。因为你的俸禄是百姓所贡献的。

俸 fèng

"俸"，形声字，从人，奉声。

"俸"从人，表明与人的行为有关；"奉"有待遇、事奉之意。"俸"从人从奉，指给人的待遇。《玉篇·人部》："俸，俸禄也。""俸"指俸禄，旧时官吏的薪水。"奉"也指恭敬地接受。薪水由上级发给下级，是劳务所得，故而，"人"、"奉"为"俸"，表明领取俸禄时通常都抱有一种恭敬的心态。"奉"也表示为某人或某处效劳，表明"俸"是为人效劳所得。

《广韵》："俸，俸秩。"《韩非子·奸劫弑臣》："皆欲行货财，事富贵，为私善，立名誉，以取尊官厚俸。"《儒林外史》第七回："到七日上，李老爷查然奉旨出狱，只罚了三个月的俸。""俸饷"指官兵的俸禄和粮饷。《儒林外史》："俸满，一齐转了员外。""俸满"指官吏任职满一定年限后，依例升调。"俸浅"指官吏担任某一职务时间较短，资历较浅。

古代官吏的报酬主要形式有土地、实物、钱币等。中国古代俸禄制度的发展可分为三个时期。商周时期因官职同爵位相一致，并且世代相袭，俸禄实际上是封地内的经济收入（不包括上缴给政府的部分），即俸禄表现为土地形式，封地的大小是各级官吏的俸禄标准。春秋末期至唐初主要以实物作为官吏的俸禄。春秋末年，世卿世禄制度逐渐瓦解，各诸侯国王为争霸图强，纷纷选拔任用贤能之士，据其职务高低，给予不等的实物，如以粟做为俸禄，从而达到招贤强国的目的。战国时期，实物俸禄在各国得以普遍推广，计量单位由斗改石。汉代俸禄制度开始正规化。朝廷按官吏不同级别，给予相应的俸禄。东汉初年，又规定凡官吏俸禄，钱币与实物各半。至南朝梁时，官吏级别实行九品制，俸禄亦依此而推。北齐官吏级别亦行九品制，但俸禄不以粟计，而以帛计。隋代俸禄又以粟计，一年分春、秋两次发给官吏。其级别也更正规，如一品为 900 石，自一品至正四品之间各级相差 100 石。唐继隋制，然亦有小异：京外官吏俸禄比京官次等；于主要俸禄之外，据官吏品级给予俸食，用于雇佣警卫及庶仆人员，即统称之"俸料钱"。唐中期至清末，俸禄以货币为主。俸料钱在官吏的全部俸禄中所占比重已超过一半之多。同时，因货币在税收结构中成分增加及商品经济的发展，唐之俸禄制度已由实物完全向货币化发展、转化。开元二十四年唐玄宗正式改革俸禄制度，统一了俸禄的等级与形式。唐代以后，虽然有时仍然将实物乃至土地作为俸禄，但实行的基本是以货币为主要形式的俸禄制度。

禄

甲骨文　　金文　　小篆

"禄"，形声字，从示，录声。

"示"有祭祀、显示、预示等意，古人认为在特定的时候，天上会显示出某种征象，向人垂示休咎祸福，称为"示"；"录"的甲骨文、金文均像用辘轳从井中汲水之形，又是记载言行事物的册籍，并有次第、次序的意思。汲水灌溉可保丰收，这预示着收成不错，是上天赐予的福气，"禄"为福、福气。《说文·示部》："禄，福也。"古代的祭祀活动只有天子与百官才可以参加，"禄"是一本记载官员品级大小、俸禄多少的册子，借指俸禄，是官吏的俸给。

"禄"为福气、福运。中国神秘文化认为，人生的盛衰、祸福、寿夭、贵贱等均由天定，所以有"禄命"一词。旧时相术认为人的形体、气色等与人的贵贱贫富夭寿等有关，所以用"禄相"指有福气的相貌。"禄气"则指有食禄之气运。《旧唐书·吕才传》："今时亦有同年同禄而贵贱悬殊，共命共胎而夭寿更异。"这种差异，古人认为皆是因人的禄命不同引起的。

"禄"从录，"录"与水有关。水滴下来，可灌溉，可为甘露，所以

"禄"字表示吉祥。又因为土地受水的滋润才富有生机,"禄"也常用于表达所接受到的是一种恩惠、恩泽。古代君王是天下的主宰,臣民的一切都被看成皇恩所赐,后妃被皇帝宠幸叫做承恩露,臣下受封赏要跪谢皇恩浩荡。

古时官吏的报酬,即皇帝支付给他们的薪水,被称之为"俸禄"。"俸"字从人,从奉,意为人用双手合捧。所以"俸禄"可以理解为"双手恭敬地捧着皇帝降下的恩露"。《红楼梦》第十九回中,袭人劝宝玉道:"你真喜欢读书也罢,假喜欢也罢,只在老爷跟前,或在别人跟前,你别只管批驳削捧,只做出个愿喜读书的样子来;而且面前背后说些浑话,凡读书上进的人,你就取个名字叫做禄蠹。"贾宝玉生性愚顽怕读书,平生最恨以求取功名为目的之人,并给这些人取了个雅号——禄蠹,意为领取官俸的蛀虫。"高官厚禄"意思是很高的官职、丰厚的薪禄。在古代,凡是君王的子孙都可分封一定的土地,后来有战功的人也可分封土地。被帝王分封的邑地也为"禄",因为这是皇帝的恩泽所在。

古时候,无论是国王的子孙或是臣子,其俸禄都是按国王的旨意给予的,所以"禄"又可以用作动词,意思是给予俸禄。《荀子》:"故,上贤,禄天下;次贤,禄一国;下贤,禄田邑。"最贤能的人,食禄天下,以天下为奉养;第二等贤能的人,食禄一国;第三等贤能的,就食禄田邑。我国古代政府按规定给予各级官吏的报酬,即俸禄,主要形式有土地、实物、钱币等。俸禄制度至汉代趋于完善,并明确规定官吏在享受俸禄的同时要履行一定的职责。若官吏违反朝廷有关法令,或有渎职行为,其俸禄便要相应扣除,与现在的工资制度相似。

推荐

征辟、荐拔、察举是官吏提拔的绿色通道。

推 tuī

推 小篆

"推"，形声字，从手，隹声。

"推"从手，表示与手的动作有关；"隹"是小鸟，鸟只会前进不会后退，所以"推"是一种手向前的动作，本义为手向前用力使物体前移。"隹"也为"难"省。物体难以前移，需要手向前用力，这个动作就是"推"。

"推"的目的都在于使事物移动，因此"推"亦可解释为变化、移动、发展。这就不限于具体的事物，还更为广泛地涉及精神层次。成语"推陈出新"，就是推动旧有事物向前发展，使之适应社会前进的步伐，产生更有生命力的新事物，这也是人类不断向前发展的基本要求。"推"代表的是主动行为，就如我们今天的改革开放，就是主动去学习和接受先进的文明。

"推"可以引申为进一步想，或者是由已知点想到其他。既然要进一步，就必须反复地进行思考，琢磨。"推敲"就很形象地表达了这个意思。"推敲"的典故与唐代诗人贾岛有关。贾岛到京师参加科举考试，一日他骑着驴在大街上行走，琢磨着一句诗："鸟宿池边树，僧敲月下门。""敲"字又想换成"推"，主意不定，就在驴背上反复做着"推"和"敲"的动作，不觉入迷，不料冲撞了时任京都长官韩愈的车队，贾岛忙赔礼，并将因"推"、"敲"二字专心思考不及回避的情形讲了。韩愈听了深思后便说"敲"字好，在万物入睡、沉静得没有一点声息的时候，敲门声更显得夜深人静。贾岛连连拜谢，把诗句定为"僧敲月下门"。"推敲"的典故由此而来，引申意为斟酌文字，反复琢磨。如此"推敲"的精神很值得推广，而所谓推广之"推"有使事物展开的意思。尤其是对好的新事物，开始在小的范围内被认可，经过推广则可达到普及的程度。现在我国提倡说普通话，要推广普通话，因为这是文明发展的需要，使南方人和北方人能够正常交流，不再局限于方言的限制，避免交流障碍。同此意的还如"推销"，就是通过将产品或者服务介绍给他人，以实现购买的行为。

"推"之方向是前移，可以是推动事物、思想，也可以是"推"某一个人，这就是推许、推荐。宋神宗还是太子的时候，太子司文书事韩维总能发表一些高见，太子每每赞同那些意见，韩维就说："此非臣之意见，乃王安石之意见耳。"在未来皇帝面前常说这种话，无疑对王安石晋升是再好不过的铺垫。韩维推荐王安石，这为他日后得到神宗信任，以进行大刀阔斧的改革提供了良好的机会。

当然"推"字有向前之推移，就有向后之推延，有推进便有推出。其中"推延"之"推"是往后挪的意思；"推出"之"推"则是辞让、脱卸。对于后者，生活中经常遇到，找个借口脱逃责任，强调客观原因，以此逃避主观责任，实非堂堂正正之行为。另外"推"还有让出、献出的意思。汉武帝时期为了加强中央集权，就采用主父偃的计策，对各诸侯王国采用"推恩令"。所谓"推恩"就是将皇帝的恩情推及子孙后代。因为按照当时汉朝诸侯王的世袭规则，王侯死后，他的地位财产都只能由若干子孙中的一个继承，而"推恩令"后就必须将一切平均分配给所有子孙，这样权力和财富的不断分割，使地方王侯势力日益弱小，几代之后就再无办法同中央抗衡了，国家也就得以安定。

"推"引申为推让的意思。"解衣推食"指把穿着的衣服脱下给别人穿，把正在吃的食物让别人吃，形容对人热情关怀。《史记·淮阴侯列传》："汉王授我上将军印，予我数万众，解衣衣我，推食食我，言听计用，故吾得以至于此。""推"有推究的意思。"三推六问"旧时指反复审讯。元代孙仲章《勘头巾》第三折："有他娘子将小人告到官中，三推六问，吊拷绷扒，打的小人受不过，只得屈招了。""推"又有推诿、推托的意思。"半推半就"意思是一面推辞，一面靠拢上去，形容装腔作势假意推辞的样子。元代王实甫《西厢记》第四本第一折："半推半就，又惊又爱，檀口搵香腮。""东推西阻"指找各种借口推托、阻挠。"推推"指勇于上进的样子。《灵枢·阴阳二十五人》："少阳之上推推然。"张志聪注："推推，上进之态，如枝叶边上达也。"

"推引"为刺法用语。推指进，引指退。《素问·离合真邪论》："推之则前，引之则止。"王冰注："言邪之新客，未有定居，推针补之，则随补而前进；若引针致之，则随引而留止也。""廷推"为明代的任官方式。高级官员经大臣推荐皇帝任用，称廷推。内阁大学士、吏部尚书廷推或皇帝特旨任命，侍郎以下及祭酒，吏部尚书会同三品以上官廷推，外官则总督、巡抚廷推。此制度到清康熙年间废止。"推官"为古代官名，唐代始置，为节度使、观察使之属官。宋代沿用此制，实际上成为一郡之佐官。元明于各府设推官，以掌理刑狱。清初仍设推官，后废。

荐 【薦】
jiàn

金文　（荐）小篆　（薦）小篆

"荐"，繁体为"薦"。汉字简化前，"荐"与"薦"的意义并不相同。"薦"为会意字，从艸，从廌。

繁体"薦"的金文上面从廌，下面从艸，是兽畜在草地上边走边吃草的象形。"艸"即草，"薦"从"艸"说明与草有关；"廌"是古代传说中的一种神兽，能辨别是非曲直。"艸""廌"为"薦"，表示此草是专供廌吃的。古人认为廌是有灵性、通天地、辨曲直的神兽，对其极为喜欢，所以常常择取鲜美肥嫩的草来献给廌。《说文·廌部》："薦，兽之所食艸。""荐"表示兽畜吃的草，又引申指由荐编的草席。荐草被选而用于古代不用牲的祭祀，因此"荐"表示举荐、介绍之意。

"荐"从艸，从存。"存"为存在、保存。"艸""存"为"荐"，意为"荐"是草存留下来的一种方式，即草席之意。《说文·艸部》："荐，薦席也。"本义为草垫子、草席。

草席的编织通常要选用坚韧耐磨的草，这样草席才会保证其美观、耐用，因此，"荐"是选取好的、优等的草质。"荐"由此引申有推举、介绍之意，如举荐、推荐。人才的推举、选用也是如此，品性坚强、能力超凡的人才会被重视，从而被推荐任用。"茻"是草莽，是野生的、到处都有的、不被人重视的植物；"存"为生存。草莽之中藏龙卧虎，人才通常隐于市、埋于野，他们需要慧眼识千里马的伯乐来发现、发掘，然后才会从草莽中脱颖而出，一鸣惊人。"存"又为贮存、保存，此处可指自身能力的储存，惟有自身首先具备较高的能力，人才有被荐的可能。"茻""存"为"荐"，同时也表明了人才是平凡人在平凡中造就的，最不起眼的地方往往存在着大量的人才，等待他人的重视、发掘和推荐。

"薦"为草。《庄子·齐物论》有"麋鹿食荐"。《尔雅·释草》："薦，黍蓬。"是说"薦"为一种麋鹿食用的蓬草，长势旺盛。

《说文》："古者神人以廌遗黄帝。帝曰：'何食？何处？'曰：'食薦；夏处水泽，冬处松柏。'"古时候神仙把廌兽送给黄帝。黄帝说："它吃什么？住在什么地方？"回答说："吃薦草；夏天住在水泽之中，冬天住在松柏之下。"古代游牧民族靠放牧、渔猎为生，每当发现水草丰美之地，就互相转告，互相推荐。故"荐"为推荐、举荐。另外，远古人类大多生活在山洞之中，阴冷而又潮湿，无意间人们发现躺在草上舒服且温暖，于是就把草编成席子，依席而卧，故"荐"也有草席之意。古人都是席地而坐的，如《世说新语·德行》："既无饮席，便坐荐上。"汉语中"荐"多用作推荐、举荐。《孟子·万章上》："诸侯能荐人于天子，不能使天子与之诸侯。"上古时期的禅让制，其实就是推荐人材、唯贤是用。春秋五霸之一的秦穆公有一次问伯乐："你是天下第一等相马的人，有没有可以继承你的子弟？"伯乐微笑："我的儿子个个都是平庸之人，只能稍稍辨识马的好与坏，而不知马的功力。不过有个名叫九方皋的人，其鉴赏马的特殊能力甚至超出我很多。但他生性淡泊，不喜交际。如果您不嫌弃的话，我很乐意为您引荐此人。"伯乐相人也很高明，后经证明方九皋果然是个识马高手。伯乐这种不任人唯亲、荐贤举能的胸怀，确实值得后人学习。

用人需要"内举不避亲，外举不避仇"的高风亮节。东晋时，掌握大权的谢安决心选拔一名将才，负责组建一支新的军队。当时朝中胜任此职的只有其侄儿谢玄。为了国家，谢安不顾众人非议和任人唯亲的嫌疑，果断推荐了谢玄。后来谢玄不负重托，组建了一支战斗力极强的军队。淝水之战前，谢安作为东晋总指挥，再一次力排众议，任用弟谢石为前线大都督，侄谢玄、子谢琰任前锋，并取得了淝水大战的辉煌战绩。谢安这种以大局为重，内不避亲、任人唯贤的惊人之举，在历史上传为美谈。历史上以"外举不避仇"而备受称道的是祁黄羊。晋国时，有一次南阳县缺少个县令，晋平公问大夫祁黄羊，谁适合担任这个职务？祁黄羊说："解狐可以。"平公听了很惊讶，说："解狐不是你的仇人吗？你怎么推荐仇人呢？"祁黄羊答道："您是问我谁担任县令这一职务合适，并没有问谁是我的仇人。"解狐任职后为民众做了许多好事，受到南阳民众的拥护。

无论是国家，还是企业，要想在激烈的竞争中立足与发展，关键在于用人。这就需要领导们虚怀若谷，举贤任能，任人不唯亲，用人不避亲，把大批的优秀人才举荐选拔到能够发挥其才能的岗位上，建功立业。

爵位

通过人为的手段对人的等级、权力和地位进行划界。

爵 jué

爪 甲骨文　爪 金文　爪 小篆

"爵"，象形字。

"爵"的甲骨文为古代酒器形。金文在酒器一侧加"又"，表示用手持拿。篆文则在其下加了一寸一鬯，以突出其为酒器之意。故而将篆文"爵"视作从爪，从网，从食省，从寸。"爪"即手抓东西时的形象，位于"爵"上方；"网"为罗网，会意用衣袖遮挡；"食"为食用、享用；"寸"字在"爵"的右下角，似手托举着酒杯向上抬送的动作。因此"爪"、"网"、"食"省以及"寸"这四部分所组成的"爵"字，可理解为一手提杯，一手托杯，用一方的衣袖遮住另一只手使爵靠近嘴边享用。《说文·鬯部》："爵，礼器也。"本义为饮酒器，最初在祭祀中作为礼器使用。"爵"是古代相当贵重的器皿，常为贵族所用，因此"爵"引申为爵位，代表君主国家贵族封号的等级，如公爵、侯爵。

今"爵"由"爪"、"网"、"食"省、"寸"组成："爪"为手，可意为权力、地位；"网"为网罗，表示拥有；"食"省表示有吃有穿，生活富裕；"寸"表示办事有分寸，也表示权力之大小。四者合而为"爵"，说明拥有爵位的人通常是有权有势、吃喝不愁，也通常指处事既能够掌握尺度，又知进退之人。

《说文》："象爵之形，中有鬯酒，又持之也，所以饮。器象爵（雀）者，取其鸣节节足足也。"其中的"又"表示用手持握着。这是描述用来饮酒的器皿的形状——像雀，中间有鬯酒。饮器像雀的缘故，取其注酒时若雀节节足足的鸣声。爵作为酒器，最早盛行于殷商和西周初期，为青铜制造，外形似雀，杯口长长地伸出来如雀喙的一部分称为"流"，有两柱，三足，用以温酒或盛酒。

商、周时期，礼仪初成，无事不饮酒，无酒不成礼。人们在祭祀、交往、宴会等活动中都必置酒席，因此酒器是少不了的。更确切地说，当时爵不仅是喝酒的工具，更是规范的"礼器"，它是最早正式作为礼器的酒杯。另外"罒"本为"网"字，有过滤的作用。据说古代酿酒技术粗糙，饮用酒常常浑浊不清，混合着很多原料渣滓在其中。若是自家饮用倒也罢了，可是要敬天礼神、祭祀先祖就要把最好的酒献上去。酒不清澈就是对天地、神灵的大不敬。于是，人们就想出一些过滤的办法，比如古代楚地盛产的包茅，就是一种可以滤酒的草。由于此种用途，普通的包茅草身价倍增，春秋时还一度作为贡品运往霸主齐国。所以经过过滤的清酒是酒中档次最高的。古代祭祀、进贡、宴会等活动中都要使用清酒。故"爵"上面的"罒"就代表起过滤作用的装置，可以是滤酒草，也可以是其他过滤装置；前面提到杯口上的两个小立柱据说就有固定过滤装置的作用。由此可见，爵器做工之精细，而非一般的酒器，也非普通百姓能够享用。

《左传·庄公二十一年》："郑伯之享王也，王以后之（磐）鉴予之。虢公请器，王与之爵。郑伯由是始恶于王。"郑伯、虢公都去朝见周王，郑伯被周王赐予随身佩带的铜镜，虢公却被赐予铜爵。爵是礼器，比铜镜贵重得多，受赐意味着得到礼遇，没有赐予明摆着重视不够，所以郑伯开始对周王心怀不满。由此可见，爵象征着官位等级，即爵位、爵号。爵位指君主国家贵族封号的等级；爵禄指官爵和俸禄。

中国古代把爵位分为"公"、"侯"、"伯"、"子"、"男"五等，最高的是"公爵"，最低的就是"男爵"。上文所提"虢公"是公爵，"郑伯"是伯爵，二人级别地位不同，待遇当然有别。"卖官鬻爵"指出卖官爵，收受钱财。这里的"爵"是大大小小官职的统称。据说东汉时的灵帝刘宏，曾开设了一个叫"西邸"的"卖官园"，根据"买主们"做了官后的可预见收入分级收费，比如"公"收1000万钱，而"卿"只要500万钱。因其"买卖公平"，"生意"颇为红火。清朝入仕的途径，有满、汉、科甲、捐班四种途径。"捐班"，说白了也是对于一个官职的拍卖，谁出的价最高，官位就归谁。

位 wèi

甲骨文　金文　小篆

"位"，指事字，从人，从立。

《说文·人部》："位，列中庭之左右谓之位。"本义为官吏在朝廷上站立的位置。"位"从人，从立。"立"的甲骨文为人站在地上形，为直立、站立。"人""立"为"位"，表示人所站立之处，就是自己的位置。"位"为位置，如座位、席位等。

"人""立"为"位"寓意：首先，人要站立，要做站立着的人，堂堂正正的人，光明正大的人，才会拥有应有的位置；其次，人要有自己的位置，只有立在人群中，才能体现自己的位置或地位，不要脱离众人，高高在上，也不要刻意逃避，孤芳自赏。

"位"的本义是官吏在朝廷上站立的位置，故"位"中之"人"是有身份、有地位的人，如此在朝廷之上才能有立足之地。这位置虽只两足之地，但却代表着权势、身份。所以，"位"又引申为职位、地位。然而，拥有职位、地位并非只是占据一个空间，意味着相应的责任，因为权利和责任是同一事物的两个方面，不可分割。孔子在《论语》中曾经引用史官周任的话教训他的弟子："陈力就列，不能者止。"意思就是说有相应的才能方能担任相应的官职，如果不能胜任就应当让与他人，这对为官执政是再实在不过的道理。换句话说就是依据自己的才能找到相应的位置，否则忝居其位，"佩虎符、坐皋比"，碌碌无为，终究会自取其辱。战国时期，"纸上谈兵"的赵括显然就没有找到自己的位置，本来只有滔滔不绝的理论才能，却被放到一个绝对需要实际经验的位置上，结果牺牲了40万士兵的生命，损失惨重。

古语有"在其位，谋其政"之说。身居其位却不履行职责，试问这个位置又能站立多久呢？官位，实际上是百姓给予的。"民为贵，社稷次之，君为轻。"所以高居官位，享有百姓赐予的丰厚的物质，拥有百姓赋予的特定的权力，就一定要替百姓着想，为百姓办事。若为私利所挟，滥用职权而渎职，那位子自然也就难保了。

　　古人向来重视人的位置，孔子穷其一生所推行的"礼"，实际上就是让君臣、父子、夫妻以及扩展到社会的各种角色都有自己的位置。相应的，每个人都要恪守己位，贵者居于贵，贫者安于贫，决不可以做违背身份、地位的事情。按照孔子的这一理想，社会秩序只有通过伦理和行政相互配合的手段予以稳固，强国富民才能成为现实。

　　"位"是针对个体之人所占个体空间而言，一人一"位"。人立身为命，就有自己的位置。"立""人"为"位"，是立在人的位置上，自然就要做人该做的事，说人该说的话。那些在其位不谋其政的人，一般分为两种情况：一是没有谋其位的能力，这就说明没选对属于自己的位置；二是有能力却不愿去谋，这种人贪图享受，虽居于人位，却不思进取，得过且过。

　　人各有位，选准自己的位置是人生的大事，也是人生的难事。要选准正确的人生方向，不仅要考虑个人的兴趣与爱好，还要考虑个人的天赋与特长，更要考虑社会的需要和发展。一个人终生从事自己不喜欢做的事或没有能力做的事，不仅吃力，而且痛苦。

　　人立身处世要低位，不要盛气凌人、高高在上；人与人相处要讲究换位思考，这样才能将心比心，和睦共处；人不仅要追求物质的富有，还要讲究精神的充实，恪守操行，修身养性，积德行善，不存非分之想，不行错位之事，做一个德才兼修而有品位的人，这样才不枉拥有一个人的位置。一个简单的"位"字包含了立身处世的种种道理，中国汉字之精妙，祖先之大智，令人惊叹不已。

镇压

镇压是暴力的同义词。

镇 【鎭】
zhèn

鎭 小篆

"镇"，繁体为"鎭"。形声字，从金，真声。

"镇"为对物体施加压力。"金"为金属；"真"为真实、实实在在。相对于一般物体来说，金属的密度大、比重大。"镇"，是实实在在的、斤两沉重的金属，常以之对物体施加压力，使其安稳服帖。《说文·金部》云："镇，博压也（'博'为衍字）。""金"可用于制造武器，是兵器的泛称。

"镇"又为镇压、镇守，是用武力维持地方安定，是真枪实弹地实施压制、管制，故云"真""金"。"金"又特指金子，是明亮贵重的金属，常喻指美好的人或事物。"真"是真才实干，"金"是经得起考验。古人云"真金不怕火炼"，意为真刀实枪，钢筋铁骨、心中有底，不浮躁，不气馁，故"镇"为镇定、镇静之意。"镇"又指县以下的行政区划，并以农业人口为主，如城镇、乡镇。

古代不少帝王昏庸暴虐，黑暗腐败，导至民不聊生。百姓被逼揭竿而起，结果不是被残酷镇压，就是推翻帝王统治，实现新一轮改朝换代。

相传泰山石有驱鬼镇妖之功效，称"泰山镇妖石"，因名医华佗用来打鬼而得名。东汉时，名医华佗的徒弟在泰山采药时带回一块怪石，上有"泰山压顶，百鬼宁息"字样，华佗看后十分喜爱，放在卧室珍藏。华佗医术精湛，体谅百姓，治病从不收费。而此前百姓都找当地巫师治病，他这样做等于断了巫师的财路。一天夜里，巫师找来一个青面獠牙的恶鬼，让他跳进华佗的窗子取其性命。华佗情急之下抓起那块石头砸向恶鬼，被击中的恶鬼狼狈逃窜。"泰山镇妖石"因此得名。现在民间常说的镇宅宝剑、镇宅石等，也都是作为镇妖去邪的器物。

"镇"为"真""金"，真金很重，压东西当然有力度，所以"镇"即"压"；重压犹觉不够，就以"金"为刀枪，动用暴力压制，故称"镇压"。反抗被镇压后，统治者的生活才能安定，由此"镇"又引申指安定。如镇静、镇定等都指遇到紧急情况后情绪安定、沉着。"镇守"指军队驻扎在军事上重要的地方，以武力抑制骚乱，从而获得某一区域的安定。通常把军队镇守的地方称为军事重镇或边陲要镇。在现代汉语中，把食物或饮料等同冰或冰水放在一起使之变凉的做法也叫做"镇"，如冰镇汽水等。

"镇"作名词，一般指国家行政区划。藩镇是中国古代特有的现象。唐朝在边境和重要地区设节度使，掌管当地军事、政治，后权力逐渐扩张，兼管民政和财政等，形成军阀割据与朝廷对抗的局面，史称"藩镇割据"。宋代后"镇"为县以下小商业都市。"集镇"指贸易繁华的小城镇，意义偏重于集市。"镇店"是方言，也是指集镇。"村镇"指村庄和小市镇。现为基层行政区划，由县一级领导，如乡镇、城镇。

压【壓】
yā

小篆

"压"，繁体为"壓"。形声字，从土，厌声。

"厌"本义指一物覆于另一物上，也有抑制的意思；"土"为泥土。"厌""土"为"壓"，意为物体覆于泥土上，承受不住而坍塌。《说文·土部》："壓，坏也。""厌"本义为崩坏。

简体字"压"从厂，从土，"厂"本义为山边岩石突出覆盖处，强调覆盖之意。"土"中一"、"示意成粉碎状的泥土。"厂""土"为"压"，也意为崩坏。

"压"引申为加压、压力。"压雪求油"比喻难以做到的事。元末罗贯中《西游记》第二十八回："八戒道：'莫管，我这一去，钻冰取火寻斋至，压雪求油化饭来。'""排山压卵"比喻事情极容易成功，毫不费力。《晋书·列女传·杜有道妻严氏》："何邓执政，必为玄害，亦由排山压卵，以汤沃雪耳，奈何与之为亲？"唐代杜甫《江畔独步寻花》："黄四娘家花满蹊，千朵万朵压枝低。"黄四娘家的花园中鲜花怒放，以至于把花枝都压得低垂了下去。唐代李贺《雁门太守行》："黑云压城城欲摧，甲光向日金鳞开。"其中的"压"字表示大战来临前给人造成的压力，黑云层层压来，会产生受到压抑的感觉。《公羊传·文公十四年》："予以大国压之。"其中的"压"是压制、逼迫的意思。宋代苏轼《教战守策》："陵压百姓。""压"也有欺凌、制服之义，比如"镇压"、"弹压"、"欺压"等。"大敌压境"表示敌军逼近边境，十分紧迫危险。《左传·襄公二十六年》："楚晨压晋军而陈。""弹压山川"是旧时形容帝王的威力很大，足以制服山河。《淮南子·本经训》："秉太一者，牢笼天地，弹压山川，含吐阴阳，伸曳四时，纪纲八极，经纬六合。"

"压"引申为超越、胜过的意思。唐代柳宗元《与萧翰林俛书》："声不能压当世。"其中的"压"就是超越、胜于的意思。成语"压倒元白"出自唐代王定保《唐摭言》。唐朝宝历年间，宰相杨嗣复设宴，请元稹、白居易、杨汝士等即席赋诗。结果诗成后以杨汝士的为最佳，元白表示叹服。杨汝士醉饮回去对他的弟子说："我今日压倒元白。"后来用"压倒元白"指作品胜过同时代有名的作者。"邪不压正"指不正当的、不正派的事物压不倒正当的、正派的事物。唐代韦洵《刘宾客嘉话录》："此邪法也，臣闻邪不干正，若使咒臣，必不能行。""压轴戏"特指一次演出中的最后一个节目，一般是质量最高，表演最精彩，足以压住全台，超过前面所有节目，给观众一个高潮。成功的压轴戏往往可以镇住观众，使整个表演过程回味无穷。《古金杂剧》："就安排筵席，一者与夫人压惊，二者庆贺这玉梳。"其中的"压"就是"镇住"的意思，"压惊"一词是指人受到惊恐后，用酒食等来安慰。"压卷"是对最好的诗文或者书画的美称，指能压倒其他同类的作品。《文章辨体·辨诗》："山谷尝云：'老杜《赠韦左丞》诗，前辈录为压卷。'"

"压岁"取义"压祟"，有辟邪驱鬼，保佑平安之意。"压岁钱"相传是由宋代的"压岁盘"演变而来。旧俗除夕夜，各家有小儿女者，用盘、盒等器具盛果品食物互相赠送，这就是"压岁盘"。后来"压岁钱"取代了"压岁盘"。"压胜钱"又称"压胜品"、"花钱"，是为了专门用途或民间祈福避邪而铸造的古钱，无流通货币功能。压胜钱起源于汉朝时为了表示美好愿望而铸造的钱币，图案通常都非常精美，刻有不同风格的花纹、图案、文字，铸造工艺多样，材质各异。"耳穴压豆"是中医的一种保健方法，是在耳针疗法的基础上发展而来。中医认为，人的五脏六腑均可以在耳朵上找到相应的位置，当人体有病时，往往会在耳廓上的相关穴区出现反应，刺激这些反应点及穴位，可起到防病治病的作用，这些反应点及穴位就是耳穴。耳穴压豆法是将表面光滑近以圆球状或椭圆状的中药王不留行籽或小绿豆等，贴于小块胶布中央，然后对准耳穴贴紧并稍加压力，使患者耳朵感到酸麻胀或发热，贴后嘱患者每天自行按压数次。

"压"还可同"押"，如"压契"指做抵押凭证的文契，为了保证文契的有效性，通常要加盖印信图章。清代松泉老人《墨缘汇观录法书·东晋王羲之袁生帖》："本帖左下角有一朱文大古印，文不能辩；后纸压内府图书之印。"其中的"压"作"盖印"解。旧时赌博，在某一门上下注也称之为"压"，如"压宝"。清代金学诗《牧猪闲话》："压宝者，以一制钱闭置盒中，分青龙、白虎、前、后四方之位，以钱压得'宝'字者为胜。"

统帅

统帅是对实力和智慧的挑战。

统 【統】

tǒng

統 小篆

"统"，繁体为"統"。形声字，从糸，充声。

"统"从"糸"表示与细丝、纱线有关；"充"为展开，需有头有尾，有章有法。将丝线展开，需要理出头绪。《说文·糸部》："统，纪也。""纪"指丝的另一头，故"统"的本义为丝的头绪。"丝"是细小、细微的物质；且丝丝相连、根根盘结；丝为绳，是绸布的基础，会意细小是整体的局部。"统"从丝，还可表示事物之间的相互联系。"充"又为充足、充分、充满、充盈，会意全面、完整无缺；又为补充、扩充，表示使事物不断丰富、丰满；还为"流"的省字，表示"统"具有流动性。

将丝展开或用丝来填充物品都要理清丝的头绪，否则将乱成一团。所以"统"的本义就为丝的头绪。《淮南子·泰族训》解释说："茧之性为丝，然非得工女煮以热汤而抽其统纪"。"统"引申指系统、传统、血统，均由细微的部分组成，相互间有千丝万缕的联系，如统一、统筹、统计，是将细微的事物集中起来，把握事物的全局、整体，还要不断补充、扩充，使其完好、充盈。

丝头统领全丝，找到丝头就能提起整根的丝，故"统"可引申为统领、率领之意。军队是组织性极强的武装团体，一切行动都要由将领统一指挥调度。因此将领也被称之为"统领"、"统帅"等。"总统"即总的统帅，现指一个国家的首脑。处在统领、统率的位置，就要具有统揽全局从细小处着手、大处着眼、高效处理事务的能力；同时作为统领者要不断充实自己，补充自己的学识，才能拓宽视野。

《广韵·释诂一》："统，理也。""统"为管理、治理。"统治"指凭借政权来控制、管理国家地区或者表示支配、控制。统率者位高权重，身负重任，只有目光远大，才智超群，能力突出，功勋卓著，才能服众称职；如果无德无能者窃居高位，乃是民之悲哀，国之不幸。

"统"从糸，丝是带有连续性的，由此"统"可指事物彼此之间连续不断的关系，如系统、传统等。中华民族有着光辉灿烂、源远流长、博大精深的传统文化，吃透和继承这些优良传统，就等于抓住了民族文化深层蕴含的源头，对民族繁荣振兴有着极大现实意义。政府应该认识到，只顾追求眼前经济发展，而将我们民族真正的力量源泉弃之不顾，是得不偿失的短视行为。

丝的头绪总领全丝，"统"还可表示纲领、纲要之意，即管理时所要遵循的纲纪、准则。纲领是具有总括、概述性的文件，故而"统"又引申为总括、全部、笼统的意思。"糸"为相互关联的东西，"充"有补充之意，那么"统"又可理解为把相互关联的东西统统总括起来。词语"统统"指全部、通通；"统筹"指统一筹划；"统计"一方面指对与某一现象有关的数据的搜集、整理、计算和分析等，还表示总括地计算。

政治上，"统"多指统一、大一统。"天下大势，分久必合，合久必分。"自秦始皇灭六国，建立起中国历史上第一个大一统的国家之后，汉、隋、唐、元、明、清等大部分时期都保持了大一统的政治格局。

帅 【帥】
shuài

朅 金文　帥 小篆

"帅"，繁体为"帥"。会意字，从巾，从𠂤（duī）。

"𠂤"古同"堆"，为土堆，代表高地；"巾"是擦东西或包裹、覆盖东西用的纺织品，可代指旗帜。古代作战时，士兵的进退全看令旗，发令者站在高处挥动帅旗来指挥。《说文》："帅，佩巾也。"清代吴楚《说文染指》："谓帅字当以将帅为本义。"简体"帅"由草书演变而来。

"帅"为军队中的主将、统帅。南宋文天祥《〈指南录〉后序》："予自度不得脱，则直前诟虏帅失信，数吕师孟叔侄为逆。"这里"虏帅"指的是蒙古的将帅。清代邵长蘅《阎典史传》："帅刘良佐拥骑至城下，呼曰：'吾与阎雅故，为我语阎君，欲相见。'"一个人出任将帅的职务，叫挂帅。

《论语·子罕》："三军可夺帅也，匹夫不可夺志也。"意思是军队的首领可以俘获或杀死，而普通的人，却不可夺其志气，这是形容一个人志气的重要。"呷醋节帅"典出唐代李肇《唐国史补》："唐任迪简为天德军判官，一日军宴，军吏误以醋酌迪简，以军使李景略严暴，恐罪及军吏，乃强饮之，吐血而归。军中闻者皆为感泣。及景略卒，军中请以为主，官至易定节度使，时人呼为呷醋节帅。"后世用来指人具有高尚品德和节操。

一些地方的长官也可以被称作"帅"。《国语·齐语》："三乡为县，县有县帅。""帅"也可以指首领或起主导作用的人或事物。《孟子·公孙丑上》："夫志，气之帅也。""帅"还有表率、楷模的意思。《汉书·循吏传序》："相国萧、曹以宽厚清净为天下帅。"在清朝，下级官员称总督为"大帅"。清代李宝嘉《官场现形记》："那帅爷又翻出六个字，是帅查确，拟揭参。"这个"帅"特指总督，以至于在民国军阀时期，军阀都被称为"大帅"。中国象棋棋子中的主将，一方是将，另一方就是帅。"丢车保帅"是象棋的一种战术，比喻牺牲比较重要的东西保护最重要的。其实中国象棋中的"帅"是最可怜的，总是被禁锢在小小的田字格中，在"士"的保护下生存。而国际象棋中的"王"则全然相反，"王"可以自由行走，甚至在特定条件下与"车"横向换位，以利于形成更好的格局。企业也应鼓励上下级之间进行有效的沟通，各个部门都要深入实际，打破管理的边界。这样做既有利于高层管理队伍有新鲜血液补充，又有利于人才的培养和成长。

"帅"可通"率"。"相帅成风"意思是层层影响成为风气。宋代苏轼《拟进士对御试策引状》："臣恐自今以往，相帅成风，虽直言之科，亦无敢以直言进者。"现代汉语中"帅"可以当形容词，用来形容男子长得好，比如"他真帅"。

"帅"还是个姓氏，"帅"跟"师"字有一划之别，实际上两姓是完全不分彼此的一家人，因为帅氏正是师氏的分支。根据《广韵》和《名贤氏族言行类稿》记载，古代掌乐之官曰师，故以官为氏而有了师氏。春秋时代，有一位师舆在晋国担任尚书的官职，为了避晋景公司马师的名讳，就将自己的姓改得少了一横，变成了帅氏。

　　"旅帅"为古代官名。《周礼》："以五百为一旅，以下大夫任旅帅，统一旅之众。""旅帅"后来成为古代州郡地方军事散官名。太平天国时期，以500为一旅，设旅帅；又以军事编制推行于地方，以526家为旅，亦设旅帅。"斋帅局"为官署名，南朝梁东宫官署有斋内局，北齐东宫官署门下坊所属有斋帅局，设斋帅、内阁帅各二人。唐高宗龙朔二年（公元662年），改斋帅局为典设局，斋帅为典设郎。

驳斥

驳斥既需要充分的证据，也需要足够的口才和勇气。

驳 【駁】

bó

骉 甲骨文　駮 小篆

"驳"，繁体为"駁"。会意字，从马，从二义。

"马"为六畜之一，"驳"从"马"表示与马的性格特征有关；"义"为两种事物交叉，又表示相互否定。"驳"为毛色交错混杂的马。《说文·马部》："驳，马色不纯。"后泛指颜色不纯，如斑驳。"驳"又为辩论是非、否定他人意见。"驳"字一"马"二"义"，寓意辩驳是针对一个事物（马）有两种以上针锋相对的观点（爻）进行互相否定（义）的活动。"爻"又为组成八卦的阴阳符号，是交错、变化的意思，表示辩驳是双方或多方口舌交争的活动，其间胜负变数难测；通过辩驳，原来的思想也会发生更深层次的变动：有的一驳即垮，有的则越驳越真、越驳越精。

战国时的辩士公孙龙，从三个方面维护他的"白马非马"主张。首先，就马之名与白之名的内涵来说，他认为白是颜色，马有形状：颜色不是形状，形状不是颜色，表示颜色就不应有形状，表示形状亦不应有颜色，所以白马不是马，白马也不是白；其次，就马与白马的外延说，马之名的外延包括一切马，而白马之名的外延只包括白马，因此"白马非马"；第三，就一般与个别的关系来说，马是一切马所共有的性质，其中并没有颜色的性质；白马是一切马所共有的性质又加上白的性质，所以"白马非马"这样的诡辩在当时引来驳声一片，遭到普遍反对。春秋战国时期是中国历史上难得的思想开放、言论自由的黄金时代，那时许多人辩嘴常开，毫无遮拦，因而形成了百家争鸣的局面。

《易·说卦》："为驳马"，指的就是毛色混杂的马，意思与"驳骏"相近，即毛色斑驳的骏马。《诗·豳风·东山》中有："之子于归，皇驳其马。"意思是那个女子出嫁的时候，毛色斑驳的马匹载着迎亲的队伍。由马的毛色不纯引申"驳"泛指颜色的不纯，一种颜色夹杂着别种颜色。《通俗文》："黄白杂谓之驳。"《汉书·梅福传》："白黑杂合谓之驳。"这里是特指黄与白、黑与白的混杂，在广义上来说，任何颜色的混杂都可以称为"驳"。刘禹锡《天论上》："法小弛则是非驳。"意思是法制上稍稍有一点放松的地方，正确的和错误的就混杂在一起，不好分辨了。

"驳"也是驳斥、批驳、辩驳。"驳议"是古代大臣为驳斥他人的主张、观点而上呈皇帝的奏章。《后汉书·胡广传》："凡群臣之书，通于天子者四品：一曰章，二曰奏，三曰表，四曰驳议。"南北朝的祖冲之就曾为当时历法写过驳议，其中包含了他对天文历法研究的成果。

人们对同一事物所持的观点各不相同，都试图用言辞证明自己的看法，否定别人的观点，这个论辩的过程就是"驳"。《晏子春秋》："不以己之是驳人之非。"在行政管理工作中，每个官员地位不同，能力各异，处理政务时风格也不一样，政见不同是正常现象。任何时候都众口一词、全票通过反而不正常。政见不同，就须要相互辩驳，各抒己见，最终达到相对统一，从而分清是非，正确决策。这种辩驳是非常必要而有益的，但前提是目标一致，都是为了解决问题，而不是个人攻击，更不是使矛盾激化。

斥　chì

"斥"，会意兼形声字。

"斥"的小篆从广，屰声．从"广"说明与房屋有关，"屰"为"逆"的本字，甲骨文为倒人的形象，表示是相反方向。"广""屰"相合，意为人朝屋子的反方向走，即从房中逆行而出。《说文》："斥，却屋也。""斥"是退却其屋不居，本义为被斥责而退出屋子，意为驱逐，如排斥、斥退。

今体"斤""、"为"斥"。"斤"的本义为斧头，是砍伐工具，又可作为兵器，代表强烈、反对；"、"为观点、论点、重点、要点。

"斥""丶"为"斥"，可理解为刀刃、锋利；"丶"又为读（"dòu"），是标点符号，表示停顿。"斥"表示以强硬的态度、犀利的语言使对方停止原来的行为，如驳斥、呵斥、斥责、痛斥。"斤"为斤两，"斤"上一"丶"为从小到大，由少到多，逐步增加，如充斥。

《小尔雅》："斥，开也。"《史记·司马相如传》："除边开益斥。"开拓边疆的领域。又如"斥地"、"斥土"都是指开拓土地。土地拓展之后，不论是在面积上、还是在数量上都会比以前多得多。由此引申，"斥"为多、广。《左传·襄公三十一年》："寇盗充斥。"盗匪强徒众多，表现出当时世道之乱。"充斥"表示多得到处都是，含贬义。"斥"为驱逐，使退去、离开。斥退，就是驱逐使其退去。《汉书·五帝纪》："无益于民者斥。"意思是对百姓没有益处的事务都要驱除掉。这种不符合百姓利益的事务一概废除的主张正符合孟子"民贵君轻"的思想，也是对贤明君主的要求。《史记·天官书》："斥小疏弱。"政治上排斥异己，靠的是实力，没有实力做后盾当然备受挤兑和排斥。

"斥"字从斤，斤是砍伐的工具，寓指排除异己的手段、手腕。玩弄政治手腕，不择手段地设下计谋，通过嫁祸、诬陷而达到排斥异己的目的，这是专制政治走不出的窠臼。这样的政治不得人心，势必不能长久。旧时，官员如果政绩不好，得不到君主的赏识，就会被罢免，使之退出朝政，这如同驱逐出朝廷一般，由此"斥"也指罢免。《盐铁论·利议》："是孔丘斥逐于鲁君，曾不用于世也。"意思是那时候孔子被鲁国的国君罢免放逐，也曾经不被当世所用。又如"斥罢"、"斥免"都是指罢免职务。如今，"斥"的常用义为责备。如"申斥"就是斥责的意思；"驳斥"指反驳错误的言论或观点。所谓"斥责"就是用严厉的言语指出别人的错误或缺点。对于那些不符合常规、道德、伦理的观点、意见或者损害了大多数人的利益的言语或行为，当然需要斥责，必要的时候还需要怒斥，甚至痛斥。

整顿

只有认真的整理，心灵才能安顿。

整 zhěng

整 小篆

  "整"，会意兼形声字，从束，从攴，从正亦声。

  "整"从束，从攴，从正。"束"是捆绑、约束，引申为措施；"攴"的篆文为手执鞭杖或其他工具的象形，也为敲击，引申为督促、抓落实；"正"为归正、不偏斜，又作正直。"整"由这三部分组成，表示采取一定的措施，鞭策、督促人归正、齐正。《说文·攴部》："整，齐也。"本义为整理、整齐、完整。用于人，"整"是通过各种手段，对人进行教导鞭策，约束其言行，使其为人正直无邪。

  "攴"是行动，"束"是过程，"正"是目的，这是"整"的三个步骤和要素。"整"又从敕，"敕"为告诫、嘱咐，"整"是通过告诫和嘱咐使其归正，如整改、整风、整顿等。

  "整"从正，"正"与"邪"相对："正"为美好，"邪"为邪恶。绝对意义上的"美"是完好无瑕的。"整"为完全、不残缺，与"残"相对。如完整、整体等。"整"是完整的事物或数字，"化整为零"、"整年"等都取其意。"过去整整20年了。"这里的"整整"并不表示数字的绝对完整精确，而是言其极多，是说话人感慨过去的时间太久了，而并不是指一天不多一天不少、恰好20年的时间。

  "攴"是"正"的前提，表示事物时刻都需要督促和鞭策，以保持永远不脱离轨道。"整"，寓指使乱者正、浊者清，凡是混乱不正的事物都须要修正，以使其走上正轨，重现端正，此即整理、整顿、修整之意。《诗·大雅·常武》："整我六师，以备我戎。"整顿部队，使其处于紧张的战备状态，与成语"整装待发"意思相近。整装是为了准备出发征战，所以"整"表整顿、整理时带有准备的意思，如"整驾"即备好车马，准备出发；"整制"是整顿制度，准备运作。

整修是对已经脱离正轨的事物进行修正，但若是事物情形正常，状态良好，而硬去调整干涉，那就是故意搞鬼或找人麻烦。口语常说的"整事儿"就是指无事生非，故意制造混乱，而"整人"则是指故意使别人吃苦头或陷入麻烦之中。所以"整"既可以指让事物回归正常运行轨道，修正其不合适的状态，也可以指利用不正当的手段让他人、他事处于不正常的状态下，以满足自身的需求或利益。

"整体"和"局部"是一组既对立又统一的哲学概念。整体由部分组成，部分失去整体也会失去其本来的意义。整体中的每个局部都不是孤立存在的，而是互为条件、互相依存的关系。整体含有局部，但在某些情况下，整体优于并大于局部之和。

最早的整体思想源于古代人类社会的实践经验。人们要从事各项社会活动，就要在实践中同各种对象打交道，于是逐渐积累了认识和处理系统问题的经验，这就产生了朴素的整体思想。殷商时期产生的阴阳、八卦、五行等观念是最早的对系统整体的思考与实践；《管子·地员》、《诗·七月》等著作是对农作物与种子、地形、土壤、水分、肥料、季节等诸元素较为辩证系统的叙述；军事著作《孙子》从天时、地利、人和、政治、经济、外交、将帅等各方面对战争进行了整体的分析；医学著作《黄帝内经》也强调了人体内部各系统的有机联系。

中央集权的大一统思想是我国远古的整体思想在政治上的重要体现。天下大势，分久必合，统一天下是历代君主永不变更的理想。每当国土分裂、诸侯林立，就会有强者南征北战，实现各地的统一，建立中央王朝，统领四方百姓，掌控完整疆域。自秦汉以来，整体思想，统一思想，大一统思想，在历代中国人的心中根深蒂固。中央集权的大一统体制代表着古代高度组织化的秩序。这种体制可以集中国家的财富，调动全国的力量，统一指挥协作，建设大型工程，开办各类作坊，有利于生产力的发展。

整体和局部的关系体现在事物的方方面面。社会是人的集合，没有统一的道德、观念、法律，人们各行其是，社会必然混乱无序。作为社会的成员，必须自觉遵守国家法律法规，克服恶习，去除私欲，维护社会的安定团结，才能维持人与社会的一致性。社会安定团结，人与社会、自然协调统一，生活才会稳定幸福。

顿 【頓】

dùn

頓 小篆

　　"顿"，繁体为"頓"。形声字，从页，屯声。

　　"屯"有村庄之意，意寓某个有限的范围或地点；"頁"本义为人头。"屯""頁"，即将头碰触于某处。"屯"也表示屯集，意寓停留。"顿"是头在地上停留。"顿"本义为磕头、叩头。《说文·页部》："顿，下首也。"中国为礼仪之邦，非常重视礼仪，古代的大礼莫过于叩头之礼。叩头的时候头部向下，与人用脚跺地的动作类似，由此"顿"引申为用脚使劲往下踩。

　　"顿"引申为倒下、跌倒。人在磕头的时候，头和地接触时，有一个短暂的停留时间，由此"顿"引申为安置、安放。人在每次磕头的时候，头和地接触的时间不会很长，片刻就会离开。同时"顿"字左面的"屯"可以看作是"盹"的省略，表示打盹的意思，打盹的时间很短。由此"顿"引申为立刻。

　　《周礼·大祝》："二曰顿首。""顿首"就是磕头。"顿颡"指屈膝下拜，用额头叩地，多在请罪投降时用。"顿筑"指以头或物撞地。"顿膝"指下跪。

　　"顿"引申为用脚往下踩。"顿足"指用脚跺地，多用来形容着急、悲痛的样子。

　　"顿"还引申为劳累疲弊、困顿。《韩非子·初见秦》："兵甲顿，士民病。"又如"顿卒"指困苦，"顿悴"指困厄憔悴。"鞍马劳顿"指骑马赶路过久，劳累疲困。形容旅途劳累。元代杨显之《潇湘雨》第四折："兴儿，我一路上鞍马劳顿，我权且歇息。""顿弊"指困顿弊败、败坏。宋代苏轼《教战守策》："数十年之后，甲兵顿弊，而人民日以安于佚乐。""号顿"指痛哭颠蹶。《陈书·孝行传·谢贞》："年十四，丁父艰，号顿于地，绝而复苏者数矣。""顿踬"指颠蹶、失足。《后汉书·马融传》："或夷由未殊，颠狈顿踬。"又指困窘、处境困难。《三国志·魏书·裴潜传》注引《魏略》："虽无他材力，而终仕进不顿踬。"

古人讲究"三拜九叩"，每次叩首的时候，都有特定的次数，由此"顿"引申为量词，表示一次。比如"吃一顿饭"指的就是吃一次饭，"挨一顿打"指的就是挨了一次打。

"顿"还引申为立刻的意思。"茅塞顿开"意思是原来心里好像有茅草堵塞着，现在忽然被打开了。形容思想忽然开窍，立刻明白了某个道理。"茅塞"喻人思路闭塞或不懂事。《孟子·尽心下》："山径之蹊间，介然用之而成路；为间不用，则茅塞之矣。""顿口无言"指立时无言以对。禅宗有南宗和北宗之分，北宗讲究渐悟，代表人物是神秀大师，南宗讲究顿悟，代表人物是慧能大师，"顿悟"就是以直觉而获得突然的领悟，以"直指人心、见性成佛"为旨。

策略

策略是针对问题给出的可能性答案。

策 cè

筞 小篆

"策"，形声字，从竹，朿声。

"策"从"竹"表示与竹子有关。"朿"为"刺"的本字，是刺激，又指细而短并尖利的物体。《说文·竹部》释"策"为："马棰也。""棰"即马鞭。古代用竹枝制作，用来刺激马前行奔跑的器具。竹子虚心有节、经冬不凋、四季长青、坚忍不拔、浑身是宝、古人将之喻为"四君子"之一。"策"从"竹"意为用竹子的风范刺激人向上，即鞭策。"策"又为算筹，是古代计算用的小木棍，这种算策由竹木所制，因其形状又细又短，与刺相似。"策"又引申为政策，如策略、策划、策反等。

"策"为马鞭。《新五代史·梁臣传·牛存节》："（存节）举策而先，士卒随之。"马鞭是用来驾驭马匹的工具之一，"策"引申泛指一切驾驭马匹的工具。

"策"做动词，为鞭打、驾驭之意。庾信《哀江南赋》就有："策青骡而转碍。"鞭子打在马的身上，就能迫使马儿奋力向前；人也是一样的，没有精神动力，就如懒散的马儿一般，终将一事无成。所以人须要时常地接受他人教训和自我勉励，以达到一种"无须扬鞭自奋蹄"的精神状态。"鞭策"即意为鼓励人时刻奋进。

古代在成编的竹木片上著书，因此"策"又是古代用于记事著书的简册。"策"也通"册"，泛指书籍。记载成书的行为亦可以是"策"。《史通·忤时》："策名仕伍，待罪朝列。"就是说记载仕伍之内获罪人的名姓，名册上禀，以待降罪。"策书"是古代君主对臣下封土、授爵、免官或发布其他敕令的文件的特称，是君主至高无上的命令，古有"君让臣死，臣不敢不死"的说法。臣就像供君驱策的马，基本上是唯"策命"是从的。《木兰辞》中有"策勋十二转，赏赐百千强"的诗句，就是指木兰从军凯旋，皇帝因此赐她爵位，"策勋"就是以策书任命官员。

"策"也是一种议论文体，指应试者对答的文字，如贾谊的《治安策》、苏轼的《教战守策》等。后也专指选拔官员的考试。如"策套"是科举时代应试者应付策问考试的材料；"策学"是考生应付考试的短文集；"策题"则是科举策试的试题，就像是今天为参加各种考试而准备的参考书一样。

考场如战场，"策学"、"策题"之"策"就是"战场"上的参谋，所以"策"有计谋、办法之意。陆游《暮秋》诗云："万里归无策，八年淹此留。"因为没有回家的良策，致使客居他乡8年之久。

政策的制定，将影响百姓生活和国家发展，必须公正、严谨、积极、负责，制定政策的人要有竹子般的高风亮节；政策的执行，会遇到种种阻碍和抵制，要求管理者要有竹子的刚正劲疾之节。若不能以民生多艰和国家忧患鞭策自己顽强奋进，那么再好的政策也只是一纸空文。

略 【畧】

lüè

畧 小篆

"略"，异体为"畧"。形声字，从田，各声。

《说文·田部》："略，经略土地也。""经略土地"就是向各诸侯分封土地，以土地的大小制定诸侯的等级。"略"的本义指划定土地的疆界。《小尔雅》："略，界也。""田"为田地、疆土；"各"为每个、各自之意。"田""各"为"略"，意为将疆土划分，分封给各个诸侯。在古代，土地因宽广而无法细测，只能简单、概略、大致地划分，故"略"有简略、粗略、省略之意，如略图、略表、略知一二。"田"被划分，土地会越分越小，越来越可以忽略不计。"略"还有简化、略去的意思，如省略、忽略、其余从略等。

《左传·庄公二十一年》："王与之武公之略，自虎牢以东。"这里的"略"为疆界。疆界的划定是帝王才有的权力，然也有相应的标准，即要严格依照各诸侯的功绩、等级和先人制定的法度来划分。所以，"略"是一种方法、法度，而且是先人为后代子孙所制定的方法。如"王略"指王法；"文武之略"指文武之道；"败略"则是说没有法度。

依据客观情形制定的可实行的对策亦称为"略"，即谋略、智略。生活中处处须要用到谋略，而谋略在战争中则更为重要。战场上千变万化，什么事都有可能发生，任何意外情况都会出现。"略"中之"各"强调了谋略是对各种情况、各种环境、各种可能出现的变数进行深入分析并设想出种种可能后，做出的应对方案。而"略"中之"田"又对这种分析进行了限定，即它并非无根之水，无头之源，漫无边际，而是根据战时的情况变化作出正确的判断，从而取得战争的胜利。

"略"中之"田"是众人眼中的利益，永远不变；"略"中之"各"是显现在利益面前的形势，变化万端。为取得利益，战略决策也须随机应变。

战国时，魏将庞涓率军攻打赵国都城邯郸，赵求救于齐，齐王命田忌、孙膑率军相救。这里，魏国图谋赵国的某些利益引发战争，赵国为保卫其利益向齐求救，齐国为得到赵国的支持及其他利益而派救兵，这些都是各方战略中的利益之"田"。根据当时情况，有多种谋略可以实施，但齐国选择了围魏救赵的计策。因魏军主力在赵国，本国内部空虚，故齐攻打魏都大梁时魏国不得不撤军救国。

战略是指导战争全局的计划和策略，是关于全局性、关键性、根本性的重大决策，战略的正确与否直接决定战争的胜负。如公元383年，淝水之战中，东晋以8万兵力战胜了号称百万大军的强秦，这在历代战争中是个奇迹。前秦虽以百万之众开往南部，但在洛涧便首战告负，锐气大挫，而后又于淝水泮后撤，使后方士兵误以为前方败仗而撤，致使军心涣散，而致大败。在这场战争中，东晋之所以能以少胜多，就在于他们制定了挫其锐气、泯其军心的正确战略，并一以贯之，有力地执行，最终取得了巨大胜利。战略在战争中的重要作用可见一斑。

判断

做人要有本色，办事要讲角色，定位要出特色。

判 pàn

小篆

"判"，形声兼会意字。从刀，从半，半亦声。

"半"为整体的一半、二分之一；"刀"是用来切、割、斩、削、砍的工具。"半""刀"为"判"，意为用刀将物体分割为两半。《说文·刀部》："判，分也。"本义为分开。平分为"半"，"半"表示公平、公正；"刀"在这里可以理解为剖析、辨别、决断。"判"从半，从刀，也表示剖析事物，辨别真假，评断是非，寻求公正。故"判"有区别、分辨、裁决之意，即按照一定的规则和方法进行分析，以求准确地认识事物，如判明、判别、判断等。万物有道理，须循理而解剖，如刀入关节而能顺利地肢解牛羊；万事有规律，应据之以分析，举一隅而能知其余。对事物进行判断须要一分为二，以便认清事物的本质。一方面，判是以刀分物，以理析事，是个分开的过程，是在"刀"上做文章；另一方面，也是对分开的事物进行查验、推求，是在"半"上下工夫。由此可知，"判"是过程中的手段，而非目的与结果。"判"从半，寓意裁判、断案要秉持正直无私、不偏不倚的原则，要正大光明、公正严明、是非分明。"判"从刀，提示"判"之前要清楚"刀"落何处才能公正。"半"也指极少、极小，一星半点。

判案要明察秋毫，仔细分析每个细节，弄清来龙去脉，分清各方应承担的责任，然后再做出判决。"刀"锐利无比，"刀"在"判"中，表示判案要不讲情面，对待违法恶徒毫不留情。

对事物进行辨别和区分之后，人们就会形成自己的判断。判断是思维的基本形式之一。人们做事会采取不同的行为方式，原因就在于人们对事物的性质及其他方面的情况作出了不同的判断。对事物判断的差异与判断者所处的社会环境、生活环境、文化背景、学识阅历及个人的价值观念等密切相关。如古人特别注重家庭的伦理道德，父母是子女的天与地，有权安排子女的婚姻大事，不论子女多么不情愿，也要听从父母的安排。如今，法律禁止父母包办子女的婚姻，子女为了追求自己的幸福，可以将干涉婚姻自由的父母告上法庭。可见，在不同的时代背景下，有着不同的法律观念。人们对相同或相似的事物作出的判断不同，采取的行为方式也大不一样。

分析只是手段，作出判断、得出结论才是目的。"评判"指判定胜负或优劣；"判事"指判断事务的是非曲直。古代官员或现代司法及仲裁机关审理案件，最后得出的结论就是判决。在对案件作出最终判决之前，首先要进行裁定。裁定和判决都是很严肃的事情，需要专门人员操作，如州判、通判、判官等。州判、通判是古代判决狱讼的官员。判官在唐朝开始设立，是唐宋时期辅助地方长官处理公事的人员。唐朝中期以后，节度使等官职均配有判官。

"判"是对案件是非曲直的判断，须要心明眼亮。不能冤枉一个好人，也不该放过一个坏人。"刀"是古代的武器，此处可会意为判案的工具，即法律。判定案情要依法而行，以事实为依据，以法律为准绳，切不可利用手中的权力，扭曲事实，颠倒黑白，以身试法，故意误判、错判。"刀"又可会意为方法、手段。案件扑朔迷离，双方各执一词，判案人员不能为假象所迷惑，要明辨是非，避免误判、错判。

法官判案要执法如山，公正严明。自古至今，刚正不阿一直是清官的典型特征。包拯断案一向"赏者必当其功，罚者必当其罪"。包拯在家乡做知州时，他的舅舅犯法，他毫不留情地依法断案。包拯拒绝亲戚朋友"走后门"，"平居无私书，故人亲党、一皆绝之"，敢于逆触龙鳞，坚决抵制来自"内降"即后妃贵戚对判案的干扰，其铁面无私的作风至今为人称道。海瑞断案时，不论达官显贵还是普通百姓，一视同仁。海瑞为官时，江南有"种肥田不如告瘦状"之说，当地人动不动就状告街邻乡里。海瑞清醒地认识到，"不能治一人之诬，必招千万人之讼"，他本着"始无惮烦，终无姑息"的原则，明正断讼，严惩诬告，得到百姓的拥戴和信任。

这些公正的执法者被百姓誉为"青天"。

除了铁面无私，秉持公正外，法官判案还须要智谋超群，判断准确。虽然无论是取证还是判案，古代的技术都远不如今天先进。但是古代高明的判官们仍然凭借非凡的智慧和丰富的经验，在证据缺乏的情况下，"或以气貌，或以情理，或以事迹"，断案如神；对于案件真相"或听其声而知之，或视其色而知之，或话其辞而知之，或讯其事而知之"，判案方法令现代人叹为观止。比较典型的是"五听断案法"，即色听、辞听、气听、目听、耳听。所谓的"听"，实质上就是案件审理者根据自己的经验、常识，对案件进行分析判断，取得"心证"的过程。他们通过察言观色，抓住细节，深入分析，层层推理，对案件作出正确的判断。像包拯智断牛舌案、薛奎芝三勘真假案、高柔断焦子文借钱害命案等，都是典型的例子。

断 【斷】
duàn

小篆

金文"断"，繁体为"斷"。会意字，从四糸，从乚、一，从斤。

"糸"为丝束、千丝万缕；"乚"为隔离，表示一定的范围。"一"为隔开、隔离；"斤"为斧头，用来斩劈物体。"斷"中四个"幺"是"糸"截去下部之形。"斷"表示用"斤"把上下相接的两束"糸"斩断为不相连的"幺"，其中"乚"、"一"指示丝束的断裂口。即用斧头把有千丝万缕相连的物体斩断。"斷"的本义为截开、截断。《说文·斤部》："断，截也。""斷"又可视作从幺，从匕，从斤。"幺"指小，"匕"为匕首，"斤"是斧子。一个整体断了就会变成几个小的部分，所以"斷"中有四个"幺"，用匕首、斧子等工具把东西断开了。

简化字"断"从米，"米"的字形是四个不相连的笔画被"十"字隔开，也是截开、斩断之意。一把斧头能斩断的事物有限，一个人能断绝的关系也有限，所以"断"以"乚"来约束，先把东西收拢了，在一定的范围里才能彻底斩断，断而不乱。

《孔雀东南飞》中的刘兰芝"三日断五匹，大人故嫌迟"，是说焦仲卿的妻子只用三天就织好了五匹布，婆母还嫌她做得慢。古时候，每织满一匹布的时候就把布裁断卷好，这里的"断"为裁断，是"断"的本义。《三字经》中的"子不学，断机杼"，引用的是千百年来传为美谈的孟母断织的典故。这里的"断机杼"，其实就是剪断布匹。

"断"由布匹的裁减引申开来，可以泛指把物体从中间分开。《易·系辞上》："二人同心，其利断金。"是说两个人齐心合力，就会锋利无比，可以使坚硬的金子断开。古人用"割袍断义"来形容两个朋友绝交。"断井颓垣"是说井栏断裂、墙垣坍塌，形容建筑物残破的景象。在形容人极度悲伤的时候，常用"断肠"一词。马致远的《天净沙·秋思》中就有"夕阳西下，断肠人在天涯"的名句。成语"断章取义"指引证书籍，只取其中的一句或数句，而不顾及全文的内容。"断代史"是相对于通史而言的，是记述某一个朝代或某一个历史阶段史实的史书，如《汉书》、《宋史》等。

一件始终延续的事情，如果突然间停止，就如同物品被折断一样。"断"的左半部可视为"继"的省字，"继"为继续，连续。"斤"为斧子。原本连续的事物被斧子斩断当然不能继续了。由此，"断"为停止。粮食吃光了，又接济不上，叫做"断粮"；一个人戒了酒可以说成"断酒"。"断"为果断。"断"从斤，代表刀斧。刀斧是锐器，可以断物。为人处世要深谙"当断不断，必遭其乱"的古训，关键时刻就是要有利斧劈物般的气魄，做到"当机立断"，切忌"优柔寡断"。

当某件事情出现麻烦时，要判定其对错，衡量其得失。这个过程正如快刀斩乱麻，把纷扰的东西切断，以便整理出头绪，再决定解决的方案。由此，"断"引申为判断、裁决的意思。"臆断"是凭主观猜测判断，"武断"为只凭主观判断就妄自行动。葛洪《抱朴子·微旨》："世人信其臆断，便其短见，自谓所度，事无差错，习乎所至，怪乎所希。"世人往往相信自己凭主观想象和猜测而下的判断，凭仗自己的短见，自认为所揣度的事无差错。苏轼《石钟山记》："事不目见耳闻，而臆断其有无，可乎？"任何专家、学者都不可能无所不知，样样精通，如果总是自恃权威，自以为是，本来自己不内行，却非要去臆断、武断，不但贻笑大方，有时还会误导民众和国家，造成严重后果。

"斷"中的一横均匀地等分了四个"幺"，说明判断一件事情必须要本着公正的态度，要不偏不倚。古代把判决案件叫做"断案"，现在叫做审判。二者都要求重证据，重口供，深入调查，细致剖析，最忌捕风捉影，主观臆断，徇私舞弊。

警惕

思则无过，忍则无祸，慎言无悔，谦让无仇。

警 jīng

警 小篆

"警"，形声兼会意字，从言，敬声。

"警"的本义为告诫、戒备。《说文·言部》："警，戒也。""警"从敬，"敬"为恭敬、端肃；"警"从言，表示与人的言行有关。

"敬""言"为"警"，表示以恭敬之心，用严肃的语言，郑重地告诉对方，使对方引以为戒或有所警惕、警觉或警醒。"警"由本义引申指须要戒备的事件或消息，如警号、警报、警钟等。进而表示感觉敏锐、见解独到之意，如警句、警言等。"警"又特指国家维持社会秩序和治安的武装力量，如警察、警官、民警。"敬""言"为"警"，寓意作为履行维持社会秩序和治安的人员，对所保护的对象应持尊敬的态度，用尊敬的语言向对方提出警告。而作为被警告者，也应怀着崇敬之情和感恩之心面对警告者，并用语言表示谢意。

"警"为警告、告诫。《红楼梦》第二十一回："原来袭人见他无明无夜和姐妹们鬼混，若真劝他，料不能改，故用柔情以警之。"其中的"警"用为提醒、告诫。警告是出于关心，是为了避免再次犯错误或发生事故。如果言辞太过激烈，态度蛮横而充满谴责，很可能适得其反。"警"也指让人肃然起敬、不敢怠慢苟且的警策句、警人语。在日常生活中，经常产生和流传着大量的格言警句。这些精警之言透过纷繁复杂的表象，直指生活的本质，精辟深邃，耐人寻味。警言、警语、警句是人类思想的精华，是人生经验的高度概括。它们能陶冶性情，激励上进，发人深思，让人警醒。

"警"又表示戒备之意，即防范可能发生的危险，如警卫、警戒、警备、警惕等。《左传·宣公十二年》："且虽诸侯相见，军卫不撤，警也。"王侯会面，警卫却没有撤去，这正是有所警惕的表现。"警"也指通过警力来履行对他人的告诫、劝阻、防卫等职责的人或组织，如警备队、警卫区、警卫员、警署、警察等。

警察是国家机器的重要组成部分，是国家维持社会秩序和社会治安的中坚力量。在我国，因职责的不同，警察可分为治安警、交警、乘警、水警、刑警、特警等。

何谓"警"？从警字的结构看，上敬下言，意为敬心在先，敬语在后。或者说表现在外的语言是建立在恭敬心的基础上的。警察是百姓的公仆。作为一名合格的警察，首先要有尊重百姓的心态，要有为百姓服务的责任感，以暖如春风的言行，深入到百姓中去，急百姓之所急，想百姓之所想，为百姓排忧解难。绝不能依仗百姓赋予的权力，趾高气扬，耀武扬威，只有权利欲，没有服务心，或利用职权，贪赃枉法，知法犯法。当然，尊敬是相互的。为了维护社会治安，打击各种刑事犯罪，为百姓营造一个安定的治安环境，警察风里来，雨里去，任劳任怨，流血流汗，甚至牺牲生命，他们应得到百姓的尊敬。

惕 _{tì}

金文　　小篆

"惕"，形声字，从心，易声。

"惕"从心，说明与内心活动有关；"易"为变化、变易。"心""易"会意及时调整心态，以随时应对可能发生的各种情况，此种心态即为"惕"。《说文》："惕，敬也。""敬"通"警"，表示机警、警觉。"惕"的本义为小心谨慎。

远古时期，人类之所以能够以微弱之躯来统治这个世界，就是因为有自觉改造的意识。人知道自己的力量敌不过凶猛的野兽，所以提前采取多种措施，对外在环境的潜存危险时刻保持警惕之心。

中国人欣赏"中庸"的哲学，认为不偏不倚是做人的至高境界。"日方中方睨，物方生方死"，顶点之后就要走向灭亡，所以中国人多不赞成狂飙的行为，而慎言慎行却多受赞赏。俗话说："害人之心不可有，防人之心不可无。"这说的也就是"惕"。警惕有积极的意义，但任何事情都过犹不及，警惕过了头，就像恐惧症一样，老以为别人会来加害自己，这就会产生负面影响。

"九三夕惕"本指事物发展到了相当成熟的阶段，道教内丹表示体内阳炁俱足，运炼火候已备。《周易》中乾卦："九三，君子终日乾乾，夕惕若厉，无咎。"魏伯阳曰："三五成德，乾体乃成，九三夕惕，亏折神符，盛衰渐革，终还其初。"后世以"日乾夕惕"形容自早至晚勤奋谨慎，不敢懈怠。"乾乾"为自强不息貌；"惕"指小心谨慎。"悚惕"意为恐惧、惶恐，又有警惕、敬畏等意，古代常用为奏章或书信中的套语。"昼警夕惕"指日夜警惕戒慎。宋代沈括《延州谢到任表》："敢不尽虑力行，求神圣责任之实；昼警夕惕，思天地亭育之恩。"

"肉瞤筋惕"为中医症名，指体表筋肉不自主地惕然瘛动，因过汗伤阳、津血耗损、筋肉失养所致。《伤寒明理论》卷三："发汗过多，津液枯少，阳气太虚，筋肉失养，故惕惕然而跳，瞤瞤然而动也。"

"惕"还有忧伤、伤心的意思。唐代柳宗元《乞巧文》："抱拙终身，以死谁惕。"

威胁

阿谀奉承的人比握紧拳头揍人还凶狠。

威 _{wēi}

威 金文　威 小篆

"威"，会意字，从戌，从女。

"戌"的甲骨文是斧钺类兵器的象形，意为兵器，代表生杀予夺的大权；"女"为女性、女人，代表阴柔，是弱者的代名词。"戌""女"为"威"，首先可理解为有生杀之权的女人。《说文·女部》："威，姑也。从女，从戌。《汉律》曰：'妇告威姑。'""威"即丈夫的母亲，本义为婆婆。"戌""女"为"威"，也可理解为是女人持戌从戌。女子不爱红装爱武装是何等的威武、威风，故女人手持兵器从军谓之"威"。

"威"又可视为由"戌"、"一"、"女"组成。"戌"为武器；"一"在"女"子头上，寓意女子受到威胁。女子相对于男子而言，天性柔弱，胆量也相对较小。一个弱不禁风、无力反抗的女子，头上被一柄大斧威慑，周围被兵戈包围，内心自然深感恐惧。人之所以有畏惧，是被对方的威势所震慑。因此"威"又引申为威力、威风，也就是使人敬畏的气魄。《孟子·公孙丑下》："威天下不以兵革之利。"意思是扬威天下凭借的不是武力。"威"与"武"、"力"是分不开的。"威武"指威力强大，有气势，也指权势、压力。古代官府升堂判案，台上官员一拍"惊堂木"，下边衙役们就会一齐喊："威——武——"造成一种气势、压力，使犯案的人敬畏，最终承认罪行。"威力"指使人畏服的强大力量。可见只有具备"力""武"，才会生"威"。长坂坡赵云单枪匹马在曹军中杀了七个来回，如入无人之境；当阳桥张飞一声断喝，惊退百万曹兵；关云长更是万军中取上将首级，如探囊取物。试想，这些人如果没有惊世骇俗的武功和勇略，哪里会有这样大的威力？

　　"威"是一个人从内到外透出的一种气质，让人敬畏，但也不能随便耍威风、或凭借威力使人就范，所以"威"还可引申为凭借威力采取某种不当行为。"威逼利诱"指用强力逼迫，用利益引诱，软硬兼施，使对方顺从自己的意图。《世说新语·政事》："桓公在荆州，全欲以德被江、汉，耻以威刑肃物。令史受杖，正从朱衣上过。""威刑肃物"指以严刑使人恭顺。整句的意思是：桓公任荆州刺史，想用德政感化江汉地区，不愿用威势、刑罚来对付百姓。令史犯错挨板子，板子只是从官服上轻轻拂过。

　　一个威风凛凛的人一定显得很有尊严，由此"威"还可引申为尊严、威严。国家的尊严是国威，军队的尊严是军威。军威是靠武器、战斗力赢得的，国威是以军威为后盾的，故"威"从"戌"。

胁　【脅脇】
xié

小篆

　　"胁"，繁体为"脅"，异体为"脇"。形声字，从肉，劦声。

　　"肉"表示身体的某个部位；"劦"同"协"，意为合力、同力。"肉""劦"为"脇"或"脅"，表示由多个同样的结构组成的一个部分，指从腋下至肋骨尽处。《说文·肉部》："脅，两膀也。""脇"指腋下肋骨所在的部分。"脇"又专指肋骨，是人胸臂两侧的成对骨头。"脅"是三力共用，表明用力夹击，多方下手，利用各种手段，多方施加压力。因此，"脅"有挟持之意，同时也表示威逼，用威力促使。

　　简化字"胁"可视作由"肋"、"八"组成。"八"在"肋"之两侧，指示人体两侧肋骨所在部位即为"胁"。也可将"胁"视作从"肉"，从"办"。"肉"可意寓利益；"办"有办理或做、干之意。"胁"意为挟持，从"肉"表明是为了某种利益，从"办"表明为了达到目的而采取一定的手段。

《仪礼·少牢馈食礼》："脊胁肺肩在上。"其中"胁"就是指两肋。"胸胁"是人体部位名，即前胸和两腋下肋骨部位的统称。《医宗金鉴·正骨心法要旨》："其两侧自胸以下，至肋骨之尽处，统名曰胁。""胁满"为中医病症名，指胁肋部胀满之证，由气滞、痰凝或少阳受邪所致。肝气郁结，滞于胁肋，可致胁满。《伤寒明理论》卷一："胁满者，当半表半里症也……以邪气初入里，未停留为实，气郁结而不行，致生满也，和解斯可矣。""肘胁之患"同"肘腋之患"，指近在身边的祸患。清代昭梿《啸亭杂录·王文端》："明张差之事，殷鉴犹存，吾见上时必当极力言之，以除肘胁之患。"

《左传·僖公二十三年》写到："曹共公闻其骈胁，欲观其裸。"其中"胁"指的是肋骨。晋国公子重耳逃亡到曹国，曹共公听说他长有"骈胁"，就在他洗澡的时候去偷看。所谓"骈胁"，是一种天生的骨骼畸形，指的是肋骨长成一片。

"胁"由两肋引申为旁边、边侧的意思。佛教中的"胁士"，就是指侍立在佛两旁的菩萨。"胁侍菩萨"是修行层次最高的菩萨，其修行觉悟仅次于佛陀或等同于佛陀，在没有成佛前，常在佛陀的身边，协助佛陀弘扬佛法，教化众生。按照佛教的理论，大千世界十方三世之中有无数佛，而每一佛都有两位或几位胁侍菩萨。"胁"在人腋窝以下的位置，不超过肩膀的高度，"胁士"就是地位不高于佛的侍者菩萨。释迦牟尼佛的左胁士为迦叶，右胁士为阿南；而阿弥陀佛的左右胁士分别是大势至菩萨和观音菩萨；药师佛的左右胁士分别是日光佛和月光佛。此横三世佛都有胁士侍立左右，其他的佛也是如此，而胁士下面还有胁士，层层关系就像金字塔一样。

"胁"作动词，意为"挟持"，也就是"胁持"，因为挟持的动作是从两肋插进去，架起人的胳膊，使人不能动弹，无力还击，在抽象意义上则比喻以架空人的某项权利相要挟，从而达到自己的某些目的。"裹胁"是指用胁迫手段使人跟从；"胁君"是胁持国君或指被胁持的国君；"胁权"是假用君上之名胁迫别人。

人被逼迫就会恐惧，"胁"因此有恐惧意。《礼记·郊特性》："故天子微，诸侯僭；大夫强，诸侯胁。"意思是说如果君王懦弱，诸侯就胆敢无礼僭越，反过来说如果君王强硬，诸侯迫于威势，就不敢造次。其中"胁"就是恐惧之意。

由于恐惧，就会有退缩的自然反应，所以"胁"还通"翕"，表示敛缩。"胁肩"就是缩紧肩膀，作敬畏的姿态。成语"胁肩低眉"表示缩肩低头恭敬畏惧的样子。"胁肩累足"意思是缩着肩膀，重迭着脚，不敢正立，形容恐惧的样子。西汉司马迁《史记·吴王濞传》："尝患见疑，无以自白。今胁肩累足，犹惧不见释。"东汉班固《汉书·王莽传》："动静辟胁，万物生焉。""辟"是开辟，"胁"是收缩，万物生于此一动一静、一开一合的永恒运动当中。

危险

舌头是很软的，但它要伤起人来比石头还硬。

危 wēi

小篆

"危"，会意兼形声字，从卪，厃声。

"厃"是"危"的本字，篆文中"⺈"为人形，"厂"为山崖，人跪在山崖上，故本义为人站高处感到畏惧。《说文·危部》："危，在高而惧也。""卪"的甲骨文为跪坐的人形；"危"是人跪坐时需挺直身脊，此为危坐，表示端正之意。"厂（山崖）"上之"⺈（人）"因高而险，"厂（山崖）"下之"卪（人）"亦因山崖压迫而处险境，故"危"是险至极点。

将"⺈"视作"刀"，则"危"从刀，从厄。"刀"是用来切、割、斩、削、砍的利器；"厄"为困苦、灾难。"危"为人在刀下而害怕畏缩，受压制，陷入困苦、灾难。人处厄运，头上一把刀，不及时采取适当的方法必然会造成损害，此即危害、危难。

古人早有对于危险的经典描述。《世说新语》里说了这样一个故事：桓南郡（桓玄）与殷荆州（殷仲堪）提出如何形容事物处于危境的话语。桓南郡说："矛头淅米剑头炊"，殷荆州说："百岁老翁攀枯枝"，顾恺之说："井上辘轳卧婴儿"。矛上淘米，剑上烧火做饭；百岁老人攀着枯树枝；井的辘轳上睡着婴儿。此三种情况不可谓不"危"。这时殷荆州有个参军也在座，他接着便说："盲人骑瞎马，夜半临深池。"闻听此言，殷荆州说："真是咄咄逼人啊！"原来，殷荆州有一只眼睛是瞎的，那参军口无遮拦竟犯了殷荆州的忌讳。而殷荆州自嘲之余，不由得又暗自庆幸自己还余下一只明眼。后来"盲人骑瞎马，夜半临深池"一语被用来形容人生之荆棘，命运之坎坷，际遇之不如意，即世事凶险之极点。

居安思危是我国古人重要的治国经验。早在先秦时期，就有"居安思危，思则有备，有备无患"的主张；《易经·系辞下》也有"安而不忘危，存而不忘亡，治而不忘乱"的思想；孟子的名言"生于忧患，死于安乐"更是人所共知。先哲们强调安危、存亡的对立统一与互相转化，这些思想是在长期社会政治实践中总结出来的重要经验。

险 【險】
xiǎn

險 小篆

"险"，繁体为"險"。形声字，从阜，僉声。

"阜"的甲骨文字形像山崖边的石磴形，本义为土山，并有盛、多、大之意，凡汉字中"阜"在左侧者均与地势有关；"僉"为全、都。"阜""僉"为"险"，意为全都是高山，到处都是高山，难以逾越、前进不得。《说文·阜部》："险，阻难也。"本义为地势高低悬殊，难以通过。如天险、险隘、险厄。

"險"由"阜"、"亼"、"吅"、"从"组成："亼"为聚集；"吅"可会意为叽叽喳喳，发出噪音；"从"为人挤人、人挨人。山道狭仄，许多人聚集于此，左拥右挤、叽叽喳喳、杂乱无章，则行进艰难，容易发生不测。"險"为艰难、危险。"险"是随时可能遭受的灾难，如凶险、惊险、险境、险情。可引申为处处给他人设卡，心地邪恶，如阴险、险诈。

地势高峻则容易产生险情。《六书故·地理二》："险，高峻危绝之谓险。"由此"险"有高峻的意思。《左传》中曾记载了齐晋"鞌之战"的激烈战斗。战斗一开始，晋军的主帅郤克就负了重伤，想要退出。副帅郑丘缓说："自始合，苟有险，余必下推车，子岂识之？""从交战开始，如果遇到不平坦难通过的地势，我都下去推车，您哪里知道呢？"郤克受到激励，大家齐心协力，共同打败了齐军。这里的险指地势高低悬殊。地势险，自然难以通过，所以"险"常成为战争中据守的天然屏障。"险"是天赐、天然的优势，故称"天险"。"天险"常为高山大川，险隘雄关。如山险：李斯《谏逐客书》中的"东据成皋之险"，秦国在东边凭借的是东皋的天险。如水险：《三国演义》中的"孙策据长江之险"。孙策以长江天堑为屏障。此外还有潼关、涵古关等关险，华容道等"一夫当关，万夫莫开"的路险等。但天险并非不可逾越，山隘水堑被攻破的例子也不胜枚举。可见所谓天险，在名将的马前或是在庸人的手中都将变得没有意义。古训告诫人们，攻城守隘、安邦治国"在德不在险"。然而纵观历史，以之为鉴者少，有恃无恐以致身死国灭者却数不可数。

"险"因难以跨越而使人心生怯意，望而却步，由此"险"有艰难之意。人生处处有艰险。只有坚信"无限风光在险峰"，不怕艰险困苦、勇往直前的人，才能看到迷人的风景。

"险"常与"危"相伴，故"险"又当危险讲。如"险情"指危险的情况；"险滩"指水浅石多、水流湍急、行船危险的地方。危险往往掩藏起本来面目，诱使人们走向深渊。山间的蘑菇越是瑰丽奇艳，可能毒性就越大；美丽妖娆的罂粟花，却潜藏着致命的毒素。因此要擦亮眼睛，不能被表面的美好所迷惑，而忘记了潜在的危险。

"险"由不可预料之意，也可引申专指一些人的邪恶奸诈、阴险莫测。如郑獬《观涛》："若比人间恶风浪，长江风险本无心。"人生的道路遍布险滩暗礁，人生恰如在这样的江河上驾船前行，一不小心就会船毁人亡。没有人能够彻底地做到世事洞明，人情练达。与其空耗心思在揣测人心人情上，倒不如老老实实做人，踏踏实实做事，这样反而能感受脚踏实地的安全，远离尔虞我诈的危险。

报告

报告是对结果的定性描述。

报 【報】
bào

報 金文　報 小篆

　　"报"，繁体为"報"。会意字，从幸，从服省。

　　"报"的金文像是一只手抓住一个人给其加上刑具之状，会治人罪之意。《说文》："报，当罪人也。""当"即判决。"報"的本义就是审判、判决罪人。

　　"幸"的甲骨文像刑具手梏之形，本义为刑具；右半部分视作"服"省字，表示服从、降服。二者合而为"報"，意为降服于刑具、律法之威，即治罪、审判之意。"報"的右半部分可视作从"卩"，从"又"。"卩"像人垂首形，"又"的本义为手。"幸""卩""又"为"報"，可理解为双手被手梏所缚，表示受法律制裁而失去自由。"幸"又有幸运、幸福之意。"報"从"幸"，从"卩"，从"又"，也可以理解为，因为受到别人的恩惠得到幸福，以垂头表示尊敬的姿态，并以自己的双手付出对其加以回报。故而"報"有回报、回答之意，如"报恩"、"报仇"、"报答"。

　　今体"报"从手，从服省。"手"在此处可视为给予之意；"服"为服务。"报"可以看作是一个人双手劳作以服务他人，这是一种回答或回报的行为。"报"又从"手"，从"卩"，从"又"。两只手，表示一手索取，一手给予，意寓取与舍通常是相对而言，有付出就会有回报。而无论是付出还是回报都要以一种尊重的姿态面对对方。"报"可以说是一手对另一手的回答，故而引申有传达、告知之意，如"报告"、"报喜"、"报考"等。后指传达消息和言论的文件、信号或出版物，如"简报"、"电报"、"情报"等。

《韩非子·五蠹》："楚之有直躬，其父窃羊，而谒之吏。令尹曰：'杀之！'以为直于君而曲于父，报而罪之。"这里的"报"即为判决的意思。这段话讲述了这样一个故事：楚地有一个品行非常耿直的人，名叫躬。有一次，他的父亲偷了人家的羊，躬大义灭亲，把自己的父亲送到了官府。然而，官府却把躬判为死刑，理由是躬虽然忠于国君了，但是对自己的父亲却是不孝。古人十分看重孝道，一切善心善行须从孝敬父母长辈开始。躬面对自己父亲偷羊的事实，只有两种选择：报官或者不报官。报官的结果已经知道，就是死；但如果躬不揭发自己的父亲，而是由别人把躬的父亲揭发了，那么躬知情不报，就是对国君不忠，也要杀。这样一来，躬不管怎么选择都是一样的结果，要么是不忠，要么是不孝，在古代都是不轻的罪名。

"报"左边为手，再结合右半部分，可以看作是一个人正在低着头用两只手做事情。做事情为付出，付出就有回报；同样，要有回报就必须先付出。所以"报"又有回报、报答之意。"报复"是以眼还眼、以牙还牙的手段，打击对自己利益造成损害的人。明代施耐庵《水浒传》第二十六回："哥哥魂去不远，兄弟武二与你报仇雪恨。"老天对人的恶行的报复称为"报应"。这是一个佛教用语，原指由于某种原因而得到相应的结果，后来多指因为作恶多端而得到恶报。报应自古就存在于人们的道德观念之中，人们相信，善行、恶行都将得到老天相应的回报，正所谓"善有善报，恶有恶报"。佛教中有"三报"，"报"即报应。一是现报，谓现世作恶，现身即受恶报，现世作善，现身即受善报；二是生报，谓此生作善作恶，来生方受善恶之报；三是后报，谓或过去无量生中作善作恶，于此生中受善恶报，或在未来无量生中受善恶报。《荀子·宥坐》："为善者天报之以福，为不善者天报之以祸。"中华民族自古以来就是个礼仪之邦，受人恩惠，定会予人回报。《诗·大雅·抑》："投我以桃，报之以李。"后用"投桃报李"来比喻礼尚往来，知恩图报。父母养育了我们，老师教导了我们，亲人扶持了我们，朋友帮助了我们，滴水之恩当以涌泉相报，人的一生其实就是一个受恩、施恩、报恩的过程。"蛇雀之报"指大蛇衔明珠、黄雀衔白环报恩的故事，后以之为报恩的典故。这个典故包括两个故事。一个是隋侯救助受伤的大蛇而得明珠的故事，另一个是杨宝救助黄雀而得善报的故事。

"报"还可表示报告、告知，如"报案"、"报到"、"报警"等。《战国策·齐策》："庙成，回报孟尝君。"把庙宇建成之事报告给孟尝君。

"断烂朝报"指陈旧、残缺，没有参考价值的历史记载。"断烂"形容陈腐杂乱；"朝报"指古代传抄皇帝诏令和官员奏章之类的文件。《宋史·王安石传》："黜《春秋》之书，不使列于学官，至戏目为断烂朝报。""报"还可表示传达信息、言论的文件或者信号，比如"电报"、"情报"、"喜报"等。报纸则是定期印行的以报导新闻为主的现代新闻媒体。有一种鸟叫"报喜鸟"，其实就是喜鹊。它外表好看，叫声悦耳，深受老百姓的喜爱。人们出门碰见喜鹊，会十分欢喜，因为人们认为这是个好兆头，这一天定会有好事发生。

"报"在古代还有一个特殊的含义。"上烝下报"泛指男女乱伦。"烝"是晚辈男子和长辈女子通奸；"报"是长辈男子与晚辈女子通奸。《左传·桓公十六年》："卫宣公烝于夷姜，生急子，属诸右公子。"《左传·宣公三年》："文公报郑子之妃，曰陈妫，生子华、子臧。"

告 gào

甲骨文　　金文　　小篆

"告"，会意字，从牛，从口。

"牛"是人类最早驯养的六畜之一，性情温良，可用于耕地和载物，但牛擅长用角抵物，发起脾气有不可抵挡之势，人若被触后果不堪设想，故常以牛表示蛮昧、无知；"口"是进食和发声器官，在这里表示说话、言语。牛口不会讲话，人们就在牛角上绑以横木，以此来提醒、通知人们小心不要被牛角所伤，所以"牛""口"为"告"，意在通过口头的或书面的言语告知，使其明了。《说文·告部》："告，牛触人。角着横木，所以告人也。""告"就是把事情说给别人听，口头形式如告诉、告白、忠告。

将口头的言语表现于书面，则为告示、通告、布告。告的对象不同，其效应也不一样。"牛"使蛮力，借指权力。"告"则为向权力机关诉说，此为提起诉讼之意，如告发、告状。牛性格老实诚恳，干活踏踏实实，故而"告"的内容也应该实事求是。如"告状"就是告诉现状，内容应是不夸大，不捏造，实实在在的。

牛角绑上横木用以表明此牛抵人，由此"告"可以引申为表明、请求的意思。古代官员向上级请假叫做"告假"；有危难需要救援时说"告急"；因为年老而请求辞去职务回乡安度晚年叫"告老还乡"；积极主动地争取承担某项任务叫"自告奋勇"。由表明的意思引申，"告"又为宣布或表示某种情况出现。事情宣告完成、报告上级叫做"告成"；打仗、比赛取得胜利叫做"告捷"。

《玉篇》："告，语也。""告"从口，用以发声，如果要告诉别人一件事，通常情况下都是用语言来传递的，口头的语言传递就要借助于口，即为"说"。《史记·项羽本纪》："项伯乃夜驰之沛公军，私见张良，具告以事。"

"告"的目的是让对方知道自己想要传达的信息。除了口头语言之外，还可以用文字等载体来传播。"告"用作名词，表示向公众通知情况、事件、规定、法令等的书面形式，如文告、通告、广告等。

"告"是人与人间信息的传递和交流，如果把"告"的范围缩小的话，它也可以特指向上级或司法部门上报、检举、控诉。《尔雅·释言》："告，请也。"可见"告"也有上报、请示的意思，如报告等。《诗·齐风·南山》："取妻如之何？必告父母。"意思是婚姻大事必定要禀告父母由父母决定。一个人受到了不公平的待遇，或是权力和利益受到侵害的时候，在私下里无法解决的情况下，就要向司法机关控告或起诉了，这叫做"告状"。一起案件有原告和被告，司法人员会根据案情对案件进行裁决判断。

腐败

物必先腐，而后虫生，腐是因，败是果。

腐 ^{fŭ}

小篆

"腐"，形声字，从肉，府声。

"府"的本义为府库、府藏，是古时国家收藏文书或财物的地方。"肉"的本义为动物的肌肉。上"府"下"肉"为"腐"，即将肉放在房子里面，时间久了必然腐烂变质。《说文·肉部》："腐，烂也。"本义为腐烂变质。如"腐散"、"腐坏"、"腐秽"、"腐浊"等。

"腐"从本义延伸，指政府、制度、组织、机构、措施等的腐烂。"腐"从府，从肉。"府"为政府机关，政府大小官员。"肉"有慢性子、行动迟缓之意。"府""肉"为"腐"，意为政府机关办事效率低，对上级指示贯彻不及时，对下面反映处理不妥当，"府"下之"肉"必然变"腐"；"肉"又可理解为目光短浅，浅薄鄙陋。如果官员碌碌无为，玩忽职守，就像刘伯温所说"盗起而不知御，民困而不知救，法斁而不知理"，久而久之，就会失去百姓的信任，导致政府统治根基的动摇和腐烂。"肉"亦可视为脸色，政府官员只看上级脸色办事，不重视民意，不干实事，是为"腐"。

"腐"由本义肉类变质引申为政府内部人员耐不住清贫，抵不住诱惑，经不起考验，而思想腐朽，道德败坏。

其一，"府""肉"为"腐"。"府"为政府机关和政府官员；"肉"为肉食，以肉为食，古代享有厚禄的官员被称为"肉食者"。"肉食者"利用手中的权力鱼肉百姓，搜刮民脂，奢侈腐化，舞弊营私，贪欲无度，在利益面前把握不住自己，是政府腐败的主要原因。恰如宋代俞文豹《吹剑录》中所说："汉之天下弊于戚畹，唐之天下弊于宦竖，我朝天下弊于吏奸。凡为朝廷失人心、促国脉者，皆出于吏贪。"他深刻地认识到，官员的贪欲是造成宋代政治腐败、政府根基动摇的主要原因。

"肉"又可引申为利益，"腐"字上"府"下"肉"的含义是政府官员眼睛向下，盯住企业和百姓这块肉；下面的百姓为了达到特定目的，不惜用"肉"，即钱财、美色等向上贿赂，迎合政府官员，以"肉"换取更多的"肉"，以小利换取更大的利。"天下熙熙，皆为利来，天下攘攘，皆为利往。"行贿者和受贿者相互勾结，为了各自的利益直接或间接地侵蚀国家和百姓的利益，为腐败提供了滋生的土壤与温床。既然"府""肉"结合生成腐败，根治腐败就要在"府"和"肉"之间设置红线或禁区，使"府"依法行政，令"肉食者"严格自律，让行贿者望而却步。

其二，"腐"字中有"人"与"寸"。"人"为组成政府并行使权力的官员；"寸"为度，是政府的制度和相关的政策、法律。而与"腐"字的构造相暗合的是，现实中的腐败一般分为官员腐败及制度腐败两种。其中，官员腐败尤其引人关注。"厨有腐败肉，库有朽贯钱。"但是，官员的腐败又往往来自于制度的不完善、法律法规和监督机制的不健全。因此，只有在合理制度的生成与落实上下足功夫，大力革除与法治不相容的文化积淀，才能真正治理官员腐败，恢复政府机构的健康与活力。

其三，"腐"从府，从肉。"肉"由"内""人"组成，意为腐败之根源是府内之人，即政府官员。政府官员拥有分配社会资源的决定权，也就等于拥有了重要的获利门路，在责任心很差的情况下，腐败行为便会应运而生。因此，反腐首先要从政府内部的人入手，从主要的官员入手。府内的蛀虫不除，反腐就成了一句空话。

其四，"内人"又指妻子或妻子的亲属，所谓"贱内"、"内人"、"内兄"、"内侄"等，这里泛指各种裙带关系。一方面，政府官员搞"亲情腐败"，"父母当权，子女捞钱"，"老子为儿子撑腰，儿子为老子捞钱装裤包"；另一方面，"内人"借政府官员的"保护伞"，或同流合污，或推波助澜，或台前幕后相勾结，牟取非法财富，使权力和亲情在利益面前扭曲、变质。

腐败，"腐"是过程，"败"是结果，只有防腐才能防败。因此，对于腐败分子，不应只渲染其如何奢华擅权，而应关注致其走向腐败的心理动因和心理演变过程，然后对症下药，防患于未然。古人云："先其未然谓之防，发而止之谓之救，行而走之谓之戒。防为上，救次之，戒为下。"就是说，要严防可能的腐败于未然，急救即将的腐败于当前，严惩揪出的腐败以戒后，坚持以猛药和重拳治标，以长期调理固本，方可谓深得反腐败之要义。

败 【敗】

bài

 甲骨文   金文   小篆

"败"，繁体为"敗"。会意字，从贝，从攴。

金文"败"字从鼎，从攴。"鼎"是古时的饮食器具。天子与百官依其地位高低列鼎而食。祭祀时鼎的摆放也体现出种种规格和级别。因此，鼎实际上成为礼仪、礼制的象征；"攴"的甲骨文像手持鞭杖击打之形，是打击、破坏，"败"从攴，表示与人的行为有关。"鼎""攴"为"败"，是对礼仪的破坏。

《说文·攴部》："贝，毁也。"本义为毁坏。今体"败"从贝，从攴。"贝"为贝壳，是古代流通的货币，代表财物，可引申为名利、地位，代指物质财富。"贝""攴"为"败"，既可理解为物质财富几经敲打，不断受损，为破败、败坏；又意为挥霍无度、坐吃山空，必会导致败落、衰败；还表示人若做出见利忘义的事情，则必定会失败。

传说大禹铸九鼎，以后历代帝王均宝之，鼎就成了国家的象征。在古代，破坏了列鼎而食的等级制度，便是动摇了这个国家的统治根基。所以"叩问九鼎"有觊觎国家政权之意。"败"从鼎，从攴，又是指国家被毁，即"亡"。

"败"由本义引申为损、破损之意。王充《论衡》："死而形体朽，精气散，犹囊橐穿败，粟米弃出也。"人死后形体就会腐朽，体内的精气亦随之散去，好比装米的袋子破损之后，米就会漏出来一样。

"败"有破烂、破旧的意思，如败絮、败落、败兴等。进而转指凋残、衰落，如叶残花败、枯枝败叶、腐败等。总之，"败"是事情不成功之意，如失败、成败、败北、一败涂地等。砍伐是对树木的损害，故"败"又引申为砍伐之意。《诗·召南·甘棠》："蔽芾甘棠，勿剪勿败，召伯所憩。"棠梨树枝高叶密，不要剪枝，不要砍伐，因为召伯曾在树下休息过。当年周文王的大臣召伯到南方考察，为民排忧解难，途中曾在一棵棠梨树下休息。人们为了纪念他，就将这棵棠梨树保护起来，以表达对他的怀念和感激之情。"败"是失败，与"成"相对。"功败垂成"指功业在即将取得成功之时突然失败了。"成事不足，败事有余"指不仅做不好，而且把事情搞坏了。"败"又指在战争或竞赛中失败，与"胜"相对。《孙子·形篇》："故善战者，立于不败之地。"善于作战的人，才能在战争中立于不败之地。

不会创造财富而只会挥霍钱财的人是败家子。败家的主要原因之一是不懂生财之道，不知道勤劳付出，只会坐吃山空。元杂剧《东堂老劝破家子弟》中讲述了一个长辈教育败家子的故事。富商赵国器因儿子扬州奴不肖，临终前向好友李实托子寄金。后扬州奴果然交结无赖、肆意挥霍，李实对他屡加教诲。剧中扬州奴做生意屡次失败，抱怨自己命不好，李实借机规劝他说："那做买卖的，有一等人肯向前，敢当赌，汤风冒雪，忍寒受冷，有一等人怕风怯雨，门也不出。"辛勤劳累和贪馋懒惰的不同态度，造成了成与败、贫与富的差别。"怎做得由命不由人也"的一番话说得扬州奴幡然悔悟，终于浪子回头。李实这才将赵家财产交还给他，让他重振家业。可见失败并非是命中注定，贪图享受、缺乏长远的眼光才是致败的根由。

贿赂

贿赂是权力的腐蚀剂。

贿

【賄】
huì

小篆

"贿",繁体为"賄"。形声兼会意字,从贝,有声。

"贝"为宝贝、贝壳,指财物;"有"为拥有、具有,表示富有。"贿"从贝,从有,意为拥有财物。"贿"为有财物赠送之意,如贿赠、贿谢;"贿"又为赠送财物是有目的、有企图的,如行贿、贿赂;得贿之人因受财而被驱使,此为受贿、贿通。人首先具备了财物方可行贿,能受贿者亦必为有权之人,贿的产生始终与财物有关。故"有贝"才有"贿","无贝"则无"贿"。对行贿者有用之人方可成为行贿的对象;行贿对象因为有利可图方才受贿,故"贿"中之"有"为有用、有利、有求、有需。"贿"字通体皆为钱、财、物。

《说文·贝部》:"贿,财也。""贿"字"贝"在先,"有"在后,可理解为财物是"贿"的前提,行贿受贿者各自有求、有需、有目的是"贿"的关键。

《诗·卫风·氓》:"以而车来,以我贿迁。"迎亲礼车到我家,满载嫁妆上路忙。该句里新娘称自己的嫁妆为"贿"。"贿赠"指以财物奉赠;"贿谢"指赠礼酬谢,亦指赠送或酬谢的礼物。《左传》:"毁则为贼,掩贼为藏。窃贿为盗,盗器为奸。"毁坏国家法度规则称之为贼,包庇窝藏贼的人称之为藏;窃取别人财物称之为盗,偷盗国家宝物称之为奸。

"贿"本义是指个人所拥有的财物,用作动词表示赠送财物。主动向人赠送财物,本是一种不求任何物质或精神回报的赠与行为,应当不含有任何谋取个人利益的目的。但若送给他人财物是为了获取某种利益或为达到某种目的，则此时的"贿"就不是单纯的赠送了，而是因有所图谋而收买、买通他人。

中国历代对官吏受贿都严刑惩治。贪污受贿者轻则罢官革职，身陷囹圄；重则罚没家财，陈尸市上。《左传》中记载了公元前528年，邢侯与雍子争田，叔鱼断狱的事情。开始，罪在雍子，雍子将女嫁叔鱼，叔鱼改判邢侯有罪，邢侯怒起杀二人。叔鱼弟叔向断案，认为三人皆罪不可赦。雍子犯"赂以买直"罪，即以"嫁女"行贿，使败诉转为胜诉；叔鱼犯"鬻狱"罪，即贪赃枉法；邢侯杀人，自然更是应该杀人偿命。可见，在古代，凡行贿受贿量刑都极重。

"贿"这种现象存在于古今中外，皆因一个"贪"字使心灵发生了扭曲。成语"唇亡齿寒"讲的就是虞国国君目光短浅、贪财好利，接受晋国贿赂，允许晋国借道攻灭邻国，而导致身死国灭的故事。这个故事昭示人们：利用手中之权、职务之便受贿索贿。虽然当时腰包鼓鼓，尽享荣华，一旦东窗事发，便会锒铛入狱，悔恨终生。

赂 【賂】
lù

賂 小篆

"赂"，繁体为"賂"。形声字，从贝，各声。

"贝"为贝壳，是古代货币，代指钱财；"各"是特殊、与众不同。"贝""各"为"赂"，指为了达到各自的目的所采取的以财物为交易的行为，即指用钱财买通他人。行贿者根据自己的需求向不同的人送不同的财物，以求达到各自不同的目的。"贝"为利益，"各"为不同的人。"贝""各"为"赂"，意为各人图各自的利益而采取的行为。"赂"音同"路"，赂是以钱开路，以钱铺路，钱多则路广，钱少则路窄，无钱则无路。所赂者，路也。"赂"的本义为赠送。《说文·贝部》："赂，遗也。""遗"为赠予之意。

《左传·桓公二年》："以郜大鼎赂公，齐、陈、郑皆有赂，故遂相宋公。"春秋时期，宋国大夫宋督杀死宋殇及其执政大臣，辅佐宋庄公即位。为了得到邻国的支持，宋督把宋国收藏的大鼎赠给鲁国国君，齐、陈、郑诸国也都送了礼物，他因此成了宋庄公的股肱之臣。"赂"，在此为赠送。

"赂"由赠送引申为赠送的财物。《左传·庄公二十八年》："数之以王命，取赂而还。"庄公二十八年，齐国征伐卫国。齐侯以天子的训令责问卫侯，然后携着卫国赠送的财物凯旋。"赂"又泛指一切财物。司马迁《报任安书》说，西汉大将李陵陷入匈奴敌阵，为保存实力另有所图而投降。汉武帝闻之大怒，要斩李陵全家。司马迁为李陵开脱，武帝不听，迁怒司马迁，施以宫刑。狱中的司马迁给好友任安写信说："家贫，货赂不足以自赎。"家中贫困，所有财物加起来也不足以赎罪。

《正字通》："赂，有所属而私遗之。"有所求而暗中赠送钱物给他人。"赂"为行贿、贿赂，是用钱物买通他人。

历数各代王朝，朋党纷争、贼寇祸乱、朝纲崩坏，使民众处于水深火热者，往往始于"赂"。春秋时吴王夫差俘勾践于会稽，后越国谋臣文种贿赂吴王宠臣伯嚭，勾践得释。卧薪尝胆数年后，勾践兴兵大破吴国。中唐，胡人安禄山用金银美色贿赂当朝重臣，取得唐玄宗信任，官位节节攀升、拥兵自重。此后的"安史之乱"使朝纲震荡、生灵涂炭，李唐由兴盛走向没落。南宋，蔡京、童贯等权臣当道，辽金多以重金赂之，徽宗昏庸、岳飞遭谗，后有汴京城陷、靖康之耻。明末，宦官弄权，朋党林立。多有小人贿赂阉宦魏忠贤，一时间，朝野昏暗，民生凋敝。贿赂之害，不胜枚举。赂者，迷惑曲直、混淆是非、颠倒黑白，置真善正直于不顾，人性之大害。世人应警惕防范，勿被"赂"害。

贪污

贪物欲为妖，平常心是道。

贪 【貪】
tān

 小篆

"贪"，繁体为"貪"。形声字，从贝，今声。

"今"的甲骨文像伸舌之口，表示正在享用，后引申指今天、当今，表示现在、眼前，与长远相对；"贝"是古代的一种货币，意为金钱，代指财物。"贪"表示痴迷于眼前享用金钱、财物，即爱财之意，如贪财、贪婪、贪污。《说文·贝部》："贪，欲物也。""贪"是欲求五欲、名声、财物等，而且只求多，不知足。如贪心、贪得无厌、贪天之功。"贪"字强调只看重眼前的暂时利益，而不注重长远的发展。在佛教中，"贪"是人的恶念之一，是诸苦的根源之一，又作"贪欲"、"贪爱"、"贪色"，略称"欲"、"爱"。

"贪"主要指对财物的贪图、占有欲。《诗·魏风·伐檀》序云："在位贪鄙，无功受禄。"指那些做官的人都贪图钱财。"贪"来自于无休止的物欲。金钱、宝物、美色甚至情感都会使人达到一种迷恋的程度，陷入不能自拔的地步。志趣高尚的古人也为此留下了许多警世之言。如袁枚《随园诗话》引："百物皆可爱，惟钱最寡趣；生时带不来，死时带不去。"苏轼《东坡志林》："好货，天下贱士也。"喜欢聚敛钱财，是天下卑贱的人。古人的这些话是对那些贪婪、悭吝之流的当头棒喝。

"贪"是贪婪，利欲熏心，求不厌足。贪婪之人为了满足日益膨胀的私欲，甚至不惜损害国家的利益，滥用手中的权力监守自盗、中饱私囊。疯狂的贪欲往往使人做出违背道德伦理、触犯法律的行为。故"贪"有纳赃受贿、贪污之意，指利用职权非法取得钱财。"贪官污吏"指贪财纳贿的官吏；"贪赃"指官吏受贿；"贪污"是指通过职务上的便利条件非法为自己牟利。

"贪"为佛家"十恶"之一。佛教认为，世间人身有三恶，口有四恶，意有三恶。意中三恶分别为贪、嗔、痴，指贪欲、嗔恚、愚痴三种烦恼。这三种烦恼又是对人的毒害最重的，因此还称作三毒。又称三火、三垢、三不善根。《涅槃经二十九》曰："毒中之毒，不过三毒。"意思就是说贪、嗔、痴三者是诸恶之中毒害最重的三种。据《大智度论》卷三十一载："有利益我者生贪欲，违逆我者生嗔恚，此结使不从智生，从狂惑生，故为愚痴；此三者为一切烦恼之根本，荼毒众生身心甚剧，能坏出世之善心。"意思是，对有利于自己的东西生出贪欲之心，对违背自己的东西生出嗔怒之心，这些恶念郁结在心里，蒙蔽了人的智慧，从而陷入迷狂，产生愚痴之心；这三者是一切烦恼的根源，对众生的毒害非常严重，甚至阻碍人们出世修行的善念。所以佛教力戒贪、嗔、痴三种恶念。其中，贪又为意恶之首，对人的身心毒害又为重中之重，因此尤其应该加以戒绝。

污 【污汙】
wū

 小篆

"污"，异体为"汚"、"汙"。形声字，从水，于声。

"汙"从水，表示与水的状态有关；"于"为介词，表示在某地、某时等，是一个停留的状态。"汙"的本义为停积不流之水，引申为肮脏、不干净。《说文》："汙，秽也。"汉字规范化后，以"污"为正体。

"污"做形容词，意为不干净、脏。《尚书·胤征》："旧染污俗，咸与维新。"意思是对一切受恶习影响的人都给以弃旧从新的机会。这里的"污"指污秽。又如宋代文天祥《正气歌序》："骈肩杂沓，腥臊污垢，时则为人气。"人多而拥挤，人体污垢发出腥臊般的恶臭。词语"污点"指衣服上沾染的污垢，引申指不光彩的事情；"污垢"指积在人身上或物体上的脏东西；"污泥浊水"比喻落后、腐败、反动的东西；"污浊"为水、空气等不干净、浑浊，或专指脏东西。

"污"字还有不廉洁、腐败的意思。心净能明理，水清能净物，水不净就会有污垢，心不净自然就会犯错，不廉洁是必然的。"川泽纳污"是以湖泊江河能容纳各种水流的特性形容人有涵养，能包容所有的善恶、毁誉。《左传·宣公十五年》："谚曰：'高下在心，川泽纳污，山薮藏疾，瑾瑜匿瑕。'国君含垢，天之道也。""含垢纳污"意思是容忍耻辱和污蔑，指气度大，能包容一切。"濯污扬清"指扬善除恶。《南史·范泰传》："臣昔谬得待罪选曹，诚无以濯污扬清。然君子之有智能，犹鹓凤之有文采，俟时而振羽翼。何患不出云霞之上？"

"亏"还有理亏之意，办事不廉洁、作风不正派、贪污腐败的人做的是理亏之事。《荀子·富国》："百姓晓然，皆知其污漫暴乱而将大危亡也。"百姓心里都明白，如果贪污成风，经常动荡不安，那就是国家危亡的征兆。《商君书·慎法》："此其势正使污吏有资，而成其奸险。小人有资而施其巧诈。"这种势头正好使贪官污吏有所依仗，而成就了他们的奸恶用心。若是小人凭仗了这种形势，就会施出他们的奸诈的伎俩。

不管是污水，还是贪官污吏，对环境、对国家来说都是一种污染，会弄脏了大的环境。因此"污"还可以引申为弄脏、玷污的意思。西汉司马迁《史记·滑稽列传》："饭已尽，怀其余肉持去，衣尽污。"这里讲的是汉武帝时东方朔的事情。大意是吃完饭，怀里揣着剩下没吃完的肉离开了，衣服都被弄脏了。"污染"指使沾染上有害的物质，或者指有害物质的散布对正常生活造成危害和不良影响；"玷污"指弄脏，比喻辱没。"兵不污刃"犹"兵不血刃"，形容未经战斗就轻易取得了胜利。唐代韩愈《论捕贼行赏表》："威德所加，兵不污刃，收魏博等六州。"

顶替

顶替是对规则的否定，也是对规则变相的肯定。

顶 【頂】
dǐng

帽 小篆

"顶"，繁体为"頂"。形声字，从页，丁声。

"丁"为"钉"的本字，其甲骨文字形呈方块，是俯视钉子时的形象，故取其俯视意；"页"上面是"首"省，下面是"人"，"页"的本义为人的头部。

《说文·页部》："顶，颠也。"本义指人头部的最上端。后泛指最高的、最上的部分，如顶点、山顶、顶巅、顶尖；也表示用头支承，如顶撑、顶天立地。后引申为支撑、抵住之意，如顶门立户。"丁"的小篆字形与我国古代建筑的屋顶非常相似，上部尖耸，如攒聚的屋脊，下面开阔，如挑出的檐角，最下一竖像支撑房屋的大柱；"页"为头，是人身体最上端。故"顶"又指处于房屋最上端的组合件，即屋顶。

"头顶"指头盖或头的最顶部。杜甫在《饮中八仙歌》中，对唐朝八位嗜酒如命的名人作了生动的描绘，如"张旭三杯草圣传，脱帽露顶王公前，挥毫落纸如云烟"。"草圣"张旭性情豪放，不拘小节，酒入三杯之后，即使在王公贵族面前也随意脱帽露顶，挥毫泼墨，其字美如云烟。这里"顶"就是将帽子摘下后露出来的头顶。词语"顶礼"是指跪在地上，以头触及所崇敬者之足；膜拜为两手加额，长跪而拜，两者均为佛教徒崇佛的最高礼节。故以"顶礼膜拜"形容对人极端崇拜，五体投地。

帽子戴于头上，高于头顶，所以"顶"可以表示帽子，如"顶子"。"顶子"还特指清代官员的官帽，根据官员的等级不同，上面镶不同的珠玉、宝石、珊瑚、水晶等，称为"顶戴"。官帽还缀以花翎，革除官

·157·

职，俗称摘去其"顶戴花翎"。摘花翎是降官品，若同时摘去顶戴表示完全革职。

"顶"做动词，意思是以头承戴。成语"顶天立地"是头顶青天脚踏大地，比喻个性刚正不阿，腰板挺直，形象高大，气概豪迈。由此"顶"也意为支撑、承担。口语中，说某人是一个能"顶门"的人，意思是他能够支撑起一个门户。"顶"还有替代之意，如顶替、顶名等。旧时转让店铺经营权、房屋或土地的租赁权、所有权也叫"顶"，如招顶、顶进、顶出等。

"顶"由头顶引申，泛指物体的最上部，如屋顶、山顶。人的面部能反映出心中的喜怒哀乐，可以看出人的富贵贫贱，屋顶也一样。古代的屋顶，根据所处的场所不同，而建筑成不同的造型，并根据造型命以不同的名字。古代的顶大约有五种形式：两面坡两端悬出的悬山顶；两面坡两端不悬出的硬山顶；四面坡的庑殿顶；上截为悬山或硬山，下截为庑殿的歇山顶、攒尖顶。庑殿顶格调恢宏，用于高级建筑中轴线上的主要殿堂和门屋；歇山顶华丽活泼，多用于配殿；攒尖顶多用于亭、塔；悬山和硬山顶多用于民间住宅。我国古代对于屋顶的形制及装饰都有严格的规定，其形式、高度，脊饰的形象、尺寸和数目以及所用材料的颜色，都要根据屋主人的官位、身份而定，不能随便僭越。

替 tì

替 金文　替 小篆

"替"，形声字，从二夫，从曰。

"替"的金文字形之一是一大一小两个"立"字，表示空间有距离，一进一退；也表示时间有界限，一早一晚。"替"意谓不同的地点和时期会产生不同的变化，突出以新代旧之意。在古代，"替"是"竝"的俗字。《说文·竝部》："替，废，一偏下也。""替"的本义为废弃。

"替"的古字形上从"竝"，下从"白"。"竝"为并立、并列之意；"白"表示光明、明白。"替"的小篆由这两部分组成，首先强调了存在两个或多个事物才有"替"这种行为，而"白"字则表明"替"要公开于众，为大家承认、支持。"替"的小篆从"兓"，从"曰"。"曰"意为说话、言辞，体现了"替"离不开语言。"兓"有锐意进取之意，"兓""曰"组合，表明"替"是以强代弱、以新换旧，需要经过艰辛的努力。

　　简体字"替"从二夫，从曰。"夫"为大人、大丈夫，表示顶天立地、拿得起放得下的大人物，通常处于主体地位；二"夫"相并，表明以一人代替另一人，是承续其地位不改变，也拥有其同等的权力。"曰"字也表明有说服力才能代替原来的主体。"替"是一个事物与另一个事物的交换，故而含有为、给之意，如"替他高兴"、"替长者分忧"。旧的事物衰废了，就会被新的事物所代替，故而"替"引申为衰废之意，如"兴替"、"衰替"。《国语·楚语》："唯独居思念前世之崇替。"现在这个意思已经不多用了。

　　"替"常用的意思为代替。《广韵》："替，代也。"《乐府诗集·木兰辞》："愿为市鞍马，从此替爷征。"木兰决定从此代替自己的父亲出征沙场。无论是工具的代替，劳动力的替换，还是王朝之间的更替，都说明有很多选择。无法否认生活中也有永远无可替代的事物，例如父母对我们的爱，爱人对我们的重要性等。之所以无法代替，是因为我们投入了深厚的感情，寄托了深切的希望。但是人的感情是会转移的，也许最初失去心爱之物时会伤心万分，念念不忘，好像它是无可替代的。然而时间无情，慢慢地，就被别的东西或别的人代替了。其实世界上万事万物都是可以替代的，例如我们用电灯替代了油灯，用煤替代了木材，用皮鞋、棉鞋替代了草鞋，用汽车、火车、飞机等替代了马车……正因为如此，人类才得以发展进步。"替罪羊"原指古代犹太教祭礼中替人承担罪过的羊，比喻代人受过。"冒名顶替"指为了达到自己的某种目的，假冒别人的姓名，代他去干事或窃取他的权力、地位。《西游记》第二十五回："你走了便也罢，却怎么绑些柳树在此，冒名顶替。""替死鬼"指代人受难或承担罪责的人。"替天行道"指代上天主持公道，封建社会里农民起义多以此作为动员、组织群众的口号。元代康进之《李逵负荆》第一折："你山上头领，都是替天行道的好汉。""袭替"指袭职与替职，亦专指袭荫官职。

"替"有衰微、衰败的意思。《晋书》："风颓化替。"其中"替"与"颓"同意，指衰微。"兴替"是指兴盛和衰亡。古人说："以史为鉴，可以知兴替。"历史上王朝的兴替都是有内在规律的，探索他们兴盛和衰亡的原因，对我们今天的社会建设和发展，有重要的意义。综观中国的历史，各个王朝几经兴替，淫暴的商纣王败亡于臣下的阵前倒戈，秦始皇导演了强秦速亡的悲歌，暴虐骄奢的隋炀帝葬送大隋基业，志得意满的唐玄宗使盛唐景象成为昔日遗梦，末世王朝统治者在末日昏梦中走向大限……尽管兴亡盛衰的过程千差万别，主角的特色和命运各异，但都印证了一个真理：人心向背是决定一个政权兴替的根本因素——水能载舟，亦能覆舟。宋代欧阳修《〈伶官传〉序》："祸患常积于忽微，而智勇多困于所溺。"其实兴替也常发生在瞬间，所以应该常有忧患意识和警觉意识。悟透了这些，才是真正的以史为鉴，才能保证自己的统治不会变得衰微，不会轻易地被替代。

"替"还引申为停止、废止、废弃、废弛等意。"亏替"指丧失、损坏、废除。晋代陶潜《杂诗》之九："慷慨思南归，路遐无由缘。关梁难亏替，绝音寄斯篇。""进可替否"指向君主进献良策以废弃弊政。《三国志·魏志·卢毓传》："官人秩才，圣帝所难，必须良佐，进可替否。""有加无替"指只见不断增加，不见一刻停止。元代张中《庙学记》："盖当时乃教授自署，毋亦选择而使以寓激劝与？抑因其亲爱，俾幼帅幼而入学者与？金氏因之，廪赐教育，有加无替。""下陵上替"指在下者凌驾于上，在上者废弛无所作为，谓上下失序，纲纪废坠。《左传·昭公十八年》："于是乎下陵上替，能无乱乎？""心存目替"指心里虽然想念，但已废弃看望的行动。"存"是想念；"替"是废弃。晋代傅咸《赠何劭王济诗序》："历试无效，且有家艰，心存目替，赋诗申怀。"

"替"作介词，有为、给的意思。《初刻拍案惊奇》："打点告状，替他要人去。"还有同、和的意思。《西游记》："天下多少'斯文'，若论起肚子里来，正替你一般哩。"

诉讼　和谐就是天堂，争讼如同地狱。

诉 【訴愬】
sù

訴（訴）小篆　　愬（愬）小篆

　　"诉"，繁体为"訴"，异体为"愬"。形声字，从言，斥声。

　　"言"为语言、言论；"斥"的本义为驱逐，是因气不和而相斥，故也引申有责备、指责之意。"诉"可理解为用语言驱逐，即用指责或责备的语言，状告、控告对方。《说文·言部》："訴，告也。"《玉篇·言部》对"诉"字更有明确的解释："诉，讼也，告诉冤枉也。"因此"诉"是诉讼、控诉、上诉、申诉等。"诉"的本义为告状、控告。"诉"又表示驱逐语言，一吐为快，把闷在腹中之言向外诉说，此为告诉、倾诉、诉说、诉苦等。

　　"诉"的异体"愬"从朔，从心。"朔"是指夏历的每月初一日，引申有初始之意；"心"是指内心、心理、心情等。"朔""心"为"愬"，意为心之始，也就是心里最初的感受。"愬"字强调了按照心里最原始的感觉而付出的行为。将"朔"看作"溯"的省字。"溯"为追求根源或回想，如追溯、溯本求源等。"愬"字则可理解为：回想心中所留下的记忆深刻的事件，或不断地追求根源。"愬"作为"诉"的异体字，强调了无论是控诉，还是倾诉，都是出于内心的一种极深刻的感受。《汉书·成帝纪》："刑罚不中，众冤失职，趋阙者告诉不绝。""趋阙"就是到衙门去。此处"告诉"不是现在通用的意思，而是两个词，"告"是告官，"诉"是诉讼。意思为刑罚不公正，众人蒙受冤，官员失职，受冤的人很多，所以到衙门去状告的人络绎不绝。百姓到府衙里去告状，告状的文字内容就称为状纸，也叫"诉状"。诉讼告状的目的只有一个：求助于官府来帮助自己申辩情由，求取公正，因此"诉"有求、求助之意。如"诉求"，指通过语言或其他表达方式来求得的物品或结果。国家或民族之间矛盾升级，就会"诉诸武力"，即借助武力来解决矛盾、冲突与争端。

"诉"又引申为诽谤。《三国志·魏志·郭嘉传》："初，陈群非嘉不治行检，数廷诉嘉，嘉意自若。"起先，陈群指责郭嘉行为不检点，屡次在朝廷上指摘郭嘉的不是，郭嘉却始终神情泰然。

无论控诉还是背后说人坏话，都需要先把事情说给别人听，因此"诉"又引申为告诉、诉说。《文选·潘岳〈寡妇赋〉》："潜灵邈其不反兮，殷忧结而靡诉。"李善注："靡诉，言无所告诉也。"大意为丈夫魂魄幽邈不返回，寡妇殷殷忧愁凝结却无可诉说。

"诉讼"，俗称"打官司"，是国家司法机关在当事人和其他诉讼人的参与下，依照法定程序，以裁判或以其他方式解决案件而进行的活动。诉讼是维护合法权益的最正规、最权威和最有效的途径。诉讼对于国家而言是一种职能，对于诉讼当事人而言是维护合法权益的一种手段。如果不说出自己心中的委屈，谁来了解你的合法权益受到伤害呢？所以，"诉"首先要自己开口讲出来，并通过一定的法律程序，最后才能达到讨回公道、伸冤诉怨的目的。

讼 【訟】
sòng

昭 金文　訟 小篆

"讼"，繁体为"訟"。形声字，从言，从公。

"言"为言语、言论；"公"为公开、公共，小篆又是公平、公正。"讼"是在公开或公共场合中进行的公开言论；双方的语言都要公正，要经得起调查，经得起推敲；并以言语争得公平、公正的评判和对待，争得舆论支持。《说文·言部》："讼，争也。"本义为争论、诉讼。古代官员审案是在公堂之上，现在法官审案是在法庭之上。无论古今，审案都必须做到公开、公正，故"讼"字从言，从公。

"讼"为辩论、争论。辩论、争论的目的是压倒对方，说服评委或判官，以及现场的听众，让大众理解、支持自己的观点，以作出有利于自己的判断和裁决。王安石《答韶州张殿丞相书》："往者不能讼当否，生者不能论曲直。"说的是生者与死者都没有机会辩论是非曲直。成语"聚讼纷纭"中的"聚讼"即众中争辩，指许多人在一起对某一问题议论纷纷，不能决定哪种意见是正确的。

"讼"的目的是将是非曲直公之于众，并为正义的、有理的一方讨回公道，故"讼"有为人辩冤之意。洪迈《容斋随笔》："汉武帝杀戾太子，田千秋讼太子冤。"意思为汉武帝杀死太子刘据一事，田千秋为太子辩冤。

"讼"由本义引申为诉讼。诉讼是检察机关、法院以及民事案件中的当事人、刑事案件中的自诉人解决案件时所进行的活动，俗称打官司。在远古时代，没有法律，部落依靠氏族的习惯在众人面前进行辩论来解决纠纷。后来随着国家机器的建立，有了专门解决民事纠纷、处理刑事案件的机构和人员，"讼"的行为也变得规范化和程序化了。为了审判结果的公正性，审判一般都是公开进行的，纠纷或案件的涉及者都将在庭上争辩是非，进行各自的陈述。在古代，一般的人都认为诉讼是很丢人的一件事，孔子就曾发出让人们之间不再有诉讼的呼吁——《论语·颜渊》："听讼吾犹人也，必也，使无讼乎！"是说审理诉讼案件，我同别人一样，一定要使诉讼案件不发生才好啊！甚至还有劝世人不要诉讼的息讼歌："词讼不可兴，家业从此废……农家荒田畴，商贾抛生意，富者因讼贫，贫者因讼毙，终难因始易，疲力且劳心。"即便是在人们法律意识普遍提高的现代社会，有些地区、有些人仍然以诉讼为耻。

监督

监督是为权力使用过程安装的"摄像头"。

监 【監】
jiān jiàn

甲骨文　金文　小篆

"监"，繁体为"監"。会意字。

"监"的甲骨文字形为人曲身低头于器皿旁，金文略有变化，从臣，从人，从皿。"臣"像是一只专注的大眼睛；"皿"为盛水的盆子。古人在盆子里盛水当作镜子，"監"的字形像人低头注视水盆，是在审视、观察自己的容颜，故"監"为镜子，作动词，指照视，是"鉴"的本字，读为"jiàn"。"監"又为监狱，读为"jiān"，楷书改"人"为"亻"。"亻"为单个、独个；又是"竹"之一半，古代刑具多为竹木所制。人戴着刑具，孤零零地处于局促的空间里，身旁还有专注的眼睛看守着，所以"監"又引申为监视。"臣"在"皿"上，表示居高临下的观察，是上级对下级的监视，是有权者对被剥夺权利者的看守。

简化字"监"从临省，"临"为面对、亲临，表示监督、监察要亲临现场。《说文·皿部》："监，临下也。""监"即上临下，是上级对所属部门的监督、察看、督促。

现代汉语里，凡行动中带有监督、管理、控制意义的词，通常都与"监"字组合。如监考、监护、监制、监测、监视、监控等。随着社会的进步，监督已经成为相互之间的监察、督促，这样才能互相约束。

监狱在我国由来已久。周代称"圜土"，秦代称"囹圄"，汉代以后称为"狱"，明代称"监"，清末始把监、狱二字连称为"监狱"。古代的监狱，不是对已决罪犯执行刑罚的场所，而是对有罪未决或决而待执行的人犯暂时监禁的场所。光绪二十八年（公元1902年）监狱改良以后，监狱始成为关押、改造犯人的刑罚执行场所。新中国成立后，监狱成为劳改场所。我国《监狱法》规定，监狱是对罪犯实行惩罚和改造相结合、教育和劳动相结合的原则，将罪犯改造成为守法公民。所以监狱是用来改造罪犯的，而不是罪恶衍生和加重的人间地狱。现在很多国家都发生过监狱中虐待罪犯和俘虏的事件，严重恶化了监狱之正义的形象。那些法律的化身——监管人员，肆意运用手中的权力，谩骂、侮辱甚至随意对罪犯施刑，或接受罪犯的贿赂，使监狱的改造教化作用扭曲、沦丧。罪犯虽然触犯法律被关进监狱，但法律面前人人平等，其正当权益仍然受法律的保护，不容肆意践踏和侵犯。

"监"为监督。监督不仅是出于限制，也是为了保护。所以监督之冷酷，其实暗藏了保护之温情。我国民法中有"监护"一词，是指对无行为能力人和限制行为能力人的人身、财产权益依法实行的监督和保护。

督 dū

小篆

"督"，形声字，从目，叔声。

"目"是眼睛，可用于观看、观察、审视。"叔"是叔叔、叔父，即父亲的弟弟，属旁系亲属；又，我国古时兄弟按照伯、仲、叔、季的次序排序，"叔"在长者之下，幼者之上。"督"为叔叔的眼睛或以目看叔，意指在别人的眼底下，受人监管，被人察看，此为督促、督导、督办、监督；同时，监督也是相互的，若只是上监督下，就纯粹是管制了。长者（长辈或上级）目幼者，观其成长，察其行为，晚辈在长辈督导教育下，规整行为，励德修行，健康成长。同时，晚辈或下属也要监督长辈或上级，使之常自省言行，威信常存。"督"为在目所能及的范围之内，做到不分长幼、无论亲疏，互相监督、共同督促。《说文·目部》："督，察也。"本义是察看、监督。

"督"用作名词，特指军队或地方官员的官名。如都督、总督、提督等。都督始设于汉代末年，是全国的军事统帅，故有"大都督"之称。如三国时期吴国的周瑜其官职就是"大都督"。后世，有的朝代将地方最高长官亦称"都督"，相当于节度使或州郡刺史，此都督皆为兼职，且因为等级不同，职权也不一致，分为副将之资、持节都督、使持节都督、都督一州诸军事、都督中外诸军事等。

后来都督制转变成地方边防，唐朝时改成都护府，早已失去都督的原意。总督是管辖一省或数省军政的地方最高长官，最初出现于明代，主要负责军务和粮饷，没有固定职务，也没有固定的品级，时设时撤，由朝廷直接封授。到了清代，总督成了正式的封疆大臣，主要管理民政民刑，下属有副将、参将等。大多数总督是武官，也有文职，但都带过兵，有过功勋。

"督"由监督的本义还可以引申为动词，表示统率、指挥的意思。督促或监督作战叫做"督阵"；在前线监督作战叫做"督战"。因为督促需要眼睛的观察，一旦发现问题就要进行严惩，所以"督"也有责罚的意思。《三国志·蜀志·诸葛亮传》："请自贬三等，以督阙咎。"诸葛亮请求自降三级来责罚自己工作中的缺失和错误，这是他的过人之处。古往今来，盼望连升三级的大小官吏数不胜数，甚至为达目的不惜跑官买官；而能像诸葛亮这样及时发现自己的不足并自请处分的可谓少之又少了。看来，督其行，只能一时；督其心，才是根本。

巡防

巡是手段，防是目的。

巡 xún

训 小篆

"巡"，形声字，从辵，川声。

"辵"是形旁，兼表义。《广雅》："辵，犇也。""犇"为奔跑，故"辵"有奔走之意。从"辵"的字大多都与行走有关。"巛"即"川"，其甲骨文的字形是左右为岸，中间是流水，正像河流形。水的流动是由高往低流。所以"巡"从走，从川，一为走陆地，一为走水路；并且是一种由上往下级的行为。"巡"可理解为朝廷命官到自己辖区内巡视。《说文·辵部》："巡，视行也。"本义为到各地视察、巡行。

《周书故·人九》："巡，周行省眠也。"指出了"巡"就是来往巡查，包括停而视、走而周的双重含义。"人往高处走，水往低处流。""巡"从川，比喻像水一样往下流动，所以最初"巡"只用于上对下的检查，如皇帝的巡幸、官员的巡视。后来，"巡"就泛指四处走动察看的行为，并都带有察看防患的意思。如巡逻、巡查、巡夜、巡更、巡行；而巡警、巡哨、巡捕、巡抚、巡察使、巡官、巡佐等则是专指做巡视工作的人；巡逻艇、巡洋舰、巡逻车等则为执行巡视任务的交通工具。

水是由高往低流的，以水喻"巡"，表明为政者应当像水一样，心系百姓，为民着想，勤于政务。《史记》中记载：尧帝老，舜代行天子之政。舜非常勤奋，巡行东西南北，安抚四方百姓，取得巨大成就。于是，尧就把帝位交给了他。历代帝王、官员也皆以巡视、视察为政务的重要内容，一来亲自考察地方官员的为政情况，二来体察民情，体恤百姓。皇帝到各地视察称为"巡游"或"巡幸"。杜诏《隋堤曲》："隋堤一带官河口，不种桑麻种杨柳。锦帆帝子数巡游，厌住东京乐奔走。"当年隋炀帝巡视江南，游水玩山，命人在汴河两岸遍植杨柳，景色妩媚迷离。而今，"隋堤烟柳"已成为著名的"永城八景"之一。古代又有官职"巡抚"，是朝廷临时派遣到地方巡视和监督地方民政、军政的大臣，清朝时专指掌管一省民政、军政的长官。"巡回"一般是在规定好的路线、范围内到处活动。如巡回演出、巡回展览等。但是，有的巡回活动却既无固定路线，也无固定时间。如巡回大使，是国家正式委派的官员，他们没有固定驻在国，可随时派往任何国家，其工作和生活长期处于不稳定状态。还有巡回医疗。世界上天灾、人祸、战争和疾病时刻都在发生，巡回医疗人员为救死扶伤随时准备奔赴"战场"，而下一个"战场"在哪里却无法预料。

"巡"作为动词，表示的活动范围广泛，所以很多大范围、远距离的行走活动都用"巡"来表示。既有辽阔海疆中的破浪巡弋，也有广阔蓝天上的穿云巡航。

防 fáng

防 小篆

"防"，形声字，从阜，方声。

"阜"为土山、山坡；"方"的甲骨文像耒之形，是一种起土工具。古人秉耒而耕，刺土曰推，起土曰方。"防"是起土成堆，堆至土山。古时治理水患，常采用"水来土挡"的办法。《说文·阜部》："防，堤也。"本义为堤坝。《说文》认为"方"的甲骨文为两船相并形，故"方"有并列、相并之意；"方"也为方形。所以"防"是使小土堆相并而形成方形的大土堆，以挡水患。水灾无情，需防患于未然。故"防"有防备、防范之意。"方"又为方向、方寸、方法。"防"要视具体情况，依据一定的指导方向，掌握一定的分寸尺度，按照一定的方式方法，从而达到防的目的。

《周礼·稻人》："以防止水。"意思是用堤坝阻挡水的漫延。洪水要防，外敌入侵也要防。"防"又引申为军事上乃至任何事情上的防守和防御。"攻防"可以代表全部的战斗过程。

建筑堤坝可以防止洪水的侵害，"防"又引申为防止、杜绝的意思。《国语·周语上》："防民之口，甚于防川。"意思是杜绝、禁止人们言论，比用泥土堵截洪水还要难。一旦大水冲破了堤防，后果是十分严重的，故"防"还有防备之意。成语"防不胜防"指要防的事太多，提防不过来；"防患于未然"指在事故或灾害发生之前就加以防备。

中医学和养生学讲究的是"未病先防"、"治未病"，提倡日常的养生。中国历史上有一个著名的医学故事：魏文王问名医扁鹊说："你们家兄弟三人，都精于医术，到底哪一位医术最好呢？"扁鹊回答说："大哥最好，二哥次之，我最差。"文王再问："那么为什么你最出名呢？"扁鹊答说："我大哥治病，是治病于病情发作之前。由于一般人不知道他事先能铲除病因，所以他的名气无法传出去，只有我们家里人才知道。我二哥治病，是治病于病情刚刚发作之时。一般人以为他只能治轻微的小病，所以他只在我们的村子里小有名气。而我扁鹊治病，是治病于病情严重之时。一般人看见的都是我在经脉上穿针来放血、在皮肤上敷药等大手术，所以他们以为我的医术最高明，因此名气响遍全国。"文王连连点头称道："你说得好极了。"可见，事后控制不如事中控制，事中控制不如事前控制，此正所谓"未雨绸缪"胜于"防微杜渐"。而"防微杜渐"又胜于"亡羊补牢"，只是大多数人都未能体会到这一点，等到大错铸成才寻求补救的措施。弥补得好，自然是不幸中之万幸，但更多的时候却是亡羊补牢，为时晚矣。

人类从一开始就与疾病进行着顽强的斗争。《黄帝内经》非常重视疾病的预防："是故圣人不治已病治未病，不治已乱治未乱，此之谓也。夫病已成而后药之，乱已成而后治之，譬犹渴而穿井，斗而铸锥，不亦晚乎？"葛洪在他的医著《抱朴子·内篇·地真》中也指出："至人消未起之患，治未病之疾，医之于无事之前，不追之于既逝之后。"孙思邈在全面分析致病的主客观因素后，提出"形体有可愈之疾，天地有可消之灾"的医学思想，将预防思想贯彻在整个医疗活动过程中，认为"善养性者，则治未病之病"，主张"我命在我不在天"，以主观能动的态度面对疾病。可见，做好疾病的预防工作是一个人拥有健康体魄的前提和基础。

案件

案件是对事件的法律判断。

案 àn

篆 小篆

"案",形声字,从木,安声。

"安"为安放、安置;"木"在这里可视为木制的物件。"安"在"木"上,意为"案"是安放、安置物品于其上的木制品,如几案、桌案等。《说文·木部》:"案,几属。"本义为木制的盛食物的矮脚托盘,后来泛指长形的桌子或架起来代替桌子用的长木板,如案板、书案、条案等。人在办理公事时要伏案而作,办公时的文件常置于案上,故而"案"又指提出计划、方法和建议的文件或记录,如档案、备案、议案、提案、方案等。古时官署大堂必放一桌案,官员在案后办公,处理诉讼事件,"案"由此引申出案件之意,如案卷、案牍,进而特指涉及法律问题的事件,如惨案、血案、破案、案件、案卷、案例等。

"案"的本义是案盘。把盛放着食物的碗、盆、碟等器具放在一个托盘中,与直接用手端器皿相比,不仅规矩、方便,而且稳当、卫生。从出土的文物来看,古人的食案多为方形托盘,一般下面有四只低矮的支脚。《急就篇》颜师古注云:"无足曰盘,有足曰案。所以陈举食也。"可见,有无支脚是盘子和食案的区别所在。如今,众多饭店,包括一些家庭,依然使用案盘。但现在的案盘一般都没有支脚,仅为一个木制的方形大盘,若是遇上多人参加的酒筵,一两盘就能端齐满桌的酒菜。中国的传统观念认为方形四平八稳,为稳妥之意,故"案"又特指长方形桌子,如几案、桌案、条案。用木头支起来用于切肉的砧板叫"肉案";用于放书、写字的狭长的桌子叫"书案"。"拍案而起"中的"拍案"即为拍桌子。"案"

现在依然在日常生活中广泛使用。

"案"又表示机关或团体中记事的卷宗，如备案、存案、档案等。唐朝刘禹锡《陋室铭》："无丝竹之乱耳，无案牍之劳形。"其中的"案牍"就是指官府的公事文书。"有案可查"指有文字记录可供检索。"案卷"原是古代官署分类存档的文件，一案一卷，故称案卷，今指经过分类整理以备存查的文件材料。"案"还可指提出计划、办法等的文件，如议案、方案、草案等。

件 jiàn

 小篆

"件"，会意字，从人，从牛。

"件"从人，表示与人的行为有关；"牛"是人类最早驯服的动物之一，古代常用作祭祀的牺牲。用于牺牲的牛，人们会根据身体各部分的用途将其分解为角、骨、皮、肉，用于供奉神灵。"件"以"人"在"牛"旁，表示正在对牛进行分解，而分解的每一部分称为一件。"件"的本义为分解、分开。"人"与"牛"是两个不同的个体。故用"件"引申指可一一计算的事物，作为计量某些事物的量词。《说文·人部》："件，分也。"

远古时代，人们对于自然充满敬畏，认为万物有灵，于是便藉祭祀等活动与神灵沟通，祭祀品通常使用牛羊等牲畜，名为"牺牲"。等到活动完毕，就把这些牲畜分割给各家食用，所以"件"可视为人们等候在牺牲旁边，准备分到自己的一份。"件"由解牛之意引申，泛指分开、分解的行为。这个意思只见于古书，今已不用。《北史·卢同传》："若名级相应者，即于黄素楷书大字，具件阶级数，令本曹尚书以朱印印之。""具件阶级数"的意思就是按品级、品阶分开。

古人用牛耕作，几乎家家畜养，为了加以区分，也常以一个人和一头牛作为一个劳动单位，人和牛就成为一个固定的搭配。"件"作名词，可

指文件。唐代陈子昂《安宗子科》："然臣所奏前件状者，固是陛下所悉见知。"但是臣下前边所陈上的奏折文件等，都是陛下已经全部知晓的。现在通用的词语"密件"指需要保密的文件或信件；"来件"指寄来或送来的文件或物件；"附件"一是指随同主要文件一同制定的文件，二是指随同文件发出的有关的文件或物件，三是指组成机器、器械的某些零件或部件，或指机器、器械等成品附带的零部件。

由此，"件"可以引申为论件计数的事物，如我们日常用语"邮件"、"事件"、"案件"等。"件"为分解牛，故也可以表示大的物体或者整体中的一部分，如"部件"、"零件"、"配件"、"元件"等。正因为"件"可以表示单位，由此"件"又引申为量词表示件数，比如一些工厂里有"计件工资"这一制度，就是通过计算劳动者所完成工作的数量，来计算相应的工资。当然，"件"最普遍的意思就是作量词用以表示衣服、事物等。《旧唐书·刑法志》："一状所犯十人以上，所断罪二十件以上为大。"这是用于案件数量的。宋代汪元量《湖州歌》之八："花毯褥裀三万件。"这是用来形容江南湖州物产富庶的。在日常生活中，我们也常说如"一件衣服"、"几件事情"等。

"开门七件事"比喻每天的必需开支。元代武汉臣《玉壶春》第一折："早晨起来七件事，柴，米，油，盐，酱，醋，茶。"清代艾衲居士《豆棚闲话》第十则："只想这一班，做人家的开门七件事，一毫没些抵头。"

"件"，一"人"一"牛"而已，物不多，量不大，这正如我们生活中的点滴小事，哪一件都不足以惊天动地，但对于普通人来说，一桩桩、一件件小事的总和就是平实的日子；众多的件件小事连缀起来，就构成了生活本身。如果希望自己的生活充实，那就从身边的一件件具体事情着手吧！

弹劾　弹劾是权力进行考核的权力。

弹 【彈】
dàn　tán

子　甲骨文　彈　小篆

"弹"，繁体为"彈"。形声字，从弓，單声。

甲骨文的"弹"字像弓弦之上加了一颗圆形丸粒，"弹"的本义为可以发射的弹丸。《说文·弓部》："弹，行丸也。""弓"是射箭或打弹的器械；"单"是古代的一种打猎工具，也可以用作杀敌的武器，形似弹弓。"单"又指单独、单一，与"双"相对。不论子弹还是炮弹都是从一发一发、一枚一枚地从每一个枪膛或炮筒里射出去的。"弹"有弹丸、弹头、弹药、子弹、枪弹、炮弹等。

"弹"的本义是弹丸，如铁弹、石弹、泥弹。陈旭凌《紫骝马》："角弓连两兔，珠弹落双鸿。"指射箭技术极为高超的人，能一弹二鸟。弹丸的体积很小，所以常用"弹丸之地"形容地方狭小。弹丸须要借助弹弓的力量才能发挥出它的威力，故"弹"又为弹弓，古代特指以竹为弦的弓。《战国策·赵策四》："不知夫公子王孙左挟弹，右执丸，将加己十仞之上。""左挟弹，右执丸"是指左手拿着弹弓，右手拿着弹丸。

"弹"可做动词，指用弹弓发射弹丸，也就是弹射，这时读为"tán"。《左传·宣公二年》："从台上弹人而观其避丸也。"写的是暴君晋灵公在看台上用弹弓射人，借此来观看被射人躲避弹丸的情形。"弹"由用弹弓发射引申为用手指拨弄或敲击，如弹钢琴、弹月琴、弹琵琶、弹唱等。成语"弹铗无鱼"出自《战国策·齐策四》：战国时期齐人冯谖生活没有着落，就投奔到孟尝君门下做食客，刚开始不受重视，生活待遇很差，于是"依柱弹其剑，歌曰：'长铗归来乎，食无鱼'"。现常用"弹铗无鱼"指处境窘困，有求于人。

"弹"也是枪弹、炮弹、炸弹等爆炸物的总称。原子弹是利用铀-235或钚-239等重原子核裂变反应，而瞬时释放出巨大能量的核武器，具有极大的杀伤力。美国在二战中首先研制出原子弹并用于实战，使日本的广岛和长崎两座城市毁于一"弹"。此外还有增强X射线弹、冲击波弹、核电磁脉冲弹、感生放射性弹等。如今，天下并不太平，二战以来局部战争从未间断，强权主义、霸权主义愈演愈烈，人类依旧笼罩在战争的硝烟之中，而弹之杀伤力和破坏力的不断提高，则使人们遭受到更为残酷的杀戮。无论子弹或是核弹，给人类带来的都是毁灭性的破坏。杀一个人与杀数万人一样都是残忍的，没有本质的区别。因此人类社会和大自然都不需要这种毁灭生灵的"弹"。

劾　_{hé}

劾　小篆

"劾"，形声字，从力，亥声。

"劾"的本义为定罪、审判罪人。"亥"是地支的最后一位，用以计时，是夜里九点到十一点，即一天的最后时刻，"劾"从"亥"表示"劾"是罪者的最后关头，既是结束罪恶行径之期，又是定罪审判之时；"力"表示定罪、审判由强力机构强制执行，有一定的力度。《说文·力部》："劾，法有罪也。"

"劾"又有检举揭发罪状，使罪行彰显，如弹劾、参劾。揭发他人的罪行不是一件容易的事，须要暗中做大量的调查取证工作，直到最后关头，一切都准备充足了，方才进行检举，此时也是被劾之人所行罪恶的末日，故"劾"中有"亥"。"劾"是一件花费心力、气力、体力、智力的工作，所举证的罪行和所出示的证据均须有力度，故又从"力"。

"亥"也可看作"骇"的省字，为惊骇之意。提出弹劾、罪行暴露的那一刻，当事人肯定是惊骇万分、惴惴不安的。而弹劾的行为又大都是针对权势之人。因此审理弹劾事件，一般都要顶着极大的压力。在重重压力之下审理、判决案件，通常需要一定的权力作为后盾，否则很难依法进行下去。民间传说古代著名的"包青天"包大人，之所以能够力斩很多皇亲贵族，除了他本身的职位、品行、断案能力等因素外，皇上赐予的尚方宝剑也起到了重要的作用。尚方宝剑是皇帝用的剑，常常赐予臣子，授权行事。"劾"字的造型从执法的力度以及当事人的身心反应等方面阐释了"劾"字的意义。"劾"的本义就是依法审理、判决。《吕刑》中有"有并两刑"的说法，其中"两刑"指的是鞫和劾。"鞫"为审问之意，如鞫审；"劾"则为断狱，即通过审查，决定犯人所应承受的刑罚。"劾状"指举发罪状、参劾；"弹劾"则指通过揭发身居要职或有声望的人的有关罪行，而使之受到相应制裁的行为。《后汉书·朱晖传》："晖刚于为吏，见忌于上，所在多被劾。"其中的"劾"就是弹劾之意。《新唐书·崔隐甫传》："浮屠惠范依太平公主胁人子女，隐甫劾状，反为所挤，贬邛州司马。"崔隐甫为人正直，揭发惠范依仗公主之势强抢民女的罪行，但却而遭到了贵族、官僚的排挤，被贬为邛州司马。可见，弹劾是需要勇气的，不仅如此，而且还要做好充分的可能遭受各种打击报复的思想准备。

"劾"又可做名词，指检举揭发的文书。《后汉书·范滂传》："滂者见时方艰，知意不行，因投劾去。"其中的"投"是动词，表示投交；"劾"就是投的对象，即检举揭发别人所用的文书。"劾"还可指以符咒等来制伏鬼魅的活动。干宝《搜神记》卷二："寿光侯者，汉章帝时人也，能劾百鬼众魅，令自缚见形。"引文描述了寿光侯这个人所具有的制服鬼魅的异常功能。

罢免

解除职务是对为官者业绩的判决书。

罢 【罷】
bà ba

𦋐 小篆

　　"罢"，繁体为"罷"。会意字，从罒，从能。

　　"罒"为网，古时多用于渔猎；"能"意为才能、能力。"罷"字从罒，从能，意为用网捕住有能之士，束缚其手脚，使之无法施展才华。《说文·网部》："罷，遣有罪也。从网、能，网，罪网也，言有贤能而入网，即贳（赦免）遣之。""罢"为放遣有罪的人，本义为免去、解除。

　　简化字"罢"从罒，从去。"罒"在"去"字头上，恰如帽子。古时，帽子的形状、质地、装饰物等通常代表不同的地位，不同的官职。因此官场中称帽子为"乌纱帽"；"去"为去掉、免去。"罒""去"为"罢"，既可意为去掉官帽或乌纱帽，也就是罢免、罢官、罢黜等，又可理解为去掉网，去掉了网的束缚，重新获得自由。故而"罢"有完毕、结束之意。在官场中，为官者常常拥有大量的关系网，没有了这些网则寸步难行。"去""罒"为"罢"，也可理解为争取去掉多种网，反过来为管理、制约"网"而努力。因此"罢"由被动变成主动，表示停、歇之意，如罢工、罢市、罢课。

　　"罢"还读作"ba"，为助词，都用在句末，有三种用法：其一是表示劝告、请求、期望，比如"你明天再来罢"；其二表示疑问，带有揣测的意味，如"工作还好罢"；其三表示估量，如"电影要开演了罢"。身为能者却被网，则必然怀有失望、愤恨之情，故而"罢"读"bà"时可做叹词，引申失望之意，如罢休、罢弃。"罢"表达失望、愤恨的感情时，常常叠用，用来增强语气。"罢了"一词，有时用在陈述句的末尾，有仅此而已的意味，对句子的意思起冲淡作用，常跟"不过"、"无非"、"只是"等词呼应。另外也表示容忍，有勉强放过、暂时不深究的意思。

"网"为束缚，"罢"的构字体现出能人遇困的意思。能人困于网中，失去了自由，手中的工作只能停止，所以"罢"有停歇、完毕的意思。《论语·子罕》："欲罢不能。"意为想停而停不下来。"罢兵"指停止战争；"罢手"则是停止、住手的意思。白居易《琵琶行》："曲罢曾教善才服。""曲罢"即乐曲结束。遭皇帝贬抑排斥称"罢黜"。《汉书·武帝纪赞》："孝武初立，卓然罢黜百家，表章六经。"汉武帝时，董仲舒上书提出，凡"诸不在六艺之科，孔子之术者，皆绝其道，勿使并进"，专以儒家思想统治国家，即"罢黜百家，独尊儒术"。汉武帝全盘采纳，在长安设太学，专讲儒家经典《诗》、《书》、《易》、《礼》、《春秋》等，大批儒生都做了官，使"黄老之术"遭到排斥。

"网"在"能"上，此处喻指由上而下的管理、统治、压制。古代官员被罢官，如同现在公司职员被辞退一样平常，但臣下炒皇帝，却需要很大勇气。万历皇帝在立嗣问题上一意孤行，海瑞抬着棺材上殿，跟皇帝叫板，并愤然表示：我海瑞死都不怕，这官当不当又有多大关系！

miǎn wèn

金文

"免"，会意字。

"免"的金文像人戴着丧帽俯身向死者哀悼之形。自古行丧礼，前往悼念死者的人都要先脱掉帽子然后用白布包裹发髻。"免"由此会意为去冠括发，以布缠头，"免"为丧冠，读为"wèn"，如免胄、免丧，这层意思在现代汉语中已经少用。金文"免"的字形，下面是"人"，上面像人头上戴帽之形，"免"字乃是冠冕的"冕"的本字。"免"因"冕"字去掉了头上的"冃"而表示脱掉帽子。《广雅·释诂四》："免，脱也。"所以"免"有脱掉、免去、免冠的意思，读为"miǎn"。楷书"免"字由"刀"、"口"、"儿"组成。"刀"为杀人凶器，"口"为刀口，"儿"是汉字部首之一，从"儿"的字大都与人有关。"免"表示人处于刀口上。出于本能，人要去掉头上之刀或避开刀锋，才可免除或逃避灾难，故"免"为免除、避免。

《左传·成公十六年》："见楚子必下，免胄而趋风。"（晋将郤至）见楚共王必下，脱下头盔，快步趋前，向楚共王表示恭敬。"免胄"即为脱下头盔。旧时宫廷礼仪繁杂，戴冕即是其中之一。但"冠冕"可不是随便什么人都能有的礼遇，它是身份、地位的象征，就像故宫屋脊上的神兽，什么人家，什么级别，一点都含糊不得。古时冕上的装饰物很多，戴起来沉甸甸的，有的前后还有珠帘、玉帘，戴起来就更加难受，行动也不方便。于是朝臣们一出宫打道回府、会客、休息之时都会脱掉帽子，即为"免冠"。现在，人们在办理居民身份证或护照通行证等有效证件时，均须要使用"免冠照片"，以便清楚地分辨出人的五官和发型。

脱下帽子含有使之离开身体的意思，由此引申，"免"可表示避开、逃避、离开等意。苏洵《六国论》指出了齐国灭亡的根本原因是"与嬴而不助五国也"（结交秦国而不帮助五国），因此，"五国既丧，齐亦不免"（别的五个国家都灭亡了，齐国也不能幸免），其中的"免"即为避开之意。《论语·阳货》："子生三年，然后免于父母之怀。"这里的"免"为离开之意。

"免"可单独作为一个词，表示不可、不要。如闲人免进，免开尊口等。"免"还为免除、释放、赦免。"赦免"指权力机关依法定程序减轻或免除对罪犯的刑罚。"免役"指免除某种规定的服役。被权力者下令脱去帽子，摘去乌纱帽，就是罢免、免职。刘禹锡《送熊判官》："迎风污吏免，先令疲人喜。""污吏免"即是罢免贪官污吏。

罢免权是我国法律赋予选民的重要民主权利，是选民监督制约官员的有效手段。罢免权行使受阻，就可能导致官员肆无忌惮地贪污腐败，践踏民意。目前，罢免权在我国行使远不够普遍，并且多是先由上面提议，然后按程序组织选民履行手续，真正选民联名提出的罢免案不多。造成这种现状的原因，一方面是法律本身不够完善，对于罢免权行使的规定不够明确具体；另一方面我国选民的法律意识和权利观念落后，对罢免的意义和作用认识不足。

升降   古之成大事者，能屈能伸，能上能下。

升 【昇陞】
shēng

甲骨文   金文   小篆

"升"，异体分别为"昇"、"陞"。象形字，从丿，从卄。

"升"的甲骨文像斗类容器舀起物体的样子。商器升、斗形制略同，故字形亦相近，惟升小于斗，故加小点以区别之。《说文·斗部》："升，十龠也。"本义指容器名。十升为一斗。舀起物体时，一般是从低处向高处提起来，所以"升"有上升之意。

今体"升"从丿，从卄。"丿"像汉字向左拉一撇，在汉字构造中常用以表示一种拉引器物或符号，故而可意为牵引；"卄"是两手拱举有所捧的样子，会两手捧物之意。"丿""卄"为"升"，意为两手拱举捧物，以"丿"（向上牵引）强调向上抬起的动作。"升"为向上、高起，如提升、升高。

"昇"从日，从升，意指太阳自地平线向上升起。"日"为光明、明白，为红火、兴旺。古时以"日"作为皇族或官家的代称。因此，"日""升"为"昇"，暗示着为官者希望自己能够日日高升，而老百姓也希望统治者能明鉴是非，如日之高悬。"日"高高在上，寓意地位越高，声势越显赫，威望越盛荣。"升"作向上、高起之意解时，与"昇"相通。

"陞"，从阝，从升，从土。"阝"为山坡，也可视为"阶"省，表示台阶；"升"为上升；"土"为地平面。"陞"字取人从下往上走台阶、节节高升之意，用以指升迁、升级、升任。"升"作提高之意解时，与"陞"相通。

"升"是《周易》卦象之一："升，上也。坤地巽木，木生地中，日渐而上。"坤为地，巽则象征着高大的树木，树木扎根于大地，由矮小逐渐长大长高，象征上升。因此"升"卦象征上升，做官者亨通，办事者成功，为人臣者受重用。

"升"是一种由低向高变化的状态，人要往高处走是需要攀登的，所以"升"的内在含义中有更上一步或登上高处的意思。它指人要想达到一种境界或取得不错的成绩，须要努力攀升。成语"升堂入室"源自《论语·先进》："由也，升堂矣，未入于室也。"古代的房屋结构中，堂在室的前面，室高于堂，要想入室，必先登堂，由堂到室需要经过很高的台阶，因此把登堂称为升堂。升堂比喻刚刚入门，入室则比喻更高境界。孔子认为，仲由的学问还没有达到入室的境界。"升堂入室"后比喻人的学问和技艺深得师传，造诣精深，常用来称赞在学问上或技艺上由浅入深，渐入佳境。

《诗·小雅·天佑》："如月之恒，如日之升。"愿周朝如同月亮一样永存，如同太阳一样上升。这是对自己国家发出的美好祝愿。传说汉朝的淮南王刘安，喜好寻求仙丹灵药，逢人便说："有了仙丹就可以长生不老。"他派人进山访仙，果然从仙翁手里得到了仙方。于是刘安把自己关进暗房炼仙丹，终于在八卦炉里炼出十颗仙丹。他一口气吞下五颗，没等吞完另外几颗，他已飘飘悠悠飞上天去了。剩下的仙丹被门外的鸡犬抢着吃掉。空中一阵鸡鸣狗叫，原来它们也上天成仙了。这就是"一人得道，鸡犬升天"的出处，后来比喻一人做官，全家沾光。职位有高有低，从低的职位到高的职位，也是上升的过程，因此"升"可以指职位的升迁、提升。白居易《祭卢虔文》："名因文著，位以才升。"是说卢虔因为文章写得好，所以很有名气，而职位也因其才华而节节上升。可见职位的上升，须要能力强、才华富、水平高。一个人要想得到升迁，首先应当努力提升自己的内在修为，提高自己的工作业绩，使自己具备可以升迁的基础。所以职位升迁的前提，是能力和思想的提升。同时，职位的提升也意味着责任的重大，须要承担更多的工作，付出更多的时间和精力。

有些人为了追求高官厚禄，不惜采用卑鄙、龌龊的手段。这种人也许能够获得暂时的升迁，但终究会因心术不正而升得越高，摔得越惨。还有一些人，升迁之后就不再努力，每日无所事事、尸位素餐，甚至用手中的权力作为筹码，为自己牟取私利。这些人是国家和百姓的蠹虫，终将祸及自身，自食恶果。到那时，他们的人生就很难再有上升的机会了。

降

jiàng xiáng

甲骨文　　金文　　小篆

"降"，会意兼形声字，从阜，从夅兼声。

甲骨文、金文中，"夅"和"降"是同一个字，皆从阜，从夅，形似一前一后脚尖朝下的两只脚。"降"寓意两脚从高处落到地面。《说文·阜部》："降，下也。"本义是从高处下降。"阜"为土山，表示区域范围；"夅"的本义指从高处下降。"降"从阜，从夅，强调了"降"具有区域性，有一定范围限制。又，"夅"上为"夂"，形似手提衣领，表示向上的动作；下似"牛"字，代指体积大、分量重之物。以提领之力提起"牛"一样的沉重之物非常困难，即使提起了也会因过重而落下，此从上而下的动作即为"降"。"降"是由上向下，也引申为减低、贬抑之意，如降低、降价、降职。"降"还读作"xiáng"。"牛"在"夂"下，也说明制伏了凶悍的有战斗力的对手，此为降服、投降。

古人认为，人间诸事，均是上天所降，都是天意。《诗·小雅·节南山》："昊天不惠，降此大戾。"上天实在是太不仁慈了，竟降给百姓如此大的祸乱。上天不但降雨降雪，降福降祸，还把生命赐予人间，所以婴儿出生称为"降生"。

"降"在古时又表示公主下嫁。国王位高权重，富甲天下，公主金枝玉叶，嫁人当然要门当户对。但是，公主的婚恋比起平民百姓更是身不由己，她们经常出于政治需要而嫁得不称心、不情愿，成为政治妥协的筹码或牺牲品。《书·尧典》："厘降二女于妫汭，嫔于虞。"尧帝为考察接班人舜，就把两个女儿都嫁给他，通过女儿侧面考察其德行能力，可谓聪明绝顶，用心良苦。舜接班前是草民，嫁给他表面是下嫁，好像吃了亏，实际舜早已被内定，接班做帝王只是早晚的事。到那时两个女儿都是王妃，一个失宠还有另一个，自己国丈的地位稳若磐石。尧可真算是机关算尽，一举两得了。

身份、地位、职位有高有低，由高处向低位的移动也用"降"，如降职、降级、降格、降薪。"降"从夂，为手提衣领状，寓示为人处世要时时提醒自己，处处提高，品行、素质、学识日有所进，经得住大风大浪的考验。不知进退，不懂自新，整日怨天尤人，难免雪上加霜，自甘堕落。人生际遇坎坷，沉浮升降在所难免，没有豁达的心胸、坚定的信念，何以坦然面对人生的失意、失败？

荣誉

虚荣得不到功名，功名不需要虚荣。

荣 【榮】
róng

两 金文　黹 小篆

"荣"，繁体为"榮"。金文为象形字。

"荣"的金文字形有如两枝交叉的枝桠上开满了花朵，本义当为花朵。今"荣"从木，从荧省。"木"为草木，具有顽强的生命力；"荧"字意指明亮、艳丽。"荣"表示草木之花盛开如火，有繁荣、昌盛之意，如欣欣向荣、繁荣。并由此引申表示显贵之意，如一荣俱荣。又用以表示光荣、荣誉、荣耀。《说文·木部》："榮，桐木也。"认为其本义为"梧桐树"。

"荣"又从艸，从冖，从木。"艸"为草本植物，郁郁葱葱的长于地面；"冖"为覆盖；"木"于下，表示植物的根基：草下根基稳固，自然郁郁葱葱地覆盖着地面，繁荣似锦。"冖"为"冥"字头，指冥冥之中，不可预知：人生的盛衰就像草木的荣枯一样，难以逆料，无法掌控。

《尔雅·释草》："木谓之华，草谓之荣，不荣而实者谓之秀，荣而不实者谓之英。""荣"由草本植物的花引申为花的通称。此句解释了"华"、"荣"、"秀"、"英"的区别。《楚辞·橘颂》："绿叶素荣，纷其可喜兮。"橘子的叶子青青的，开着白花，纷然茂盛，确实可喜啊。草木长得繁茂才能开出娇艳的花朵，故"荣"有繁荣、盛多的意思。陶渊明《归去来辞》："木欣欣以向荣，泉涓涓而始流。"草木繁茂的花就多，结的果实就很多，果实又长小苗，又开花，越来越繁盛。而一个家族在财势上的繁盛就会使其荣显、富贵。故"荣"引申为荣显、富贵。《红楼梦》第四回："四家皆联络有亲，一损俱损，一荣俱荣。""荣华富贵"指人兴盛显达，财多位尊。草木之花开得再灿烂，也有凋落的时候。一个人再荣华富贵，声名赫赫，死后也无法带走。所以对地位、金钱、虚名这些身外物毋须太在意，也不必过于计较得失。

"榮"字上面的两个"火"，不仅指草木花开得繁荣，亦比喻人的生活过得红红火火。故"荣"有光荣、美誉、荣耀之意，与"辱"相对。《吕氏春秋》："人之情……欲荣而恶辱。"追求荣耀、讲究荣誉、不愿受辱是人们普遍的心态。光荣地获得为"荣获"；光荣地接受或承当为"荣任"、"荣膺"；光荣地归来为"荣归"。《淮南子·修务》："死有遗业，生有荣名。""了却君王天下事，赢得身前身后名"留下的是美名、芳名；"人自宋后羞名桧，我到墓前愧姓秦"留下的是恶名、骂名。死后能否留下荣名，全看你在活着的时候都做过了什么。当然，绝大多数人都是在默默无闻中终其一生，死后也寂寂无名。但他们在平凡的岗位奉献一生，虽做不成轰轰烈烈的大事，但只要无愧于自己、无愧于他人、无愧于国家，也就应该感到欣慰，感到光荣。

荣誉感指个人或团体的自尊心、名誉感、光荣感、好胜心、自我优越感等，是使人积极向上、取得成功的强大动力，表现为每个人都希望自己或所属的团体比其他人或其他团体更先进、更优秀，更能受到认同、称赞、奖赏、仰慕等。荣誉感是人类向往真善美的普遍社会心理，有了荣誉感就能自觉遵守社会道德秩序和法律，更加奋发有为。但是，荣誉常与财富、名声、地位、鲜花和掌声等光环效应联系在一起，从而引得很多人为了表面风光而不顾一切，不择手段，结果不但得不到荣誉，反而身败名裂，甚至锒铛入狱。这样的荣其实是虚荣，即使得到也一文不值。

誉 【譽】
yù

小篆

"誉"，繁体为"譽"。形声字，从言，與声。

"與"即"与"，为给予、赠予；"言"为语言、言辞、言行。"譽"是通过语言或某种举动、行为给予他人赞美。《说文·言部》："誉，称也"。本义为称赞、赞美。

简化字"誉"从兴，从言。"兴"为高兴、喜悦。故"誉"是使人高兴、喜悦的语言，即赞美之辞。"言"于"誉"下，寓意赞誉他人要实事求是，不可夸大其词；受到赞誉的人要保持低调，不可出言傲慢。而"兴"又可视作"举"的省字。"举"意为抬高、举高，即抬举。"誉"从举省，从言，可理解为抬举的语言，也就是用语言抬高别人，此为"誉"。故"誉"也有假者，如"沽名钓誉"。《庄子·盗跖》："好面誉人者，亦好背而毁之。"喜欢当面说人好话的人，也喜欢在背后诽谤人。赞美也是一种荣誉，所以"誉"可引申为荣誉、名声。《墨子·修身》："誉不可巧而立也。"虚浮不实和伪诈作假与真正的荣誉无缘，只有赢得大家的认可和敬重，才能得到赞美，赢得好名声。荣誉有时并不需要惊人的事迹，而是在于事情本身的意义。秦始皇统一中国，功不可没，却因残酷暴戾而骂名千古；孔融四岁让梨，事不足奇，却因年少知礼而流芳百世。

"誉"中之"與"意为参与、一起。荣誉往往不是单枪匹马的战果，而是集体智慧的结晶。一个人或一项事业取得成功，离不开众多人员的协助、铺垫、支持、栽培。《管子·禁藏》："誉不虚出，而患不独生。"荣誉美名不会凭空出现，祸患也不会偶然产生。要想获得荣誉，必须踏踏实实做人，勤勤恳恳做事。

不要为了获得荣誉、赞誉而做事，功利目的太强，往往得不偿失。"兴"是一种快乐的情绪，获得荣誉谁都会欢喜，但也要注意心态平和，戒骄戒躁，避免乐极生悲。"好汉不提当年勇"。过去的荣誉不应该成为吹嘘的资本，而是应该成为前进的阶梯。一个人赢得他人的信任靠的是名誉，一个企业在市场上立稳脚跟凭的是信誉。良好的信誉是企业的一面金字招牌，可以让企业在竞争中取得事半功倍的效果。违约欺诈、假冒伪劣、逃债抵赖者，终会名誉扫地，也要为自己的行为买单。相反，以义取利，诚信不欺，公平竞争，合法经营，则会降低交易成本，提高企业信度，促进企业发展。

提携

用人不疑，疑人照用。

提 ^{tí}

提 小篆

"提"，形声字，从手，是声。

"手"表示行为动作；"是"的本义为正、不偏斜，表示肯定，有一定的针对性。"手""是"为"提"，强调了是手的动作，物体被提起时垂直于地面不倾斜。《说文·手部》："提，挈也。"段玉裁注："挈者，悬持也。""提"的本义为悬持、拎，引申指向上或向前引领，后也指说起、举出。"提"也特指将犯人从关押之处带出来，如"提审"。"提"也表示取出之意，如"提取"、"提货"。"提"又引申指舀取油、酒等液体的一种用具，如油提、酒提。

"提"的本义即拎起。"提纲挈领"指抓住网的总绳，提住衣的领子，比喻抓住要领，简明扼要。《韩非子·外储说右下》："善张网者引其纲，不一一摄万目而后得。"能"提"的东西，必然有一个着手的地方，如柄、把儿之类。《国语·越语下》："范蠡乃左提鼓，右援枹，以应使者。"越国大夫范蠡于是左手提着战鼓，右手拉起衣服下摆，前去迎接使者。"鼓"是打击乐器，一般在鼓身上都有一对金属耳，用来穿绳索提起。俗语"哪壶不开提哪壶"，本义是说水没有烧开，却把水壶提离火炉，后比喻说话、写文章专挑人隐私，揭露人家愧恨之事。"提"引申指说起、指出、举出。"钩玄提要"指探取精微，摘出纲要。"钩"为探索；"玄"指精微之处；"提"为举出；"要"指纲要。唐代韩愈《进学解》："记事者必提其要，纂言者必钩其玄。"元代关汉卿《窦娥冤》："三桩儿誓愿明提遍。"把三桩誓言挨个儿说到。词语"提及"、"提名道姓"皆是说内容涉及到，有牵扯、关联之意。"提"还指心里记挂、牵挂某事，如"提心吊胆"形容顾虑很多。劝人"提得起，放得下"是说心胸要开阔。

"按提"为书法术语，指写字运笔中起落的动作。"按"是笔往下顿；"提"是笔向上拎，行笔有按提动作，就能保持笔锋居中。清代刘熙载《艺概·书概》："凡书要笔笔按，笔笔提。辨按尤当于起笔处，辨提尤当于止笔处。"

"提"从手，提物也就是执物。审讯犯人也叫提审，是一种强迫行为。"耳提面命"意思是不仅是当面告诉他，而且是提着他的耳朵向他讲，形容长辈教导热心恳切。《诗·大雅·抑》："匪面命之，言提其耳。"上级对下级进行领导、指挥时也说是"提"。《三国演义》第六十四回："玄德自提一军攻打西门。"刘备自己率领一路军队攻打西边的城门。

"提"本义是指将物拎起，引申为扶持、举拔之意。唐代元结《去乡悲》："日行见孤老，羸弱相提将。"其中"提"意为互相扶持。"左挈右提"比喻共相扶持与辅佐。明代朱鼎《玉镜台记·石勒报败》："将勇兵强，华夷慑服；左挈右提，东征西伐。"当"举拔"之意时，多指部门机构中举荐、选拔人才。"提引"意为提拔；"提奖"指提拔奖励。古代军队中有官名提督，明清时多为一省之最高武官，掌管督察。明朝时在全国各行省设承宣布政使司、提刑按察使司、都指挥使司三司，其中提刑按察使司负责司法之事。

"提辖"是宋代一路或一州所置的武官"提辖兵甲盗贼公事"的简称，主管本区军队训练，督捕盗贼等职务。南宋时，掌茶、盐、香、矾等专卖的榷货务都茶场，掌采办宫廷、官府杂物的杂买务杂卖场，掌制造供应宫廷用的珍巧器物的文思院，储藏金银钱帛的左藏库，也均设提辖官掌管，合称四提辖。"提学"为官名，宋代在各路设提举学事司，管理所属州县学校和教育行政，简称提学。金代有"提举学校官"，元代有"儒学提举司"，都属同一性质。明初设"儒学提举司"，后设提督学政。两京以御史、十三布政司以按察司佥事充任，称为"提学道"。清初相沿，各省多设督学道，雍正四年改称"提督学院"，长官称"提督某省学政"，简称学政。清末改设提学史。

口语中"提"还意为把预定的时间、期限向前推移，如"提前到达目的地"。"提"作围棋术语，指将对手的棋子困至无气并从棋盘取走。"提"还是书法术语，是隐笔法的一种，或是现代汉字笔形之一，同"挑"。

"阐提"为佛教语，是"一阐提"的略称，指不能成佛之极恶众生。"大悲阐提"则是对誓愿度尽一切众生，而终使自己无法成佛的大菩萨而言。为法相宗所立。阐提有二，其一为断善根阐提，其二为菩萨阐提。大悲阐提即法相宗据菩萨阐提所立，又称有性阐提。大悲菩萨发大悲心，誓愿度尽一切众生始成佛，但因众生无量无边，无性有情毕竟不能成佛，故为愿力所拘碍，终致失去成佛之时机而永止于因位，因此称为阐提。

携 【攜擕】
xié

携 小篆

"携"，本字为"攜"，也可为"擕"。形声字，从手，隽声。

"携"从"手"表明与行为动作有关；"隽"（雋）的本义为鸟肉肥美，味道好。"手""隽"为"携"，可理解为手持味美的鸟肉。《说文·手部》："携，提也。""携"本义为提着。引申指拿着、带着、持着，如携手、携带、携将。"隽"又指俊才，有才能之士，通"儁"；也写作"俊"，从"手"，表示提拔可用之才。异体字"攜"从"手"，从"巂"。"巂"为鸟名，即子规。"攜"字意为手提鸟儿，突出了"携"的本义。

《诗·大雅·板》："如璋如圭，如取如携。"比喻诱导下民很容易。王维《偶然作六首》："白衣携壶觞，果来遗老叟。"此处"携壶"就是提着酒壶。"携带"含有提挈、照顾的意味，携带对象如果是人，主要指妻子儿女，老少家眷。"携酒牵羊"通常是古代君王派人犒劳有功将士的情景，下一步当然就是杀羊煮肉，开怀畅饮。

"携"由提引申为携带，如携款外逃。《公羊传·襄公二十七年》："携其妻子。"携带着他的妻子和儿子。《战国策·齐策四》："扶老携幼，迎君道中。"冯谖替孟尝君去收账，结果自作主张，用真财实物买回了摸不着、看不到的"义"，惹得主人很不高兴。后来，孟尝君遭贬回到自己的封地，看到受他恩惠的百姓都搀着老人，领着小孩，在薛地的路上欢迎自己，才醒悟冯谖当初为自己买"义"，真是见识高明，富有远见。陶渊明《归去来兮辞》："携幼入室，有酒盈樽。"明代刘基《诚意伯刘文成公文集》："携童几数人。"春光明媚，带童子寻访好友，踏青游玩，兴之所至，心有所感，则吟诗作文，饮酒赏析，从中可见古代知识分子们的生活情调和趣味追求。孔尚任《桃花扇》："闲携杖，漫出门，官槐满路叶纷纷。"闲来无事带上手杖，漫步出门，满路落满了槐树叶，空中正纷纷飘着树叶。

《庄子·让王》："于是夫负妻戴，携子以入于海，终身不反也。"这是石户之农不愿接受禅让的故事：舜把天下禅让给许由、子州支父、善卷，但他们都不愿接受。舜只好把天下让给一个朋友，这位石户的农夫说："君的为人实在是尽心尽力了，真是个勤苦劳累的人！"但他认为舜的德行还未能达到最高的境界，于是夫妻二人背的背、扛的扛，带着子女逃到海上的荒岛，终身不再返回。"携带"有随身带着，寸步不离的意味。如"携带家口"，有老有小，有男有女，都是自己的至亲至爱，需要周到照料，无论面临怎样的困难和危险，都不可弃家独存，这样的拖累，相对孤苦伶仃、举目无亲的漂泊者，仍然是一种莫大的欣慰和幸福。"携带行李"就是随身带着行李。古人远行走到哪里都要携带行李，哪怕是薄薄的一卷，缺铺少盖没枕头，但毕竟可以藉此露宿休息。《西游记》中取经四人的行李片刻不离，有时被妖怪抢走，还要不辞辛苦地讨要，反映出古代出行时铺盖卷的重要。如今，生活在大都市里的人们无论走到哪里，只要随身携带腰包或存折、银行卡就会万事齐备，高枕无忧。"携贰"做书面语，指有二心；"携行"指携带上同行，也就是领上一起走。成语"携老扶弱"类同"扶老携幼"，是古今中外通用的美德，与之截然不同的做法则是凌强欺弱。"携男挈女"即拖男带女，意寓十分拖累，行动极不自由方便。

"携"又表示牵手、挽臂或拉手。如《淮南子·览冥》："相携于道。"相互挽着站在路旁。又如《诗·邶风·北风》："惠而好我，携手同行。"和我志同道合的人一同手拉着手同行。清末革命党人林觉民的《与妻书》

中有："吾与汝并肩携手。"并肩携手，比翼齐飞，风雨同舟，患难与共，这是世上多少情侣伉俪的美好向往。然而，有情人难成眷属，命运多舛，飞来横祸都会无情地把他们拆散，无法平安地厮守一生。"携抱"即牵挽扶抱；"携率"就是率领；"携负"就是牵背；"携手"就是手拉手；"携手接武"就是手拉着手，脚步跟着脚步，比喻跟在别人后面亦步亦趋地学。

古汉语中"携"也指叛离。丘迟《与陈伯之书》："部落携离，酋豪猜贰。"许多部落要脱离北魏的统治，酋长之间相互猜疑，各怀二心。上文的"携"也指离心，这里的"携"则是背叛。如《左传·僖公七年》："招携以礼，怀远以德。"《左传·僖公二十八年》："不如私许复曹，卫以携之。"

尽忠 能为国家尽忠是最有价值的死亡形式。

尽【盡】
jìn jǐn

 甲骨文　 金文　盡 小篆

"尽",繁体为"盡"。会意字,从聿,从灬,从皿。

"尽"的甲骨文像手持炊帚洗涤食物器皿形,表示进食完毕。篆文变成手持棍在器皿中拨火形,表示灰烬。"聿"的甲骨文似手持物形,为"笔"的省字,古时笔大都由竹木制成,为易燃物;"灬"为火;"皿"为盛器。"盡"意指在器皿中燃烧笔或书成灰烬,强调完、竭之意,如尽头、无穷无尽。《说文·皿部》:"盡,器中空也。"本义指器物中空无一物。"尽"还有一音,读为"jǐn"。有尽量、尽可能之意。"尽"是从书法的草书简化而来的。

"尽"的繁体下面是器皿的"皿"字。不管多大的器皿,所容纳的东西都是有限的。人在做某件事情的时候,能力也是有限的,只能把事情做到能力范围内的程度。所以人们做事只能尽量、尽其所能。只要尽力做了,即使达不到目的,也要坦然处之。为人处世很少能尽善尽美,重要的是问心无愧。

"尽"的本义表示枯竭、完毕、没有。没有钱叫"床头金尽",没有才叫"江郎才尽",没有力气叫"筋疲力尽",没有出路叫"山穷水尽"。这里的"才"都表示没有、完结的意思。

宇宙无穷无尽,而人的生命却很短暂。人死了,生命就到了尽头,因而"尽"也可表示死亡。《聊斋志异》:"转侧床头,惟思自尽。""尽其天年"是说过完了人间的岁月,比喻人的正常死亡;"尽节"指为保全节操而牺牲生命。南宋灭亡,文天祥被元朝俘获。元朝统治者威逼利诱对其劝

降，文天祥不为所动，最终尽节，留下了"人生自古谁无死，留取丹心照汗青"的千古名句。

"尽"有终点、末端、到了尽头的意思，表示的是一种极端的现象。所以一种东西少到极限，或者是达到了最大限度，都可以用"尽"表示。"尽忠报国"指尽心竭力，不惜牺牲一切报效国家；"尽心知性"是一种反省内心的认识和道德修养方法；"鞠躬尽瘁"指尽心尽力，全身心投入；"尽力而为"指使出自己的最大力量；"尽其所能"指把所有本事都用上。尽情、尽心、尽职尽责等表示的都是最大限度地去做某事。

个人的能力虽然有限，但有些事情仍须要尽最大的努力去做。如对祖国尽忠，对父母尽孝，对子女尽责，对朋友尽心，对家人尽情，对工作尽职，办事情尽力……只要尽了最大的努力，终有一天会有收获、有回报。

忠 zhōng

金文　小篆

"忠"，形声字，从心，中声。

"中"为中正、不偏不倚。"心"为内心、心理，小篆"忠"从"心"表示与人的心理、情绪有关。"忠"是中正不偏之心，是待人厚道，处事公正，赤诚无私，诚心相待。一"中"一"心"为"忠"，是一个中心，立心中正，中心不二。若有两个中心，就会复杂、麻烦，所以两"中"一"心"为"患"。"中"于"心"上，以示"忠"自心起，不谋私利，顾全大局。《说文·心部》："忠，敬也。"本义为严肃认真、尽心尽力。"忠"是忠心、忠厚、忠实、忠诚、忠心耿耿。

"忠"是规范人际关系的行为准则。其具体要求是诚而不欺，与人为善，先人后己。如《增韵》训"忠"为"内尽其心而不欺"。孔子在回答樊迟问"仁"时，说"居处恭，执事敬，与人忠"（《论语·子路》）。"忠"是尽心与尽力，是内心情感与外在行为的统一。孔子把"忠"当成做人的重要原则，其得意门生曾子每天自我反省，检查为人家办事是否忠诚不二，从而受到孔子赞赏和推崇。在此基础上，"忠"又引申出另外两个意思：一为厚。如忠厚、忠实、忠诚等。《史记·高祖本纪》："夏之政忠。"夏朝的政令过于厚道，因而导致小人放纵。二为恕。如忠恕、忠恕之道等。《国语·周语上》："考中度衷，忠也。"考量并理解别人的心理，就是宽恕。

"忠"由"中""心"组成，就是将"心"放在正中，不偏不倚，不左不右。"忠"是中国传统道德中一个十分重要的准则，其内涵有一个衍变的过程。最初，"中"指氏族社会里用以集众的徽帜，部族首领在徽帜所立之处发号施令。后"中"引申为中央之意，又进一步引申为氏族成员对居于"中"之地位的军事首领的服从。在以德服人的上古时期，首领在处理事务时还要做到不偏不倚，中正无私，要设"中"于人心。于是"忠"便成为规范君主的政治道德。先秦典籍中谈到"忠"，不少地方都与利公、利民相联系。如《左传·桓公六年》中有"所谓道，忠于民而信于神也"、"上思利民，忠也"之语。大意是统治者为政，以民为本，恭行仁义，取信于民，为民造福，就是"忠"。又如《左传·僖公九年》："公家之利，知无不为，忠也。"意思是"忠"就是君主勤恳无私的工作态度。只要对国家有利，就尽心竭力去落实，这种行为就叫做忠。但是，随着宗法制的崩溃，又经荀子、韩非子的论证，"忠"便成为臣事君的政治道德信条，并在古代的政治道德规范中占主导地位。

现代社会，"忠"被赋予了新的时代涵义。"国家兴亡，匹夫有责"、"忠于祖国"、"忠于人民"是社会公德，"忠于职守"是职业道德，"忠于家庭"是家庭道德，"待人以忠"是人际准则。"忠"字包含了更多的理性化和民主化的内涵。

城府

被人利用时不要沮丧，这至少说明你还有价值。

城 chéng

成 金文　城 小篆

"城"，会意字，从土，从成，成亦声。

"城"的金文左边为城墙之形，为"郭"的本小篆字，表示城墙之意；右边为"成"，甲骨文是兵器的象形，借指守护、保卫。《墨子·七患》："城者，可以自守也。"本义指古代都邑四周用作防御的高墙，如长城、城墙、城楼、城郭。

今体"城"从土，从成。从"土"意为"城"是由土石作为主要建筑材料；从"成"表示"城"是由卫兵持戈护卫的地方，即城池、城堡、城邑。《说文·土部》："城，以盛民也。""城"是百姓生活居住的地方。"土"有土地之意，表示一定的区域范围；"成"为完成、成功、成立，表示达到，"城"由土、石等材料建筑而成，并占有一定区域范围。

可将"土"释为主要的建筑材料，"成"又是古代土地区划名，指十里见方之地，《周礼·考工记·匠人》："方十里为成。""城"是拥有各种建筑的一个完整的区域范围。故"城"表示城市、城镇、都城。"成"古又通"盛"，意为盛多，表示城中人口密集经济繁荣，安居乐业，生机盎然，是被治理得物阜民丰的土地。

旧时都邑四周都筑有用于防御的高墙，一般分为两重，里面的叫"城"，外面的叫"郭"。《礼记·礼运》："城郭池以为固。"意思是说修筑城郭和护城河来巩固防守。《谷梁传·隐公七年》："城为保民为之也。"可见"城"是为保护百姓安居乐业而修筑的。为起到防御外敌的作用，城墙的墙体必须要有一定的高度和厚度，而且通常还要在城墙周围挖一条护城河，为的是将敌军与城墙隔绝开来，起到多重的御敌作用。

《墨子·七患》云："城者，可以自守也。"我国举世闻名的万里长城就是以防御为目的而修建的。战国时期，各国为了相互防御，在地势险要的地方利用自然条件而修筑长城。秦朝统一六国后，为抵御匈奴的入侵，在各国原有长城的基础上又重新修筑。今天，长城是我国最具有代表性的建筑之一。它蜿蜒曲折的态势，总能让游人想象当时金戈铁马、烽烟四起、人声鼎沸、马声嘶鸣的战争场景。

城市是伴随着历史发展而演变的。上古时期，先民们摆脱了穴处树居的生活之后，为了防范野兽和其他部落的侵袭，就在居住地周围挖壕沟，并将挖出的土堆积在壕沟内侧形成防护墙。后来，随着黄土夯捣版筑技术的发展，墙体逐渐成为比壕沟更重要的防御建筑，这便是后来城墙的雏形。早期城墙仅仅为了防御，城墙内没有用于商品交换的"市"，"市"是在城外进行的。随着生产力水平的提高，春秋战国时期，统治者不断扩大城的范围，并将"市"移居城内，使之成为权力和财富的中心。此外，统治者出于自身安全的考虑，还把城分为"城"和"郭"内外两重。王室居住在内城，平民与百工居住在外城，即《古今注》中所说的"筑城以卫君，造郭以守民"。随着城市的发展，城市逐渐成为国家或地区的政治、经济和文化中心。这从宋代《清明上河图》中店铺林立、商业繁荣、人头攒动的热闹场面便可见一斑。

朱元璋深晓"非深沟高垒，内储好备，不能为安"的道理，于是采纳儒生朱升"高筑墙、广积粮、缓称王"的建议，动用百万余民工，历时28年，修建起举世无双的南京金陵古城。

南京城墙采用夯土筑城外加砖石包砌技术，共有13座城门、两座水关，设有宫城、皇城、京城、外廓四重城垣，这座城池不论形制还是建造技巧都无出其右者。随着社会的变化，而今很多城墙出于城市规划的需要被拆除，剩下为数不多的几座城墙现已成为人们游览的场所，退出了护城卫国的历史舞台。

现代社会之城市，相对于农村而言，拥有更发达的经济、更集中的人口、更便利的交通、更便捷的信息、更先进的管理、更多样的人才。目前我国城市化进程日益加快，城市资源的丰富和经济的快速发展，使原有的地域范围无法满足人们的需要。现在，城市发展正以飞快的速度向农村进军。

府 ^{fǔ}

 金文　　小篆

"府"，形声字，从广，付声。

"府"从广，甲骨文的"广"是屋宇的象形，说明"府"与房屋、处所有关；"付"为交出、给予。"付"在"广"内为"府"，意为收纳所交出财物之所。

《说文·广部》："府，文书藏也。"本义为府库、府藏，是古时国家收藏文书或财物的地方。如国家的府库为"府室"；官署储藏财物、兵甲的仓库为"府库"；府库中的财物为"府实"；府库的钱财为"府钱"等。后引申为官署，是旧时官吏办理公事的地方。"府"在唐朝至清朝是比县高一级、比省低一级的行政区划。今与"政"组合为"政府"，指国家权力的执行机关，即国家行政机关。

段玉裁《说文解字注》："府，引申为府吏胥徒之府。"汉至南北朝时期，官府多指高级官员及诸王治事之所。官府中住的是达官贵人，所以"府"引申为地方行政长官或达官贵人的官邸。后用"府"表示敬意，如称对方的家为"府上"，到他人的家里去拜访、请教一些问题称之为"造府请教"。

"府"作为行政区划，所辖地区的大小各朝不尽相同，但一般均在县以上，如常德府、开封府等。诸葛亮《出师表》："宫中府中，俱为一体，陟罚臧否，不宜异同。"宫廷和丞相府是一个整体，提升和处罚、表扬和批评不应该有所差异。

古代社会，官府专权，无所不能，集各种权力于一身，一个地方的官员就是当地的土皇帝。无论是刑事案件还是民事案件都由地方官员进行审

判、管理，他们自然可以毫无顾忌地在自己所管辖的地域内作威作福。那时对地方官府的限制基本上就是地域范围上的限制，而没有其他。

"府"从现代意义上说是"政府"。首先，"府"从广，从付。"广"为广大，可引申为百姓、民众，"付"为付出、出力、办事。"广""付"为"府"，意为政府要为广大百姓服务，为广大百姓出力，而不能是搜刮民脂民膏。"广""付"为"府"，寓意政府管辖范围内的广大百姓也要服从政府的领导，体谅政府的困难，并付出自己的劳动，减轻政府的负担。也就是说，政府和百姓之间要互相负责，形成良好互动：政府要以民为本，为民谋利，顺民意，安民心，对推举自己执政的百姓负责；百姓要信赖政府，拥护政府，监督政府，并群策群力为政府的管理献计献策，对自己推举的官员和政府负责。总之，政府既受百姓的拥护，又要受百姓的监督；百姓既享受政府的服务，又要服从政府的领导。

其次，"府"中之"广"内有"人"。"广"为房屋，为政府机关；"人"做偏旁，俗称"单立人"。意为政府机关内工作的每个官员要立在自己的位置上，各司其职，各负其责，做到为官一任，造福一方。"府"中之"广"内有"寸"。"寸"为手，为度，为心。意为府内官员心里要明白自己手中的权力是有限的，绝不能滥用职权，越权办事；同时也要用好百姓交给自己的权力，不能玩忽职守，不能只拿工资不办实事；要用"心"去为百姓办实事，心为百姓想，心系百姓事；要把握好"度"，成绩不浮夸，问题不隐瞒，提高透明度，用好手中权，当一个百姓信得过的"府"内合格的好管家。反之，如果政府的权力无限膨胀，就会无视法律，践踏民权，鱼肉百姓。因此"府"字从广，意为任何政府的权力都是有限度的，必须对其权力范围、职能大小进行严格的约束，对政府的权力进行必要的制衡。

再次，"府"内从人，从寸。意为政府内的每个官员都有各自的职责、分工和权力。每个官员的一言一行都是政府形象的窗口，其政治素质、思想品质、业务水平都反映整个政府的执政能力和理念。所以，要保持政府在百姓心中的良好形象，必须管理好、教育好、培养好每个官员，使他们愿意付出自己的寸心，去为百姓办实事、做好事，从而使自己成为心系百姓酸甜苦辣的公仆，使政府成为百姓的贴心政府。一颗老鼠屎，能坏一锅汤。少数政府官员腐化堕落，昏庸无能，损害了政府在百姓心中的形象，动摇了政府在百姓心目中的地位，影响了百姓对政府的信任。所以，对政府内部的不法分子，应该严惩不贷，否则会养痈成患，祸国殃民。

政府的高级官员位高权重，身系国计民生。因此高级官员要具备纵观古今成败得失之眼光，顺应世界风云变化之胸怀，谋国家安定与发展之智慧，促社会进步与民生改善之手段。若能如此，实为百姓之幸，国家之幸。

巩固

巩固的手段是选题，但目的却是填空题。

巩 【鞏】
gǒng

 金文　（巩）小篆　　（鞏）小篆

　　"巩"，繁体为"鞏"。汉字简化前，"巩"与"鞏"的意义并不相同。

　　"鞏"为形声字，从革，巩声。"革"为兽皮、皮革；"巩"有环抱之意。"鞏"的字形为以皮革捆束物品使之牢固，引申有使牢固、巩固之意。《说文·革部》："鞏，以韦束也。"

　　简化字"巩"从凡，工声。"凡"为总括之辞，表示事物众多；"工"为工整，也有规矩、规范之意。"巩"即总括众多事物，使其按照一定的规矩、规范构成为一个整体，亦是捆束、巩固之意。

　　《易》："巩用黄牛之革。"巩又指束物的皮带。明代沈璟《双珠记·术士玄谋》："救灾危如去巩。"救人的灾危就像去掉绑束事物的皮带一样及时。

　　"巩"由捆束之意引申为牢固。《尔雅·释诂上》："巩，固也。"《诗·大雅·瞻卬》："藐藐昊天，莫不克巩。"毛传："巩，固也。"宋代吴文英《宴清都·寿荣王夫人》："南山寿石，东周宝鼎，千秋巩固。"如同南山的寿石和东周的宝鼎一样牢固，千年不变。清代查继佐《罪惟录·外志·宣德逸纪》："练兵以备，亦足巩其门户。"练兵以防备敌人，也足以使国防巩固。绑束物体是一种劳动，因此"巩"还有勤劳的引申义。东汉班固《典引》："荣镜宇宙，尊亡与亢，乃始虔巩劳谦，兢兢业业。"蔡邕注："巩亦劳也。"

　　"巩"还有烘焙之意。《方言》卷七："巩，火干也。凡有汁而干谓之煎，东齐谓之巩。"将有汁液的东西烘干叫煎，东齐叫巩。

"巩"是春秋时国名，故地在今河南省巩县境。《古今韵会举要·肿韵》："巩，伯国。"《左传·昭公二十六年》："晋师克巩。"

"巩"也是地名。周朝有巩伯的食邑，秦置巩县，汉属河南郡，治所在今河南省巩县境。《尚书·禹贡》："东北入于河"《孔安国传》："合于巩之东。"陆德明释文："巩，县名。属河南郡。""巩"也是州名。唐仪凤二年（公元 677 年）置，治所在今四川省珙县南。清代顾祖禹《读史方舆纪要·四川·叙州府》："巩、萨等十州族姓俱效顺。"宋时改渭州置巩州。治所在陇西县，辖境相当今甘肃省陇西、通渭、漳县、武山、定西等地。《古今韵会举要·肿韵》："巩，州名。唐渭州，宋改巩州。"

"巩"也是姓。《通志·氏族略·以邑为氏》："周卿士巩简公，甸内侯也。晋有巩朔，汉有侍中巩攸，宋朝巩申为光禄卿。望出山阳。"

"巩"与"栱"通假，指建筑物立柱与横梁之间成弓形的承重结构。《里语徵实》卷上："石桥曰巩。"《徐霞客游记·滇游日记十一》："瓦砌巩门，跨度脊上。"

"巩"也与"恐"通假，是恐惧之意。《荀子·君道》："故君子恭而不难，敬而不巩。"所以君子恭让而不畏难，礼敬而不恐惧。清代王引之《经义述闻·大戴礼记·曾子立事》："恭敬太过，则近于恐惧。……巩，《方言》作蛩，云：'蛩供，战栗也。荆、吴曰蛩供。蛩供，又恐也。'蛩，郭璞音巩，巩与蛩声义同，又与恐声相近也。"

固 gù

金文　　小篆

"固"，形声字，从囗，古声。

"囗"为四合之形，像四面城墙；"古"为久远、古老，是时间长。"固"的字形为可历久的城墙，经得起长时间的考验，四面闭塞，牢不可破。《说文·囗部》："固，四塞也。""四塞"即四面都有防备。"固"的本义为坚、坚固。

将"固"看作从"囗",从"十",从"口"。"十"表示多,完备;"口"表示出入口。三者为"固",意为所有的出入口皆被堵塞以防敌人入侵。"口"也可认为是洞、陷阱。三者为"固",则可理解为为防外患而在四面八方都设下陷阱。将"囗"看作一张大"口",大口内是十个小口。因此,"固"的字形又像是告诉人们,十张小口打不开一张大口,以示其坚固、牢不可破。

将"固"视为从"囗",从"古"。"囗"为口腹,"古"为古代的典章、文献、道统,又为古板。"固"为"古"在"囗"中,指食古不化、老顽固,意为愚陋、固执。

《论语·季氏》中有:"今夫颛臾,固而近于费。""颛臾"和"费"均为地名。这句话的意思是说,现在的颛臾,城市坚固、地势险要,而且距离费又很近,已对费构成威胁。其中,"固"使用的是本义。城池坚固难攻,居住其中的百姓就可免于战乱之苦,自然安居乐业,过着安定的生活。所以,"固"由本义引申,又有安定之意,可指安定人心。西汉司马迁《史记·留侯世家》:"良因说汉王曰:'王何不烧绝所过栈道,示天下无还心,以固项王意?'""良"即张良,是刘邦的谋臣。当时,刘邦与项羽相比,实力远逊于项羽。为了保住自己的实力,以求日后大展宏图,必须忍得一时之气。这里就是张良劝说刘邦把走过的栈道都烧毁,向天下人表示自己再无回来之心,使项羽安心,不再对自己有所猜忌和防范。

生活安定,心安了,做起事情来才能专心致志。所以,"固"又可引申表示专一、坚定等意。《韩非子·五蠹》:"法莫如一而固,使民知之。"国家的法律,一定要统一而稳定,这样人民才会相信并按照法律的规定去做。这里的"固",就是坚定,不随便起变化的意思。所谓"王子犯法与庶民同罪",就是为了保证法律制度的实施而硬性规定的。

反过来说,一个城市,被高大的城墙所包围,与外界隔离,虽然里面的人可以生活得很安定,但是却与外界失去了联系,消息闭塞,也不是件好事。就像东晋陶渊明在《桃花源记》中所写的那样,居住在桃花源中的人,生活固然很安逸,但是却"不知有汉,无论魏晋"。世界早就变了好几个样了,他们却是一无所知。为了生活的安逸却错过世界的无限精彩，不知他们会不会感到可惜。由此，"固"亦有闭塞的意思。这种故步自封的做法，是适应不了现代社会的需要的，无论是个人还是机关、部门，都必须摒弃这种做法。

东汉班固《汉书·扬雄传》："是以欲谈者宛舌而固声，欲行者拟足而投迹。"想说话的人三缄其口，不吐只言，而想做事的人则畏畏缩缩，不敢前进。其中，"固"是使声音禁锢，不发出来的意思。三国的杨修才华横溢，为曹操所赏识，但他明知曹操好猜忌、妒才的品性，却依然肆意妄为，终为曹操所杀害。

人长期处于闭塞的环境，很可能变得愚钝、固执而不自知，原本安定的生活环境也可能因为愚昧而开始破败起来。所以，"固"还可表示愚钝、破败等意思。清代侯朝宗《赠季弟序》："士不因时变通，守一卷之书，终其身咿唔呻吟，以为不失祖父之旧，亦何其固而不知所择也。"士人不知道随着时代的改变而有所改变的话，就会因为固执而耽误了自己的一生。这里的"固"，就是固执、愚钝的意思。固执对于人的性格而言，可谓是一种长期形成的陋习，自然难以改正，故"固"可通"痼"，指疾病经久难愈。

"固"可做副词和连词。做副词时，表示本来、必然、已经等意。《红楼梦》第四回："凶犯自然是拿不来的，原告固是不依。"这里的"固"，就是副词，表示必然、一定的意思。做连词的时候，则表示因果关系，相当于"因此"，现在多用"故"字取代了。

把柄

对小人别推心，遇君子须亮底。

把 bǎ bà

把　小篆

"把"，形声字，从手，巴声。

"把"从"手"，表明与手的行为、动作有关；"巴"为尾巴，引申指器物突出的、方便持握的部分。"把"为手持握器物手柄的行为，意即握持、手执，读为"bǎ"。《说文·手部》云："把，握也。""巴"有巴结、粘结之意。"手""巴"相合，表示"把"需要将手与物体紧紧持结在一起。

"把"由本义引申为器具上便于用手拿的部分，即"柄"，读为"bà"。如"刀把"、"门把"。人在言语、行为上有漏洞，被他人抓住作为要挟的条件，称为留"话把"，也就是把柄。例如《红楼梦》第二十一回中，身为凤姐心腹的平儿因为发现了别的女人的头发，就对主子贾琏威胁道："这是一辈子的把柄儿，好便罢，不好，咱们就抖出来！"

"把"从"手"，所以一手能握的物体，常常称为"一把"，这里的"把"是量词，表示一手抓起的数量，与此相关的还有"一握"、"一小捆"等意思。《孟子·告子》："拱把之桐梓，人苟欲生之，皆知所以养之者。"细如一握的小树，人们都知道要培养才能让它存活长大。"把"作量词，也用于有把柄的器具，如"一把刀"、"一把椅子"等；用于手的动作，如"帮他一把"、"拉一把"等。

唐代孟浩然《过故人庄》："开轩面场圃，把酒话桑麻。"其中的"把酒"就是握着酒杯的意思。北宋范仲淹《岳阳楼记》："把酒临风，其喜洋洋者矣。"词语"把杯"就是拿着杯子；"把刀"和"掌刀"是同一个意思，指的是下厨房烧菜；"把玩"的意思是将物体握在手中或置于手中玩赏。中医中的诊脉，又叫"把脉"，是利用食指、中指、无名指的触觉来感觉病人动脉搏动的情况，通过脉搏的强弱、跳动的频率、节律的变化来了解病情。

将物体握在手中，必然有一定的目的，所以"把"引申为拿、用等。唐代李贺《嘲少年》："生来不读半行书，只把黄金买身贵。"嘲讽那些不学无术的纨绔子弟，只凭借钱币来提高自己的身份地位。诗人虽是嘲讽古人，但在今天依然适用，社会上的权钱交易并没有绝迹。"把"可以通"拿"，也可以引申为应付的意思，例如我们常说的"打算把他怎么处置"之类。

物体把握在自己手中，意味着一种掌握和控制权。明代冯梦龙《醒世恒言》："把脚不住，翻筋斗跌倒。"这里跌倒的原因就是没有很好地控制住脚的步伐或者力度。由此义"把"可引申为控制、看守、把守。元末罗贯中《三国演义》："街亭有兵把守。""把守"指兵士站岗放哨。"把"又引申为把持，把揽，就是抓紧、牢牢控制的意思，指揽权专断，不让别人参与。"把关"多指人对于某事物把持分寸，比喻按标准检查，防止出错，如"层层把好质量关"。把关，要有强烈的责任感。把舵，是把握船舵，掌握航行方向，也比喻控制大方向。"把握"指思想上掌握、理解，如："我们要把握本质。""把握"还指做事时有成功的根据或信心。我们要做自己有把握的事，有十分的把握才能承诺，没有把握，随便答应，是对别人不负责，轻诺寡信，也有损个人的形象。这是需要我们好好把握的。

"把子"一词有多种意义。"把子"可以指扎成束的东西，如"秫秸把子"。"把子"有伙、群之意，用于贬义，如"来了一把子强盗"。"把子"可以同"靶子"，指中国戏剧演武戏的姿势或开打动作。而"把子"最常用的意思是结义兄弟、盟兄弟。结拜的异姓兄弟称为"把兄弟"，年长者为把兄，年轻者为把弟。在中国，"拜把子"现象相当普遍，不仅盛行于下层社会，三教九流之辈，五行八作之徒，皆热衷于斯道。"拜把子"说文雅一点就是"结义"。拜了"把子"后就是"把兄弟"、"干兄弟"或"契兄弟"。《三国演义》第一回《宴桃园豪杰三结义》，讲的就是刘、关、张在桃园"拜把子"。后世就把"拜把子"称为"桃园结义"。但实际的情况很不一样，有的人"拜把子"是以"义"相结，但也有很多人"拜把子"是以"利"相结，动机不纯，狐朋狗友，沆瀣一气。

柄 bǐng

 小篆

"柄"，形声字，从木，丙声。

"柄"从"木"，表示与树木、木头有关；"丙"的甲骨文像捕猎所用的网。网由丝绳编制而成，是柔软之物，难以手执，故于其上加树木枝丫为把儿，以便于掌握控制。"柄"即以"丙"上有"木"之形表示器物的把儿。《说文·木部》云："柄，柯也。"认为"柄"的本义指斧把儿。

器具之柄是古人为了便于拿取而发明的，很多物体体积过大或形体不方便手直接持有，但若在其上装上一个柄，一切就变得轻而易举。有些柄除了方便拿取外，还有助于人发力，相当于杠杆的作用，铁锹柄就是如此。

"柄"可指斧柄，也可指刀柄、剑柄、枪柄等，手持刀斧之柄也就是掌握了利器，也就具有了力量，可视为掌握了某种权利，因此"柄"又有权力之意。唐代白居易《和微之诗二十三首·和雨中花》："真宰倒持生杀柄，闲物命长人短命。"其中的"柄"就是权力之意。"二柄"一指奖与罚。《韩非子·二柄》："二柄者，刑德也。何谓刑德？曰：杀戮之谓刑，庆赏之谓德。"又指文治和武功。唐代韦肇《驾幸春明楼试武绝伦赋》："欲以广盛业于二柄，选雄才于百夫。""百年之柄"指权柄，形容长久的大权。南朝宋范晔《后汉书·班彪传》："主有专己之威，臣无百年之柄。""倒持太阿，授人以柄"的意思是倒拿着剑，把剑柄给别人，形容把大权交给别人，自己反受其害。东汉班固《汉书·梅福传》："倒持泰阿，授楚其柄。"汉代陈琳《谏何进召外兵》："大兵合聚，强者为雄，所为倒持干戈，授人以柄，功必不成，祗为乱阶。""贪权窃柄"指贪图权势，窃

·205·

取权位。唐代陆贽《奉天论延访朝臣表》："佞心一萌，邪道并进。贪权窃柄者则曰：'德如尧舜矣，焉用劳神。'""尺寸之柄"指尺寸大小的权力，比喻微小的权力。西汉司马迁《史记·魏豹彭越列传赞》："魏豹、彭越虽故贱，然已席卷千里……得摄尺寸之柄。""传柄移藉"指权势转移。《韩非子·三守》："恶自治之劳惮，使君辐凑之变，因传柄移藉，使杀生之机，夺予之要在大臣。"陈奇猷集释引高亨曰："藉，势位也。"

"柄"是器物的把儿，是抓持之物，持"柄"则控其身，因此"柄"又常常用来比喻言行上被人抓住的缺点或者漏洞。柄握于手中，方便拿捏，但若不深谙其法，很可能伤到自己，把柄亦如此。以他人的漏洞、过错作为要挟之术，很可能因此而招来杀身之祸，被人灭口。

握住物体的柄就能更好地利用它，就等于抓住了其根本，所以"柄"引申指根本。《礼记·礼运》："是故礼者，君之大柄也。"其中的"柄"为根本。《易·系辞下》："谦，德之柄也。"是说谦虚为一个人品德的根本之处。

唐代韩愈《读东方朔杂事》："瞻相北斗柄，两手自相授。"因为北斗七星略成勺形，所以"北斗柄"指的就是北斗勺柄的位置。中国古代的二十四节气就是根据北斗星斗柄的指向来确定的。《鹖冠子》："斗柄东向，天下皆春；斗柄南向，天下皆夏；斗柄西向，天下皆秋；斗柄北向，天下皆冬。"在远古时代，北斗七星比现在更接近北极天极，处于恒星圈内，每天晚上都可以见到，古人发现不同季节的黄昏时，北斗的斗柄指向是不同的，因此，智者们就把北斗的指向作为界定季节的标准，并创建了沿用至今的节气。

惩罚

改过务严，教人别高。

惩【懲】
chéng

 小篆

"惩"，繁体为"懲"。形声字，从心，徵（zhēng）声。

"徵"是征用、征召，通常是官家对百姓、上级对下级的行为。因此"徵"是一种命令，要求必须执行，严厉且带有强制性，具有改变对方意愿为己所用之意；"懲"从心，表示与人的心情、意愿有关。"徵""心"为"懲"，意为用强制性的言行收服对方的心。《玉篇·心部》："懲，戒也。"本义为警戒、鉴戒。

简化字"惩"改"徵"为"征"。"征"为征伐、征服、征讨。"征""心"为"惩"，意为"惩"的目的是要征服人的内心，使其心服。"惩"引申指责罚、处罚之意，如惩罚、惩处、惩治、惩办、惩一儆百。"心"是"惩"的对象，"征"是"惩"的行为。惩罚如同征伐，是以强制力征服其心使其顺从和服帖。"征"又为远行，"征"在"心"上，意为惩是一个长期的过程，须要慢慢地教化与驯导，同时也表示惩的目的是处罚以前的过错，戒绝今后再犯，即惩前毖后。

"惩"中有"彳"有"正"："彳"为行动、行为，表明"惩"须要具体实施，具有可操作性；"正"为正确、正直，表示施行惩罚要有正确的心态，采取正确的方法，才能真正使人改邪归正。

"惩"是警戒、鉴戒。《诗·小雅·节南山》："不惩其心，复怨其正。"周朝政治黑暗，有人赋诗讽刺太师尹氏。全诗描绘了尹太师的丑恶形象，揭露了他的种种劣行。所引句子斥责尹太师不痛改前非，反而怨恨贤者进谏。其中的"惩"用的就是本义。

成语"惩前毖后"出自《诗·周颂·小毖》："予其惩而毖后患。"意思是：我以管蔡为警戒，慎防后患莫生祸。周武王死后，他的儿子姬诵继位，即周成王。当时成王年纪尚小，就由周公辅助他处理朝政。周武王的兄弟管叔、蔡叔暗中勾结商纣王的儿子武庚，准备谋反。他们嫉恨周公，到处散布谣言，说他要谋害成王，企图夺权。成王听信谣言，不再信任周公。周公为了避嫌，便离开京城，住到外地。于是，管叔、蔡叔开始明目张胆地进行叛乱活动。成王此时才明白真相，急速召回周公，平息了叛乱。周公平定叛乱后继续摄政，等到成王长大后，交还了政权。《小毖》是周成王接管朝政之日祭告祖庙的祭文，是周成王对管、蔡二人联合武庚谋反之后而发的感慨。后用"惩前毖后"指要从以前的错误中吸取教训，防止以后再犯错误。

"惩"的警戒、警告作用不能单纯依靠好言相劝，在一些道德水平低下甚至缺失的人面前，语言往往显得苍白无力，此时就须通过适当的惩罚或惩戒来阻止其行为，并处罚其过错，所以"惩"也有惩罚的意思。惩办、惩治、惩处都是对违法乱纪的人或事进行严厉处治。受到惩罚的人，身心都会感觉到痛苦，所以"惩"还表示苦于某事。如"惩山北之塞，出入之迂也。"（《列子·汤问》）意思是：愚公苦于山北道路堵塞，进出都要绕远道而行。

惩罚的目的是使人改正缺点和错误。惩罚要尊重事实，有理有据。惩罚以征服人心使其彻底转变为目的，而人心是最难被彻底征服的。残酷的刑罚、狂怒的斥责、强大的权势，只能使受到惩罚的人迫于无奈而暂时服从。要想征服对方的心，惩罚者必须坚持不懈地以心攻心，以心换心，将心比心，要动之以情，晓之以理，慑之以法。

俗话说："上家教子，下屋听乖。"惩罚有惩一儆百的作用。通过惩处一个人，可以促使众人警醒而不犯错误。在过去相当长的一段时间里，各级司法机关出于这种考虑，经常在公共场所召开宣判大会。这样做虽然有利于震慑犯罪，教育众人，但有悖于保护人权的精神。如今，宣判大会越来越少，可以说是一种社会进步。

惩要有度，既不能过分，也不能放纵。过则为"整"，放则致松，二者都达不到"惩前毖后，治病救人"的目的。

罚 【罰】

fá

 小篆

"罚"，繁体为"罰"。会意字，从詈（lì），从刀。

"詈"，会意字，责骂的语言如网般从天而降，小篆铺天盖地，本义为恶言相加；"刀"为利器，可断物，意指判断、辨别，可代指刑法。以恶言触犯刑法，必然要受到刑罚、处罚、责罚等不同形式的惩罚。《说文·刀部》："罰，罪之小者。"本义是指针对轻微犯法行为的惩办。"罰"亦从网，从言，从刀。"网"为网罗，用以控制事物使其失去自由的器具，此为"罰"的方式；"言"为语言、言辞，此处是对过错人的斥责之语；"刀"为开刀问斩，借指身体上的惩治，即体罚。"罰"上有横"目"，表示有令人侧目愤怒之事才以言相斥、罚之体肤。

《易·豫》："圣人以顺动，则刑罚清而民服。"远古时期先民依靠暴力解决彼此之间的争端，所遵循的原则是"以血还血，以牙还牙"，个人依靠自己的力量进行复仇。这种野蛮的方式，对人身造成极大的伤害，并且不利于社会的稳定。国家机器建立后，惩罚罪犯的权力归国家所有，国家的相关部门以法律为准绳，依法实施打击犯罪和惩罚罪犯的行为，解决各种民事纠纷，维护社会秩序。

"罚"是针对有过错之人所采取的，是使当事者承担起因自身错误而给他人造成的损失的方式，故"罚"有过错、罪过之意。根据《说文》的解释，"罚"是针对罪过较轻之人所采取的方式，而罪行较重之人恐怕就是用刑了。古代实行赎罪制，即用一定量的金钱代替刑罚，处罚越重，需要付出的赎金就越多，没有金钱的人则可以用自己的劳动赎罪，所以"罚"还有出钱赎罪之意。如"罚作"指对犯有轻罪者罚以苦役，是赎罪的一种形式，在秦汉时期非常盛行。《书·吕刑》："五刑不简，正于五罚。"这里的"罚"就是出金赎罪。

古代对犯人的惩罚，侧重于体罚，即通过对犯罪人身体或某个部位的伤害来达到处罚和惩戒的目的。但是，正如荀子所言："法不能独立，类不能自行，得其人则存，失其人则亡。"在"罚"的执行过程中，执法者是否贤良公正是非常重要的因素。白居易在《论刑法之弊》一文中指出，有贞观之法，而无贞观之吏的种种弊端："有黩货贿者矣，有祐亲爱者矣，有陷雠怨者矣，有畏权豪者矣，有欺贱弱者矣，是以轻重加减，随其喜怒，出入比附，由乎爱憎。"试想，刑罚的宽猛严慈若全凭执法者个人喜好，"爱之者，罪虽重而强为之辞；恶之者，过虽小而深探其意。"法律自然会因以私乱法而失去其应有的效力和严肃性。

现代刑罚越来越体现出对人权的尊重。惩罚力求量刑适度，在服刑人员管理上也更加人性化。这比单纯的惩罚更有利于犯罪分子认罪伏法，重新做人，并以健康的心态回归社会。

伪装

笑脸相迎者未必是好人，阿谀奉承者必定是坏人。

伪

【偽僞】

wěi

 小篆

　　"伪"，繁体为"偽"、"僞"。形声字，从人，为声。

　　"人"是能制造工具并且能使用工具进行劳动的高等动物；"为"有做、作为之意。"人""为"为"伪"，即指人之所为。《广雅》："伪，为也。""伪"指人为的，与自然生成的相对。"伪"从人，从为，意为人为了达到某种利益而采取的行为，本义为欺诈。《说文·人部》："伪，诈也。"伪者，或瞒天过海，或杜撰谎言，或制造假象，或矫揉造作。

　　"人""为"为"伪"，伪是人之所为。"伪饰之辞"是为达到某种目的而说的假话；"伪经"是假托前人名义伪造的经书；"伪善"是指违背了天性和自然的善举；"伪君子"则是貌似正派、冠冕堂皇、实际却卑鄙无耻的人。此外还有伪钞、伪画、伪古董等。法律上，在案件进行侦查或审理过程中，证人、鉴定人、记录人或翻译人故意做出的虚假证明、鉴定和翻译，就是提供伪证。伪证一旦被查明，证词全部无效，并将依法构成伪证罪。

　　"伪"的现象在不同的时代常以不同的形式出现，如伪书就自古有之。伪书主要包括以下几种：古时并无其书而后人假名伪造；原书已久佚而后人有意作伪；原作者已无考而后人托名前人；成书较晚而相传为前代著作等。梁启超在《古书真伪及其年代》中归纳出伪书的十种类别：全部伪；部分伪；本无其书而伪；曾有其书，因佚而伪；内容不尽伪而书名伪；内容不尽伪而书名人名伪；内容、书名不尽伪而人名伪；盗袭割裂旧书而伪；伪后出伪；伪中益伪。至于作伪原因，胡应麟《少室山房笔丛·四部正讹》

指出伪书作者的十余种动机：有惮于自名而伪者；有耻于自名而伪者；有袭取于人而伪者；有假重于人而伪者；有恶其人，伪以祸之者；有恶其人，伪以诬之者；有书非伪，人托之而伪者；有书本伪，人补之而益伪者等。

顾炎武在《日知录》卷二中讲："古人好以己之著书假作他人，今人好以他人之书假作自己。"这实在是切中肯綮之论。古人造伪书，最常见的还是著作者觉得自己人微言轻，宁愿把著作权送给权威。

而现在的"伪书"却大多是混淆和冒用名人署名、虚构外国作者以牟取暴利。这种行为使得图书市场鱼龙混杂，泥沙俱下。

装 【裝】
zhuāng

裝 小篆

"装"，繁体为"裝"。形声字，从衣，壮声。

"壮"为大、有力之意；"衣"是披覆在物体外面起包裹作用的东西。"壮""衣"为"装"，意为用大的东西包裹。《说文·衣部》："装，裹也。""装"的本义指包裹、行囊。"装"从"衣"，又表示与衣物、衣着有关，表示穿在身体外面的衣物，如"服装"、"便装"、"中山装"。"装"后用来特指演员演出时的穿戴打扮，也特指工业生产或军队作战所需的用具和器械，如"装备"、"装置"、"装甲"。服饰可以改变人的原貌，因而"装"又引申指打扮，又有做作之意，如"佯装"、"装模作样"。"装"后引申指安置、安放，也特指对书籍、字画加以修整或修整成的式样，如"装订"、"装帧"、"装裱"。

"装"有衣服、服装之意。"军装"指军队的制服；"冬装"指冬季穿的御寒的服装。清代方苞《狱中杂记》："富者赂数十百金，贫亦罄衣装。""装资"指置办嫁妆的费用；"装新"指穿戴结婚时的礼服和饰物。"装"亦可指服装的式样。"西装"指西洋人穿的衣服样式，亦特指男子的西式上衣、背心和裤子。"中装"指中国的一种旧式服装。"装"还可引申为行装、行李。"约车治装"指准备车马，整理行装，泛指做出发的准备。《战国策·齐策》："于是约车治装，载券契而行。""束装就道"指整好行装走上旅途。清代王韬《淞隐漫录·燕剑秋》："生素闻西湖名胜，思往一游，束装就道。""办装"指置办行装。《汉书·龚胜传》："莽复遣使者奉玺书，太子师友祭酒印绶，安车驷马迎胜，即拜，秩上卿，先赐六月禄直以办装。"清代赵翼《游洞庭东西两山》："办装有贤侯，结伴得同调。"

衣服最基本的作用是遮体、御寒，但是随着生活水平和审美观念的提高，衣服已经成为人们装饰的重要部分。"装"有装饰、打扮之意。《玉篇·衣部》："装，束也。""装奁"指女子梳装用的镜匣。"装饰"指一般人日常生活中的化妆打扮。杜甫《后出塞》五首之一："千金装马鞍，百金装刀头。""装点门面"比喻只把外表装饰得很漂亮。"装点"指装饰；"门面"指外观。元代秦简夫《东堂老》第一折："止则有这两件儿衣服，装点着门面。"古时在塑佛像时，先在佛像背后留一空洞，开光时，由住持高僧把经卷、珠宝、五谷及金属肺肝放入封上，称"装藏"。

"装"引申为假装、故意做作之意。"装模作样"指故意做出种种姿态；"装聋作哑"指故意装成什么都不知道；"装神弄鬼"本指巫觋或乩童代替鬼神示意的动作，后比喻故弄玄虚；"装腔作势"比喻故意做假的虚伪情态。《红楼梦》第一百一十三回："也不言语，只装鬼脸。""装洋相"指假惺惺的动作。"洋相"原应为"羊相"。据《周礼·夏官》载，周朝时设有"羊人"之职，是专门掌管羊牲及祭祀割屠的官员。古代祭祀前要捕捉最肥美的羔羊，就由"羊人"头戴羊角，身披羊皮，装作羊儿混入羊群，以期将其诱入某地而捕获。这种最早的着羊之装就是装羊相。

"装"有装置、安装之意。"装修"指房屋主体结构完成后的内部设施安装及墙面作业，是房屋交付使用后的进一步装潢美化。"武装"指用武器装备军队。"装"有装入、放进之意。唐代陈陶《水调词》："征衣一倍装绵厚，犹虑交河雪冻深。""装"还有运载之意，"装卸"指装载与卸下。

对书画作品的修整也称之为"装"。"装池"指装裱古籍或书画；"装轴"指书画裱托后，在纸尾加横轴，便于舒卷或悬挂。"装"还指书籍装订的式样。"平装"指一种用纸等软质材料作为书籍封面的装订方法，平装本也叫纸皮本。"精装书"指装订精美的书籍，一般在封面或书脊上包上布料。

奉承　批评你的人未必是仇人，吹捧你的人不一定是好人。

奉 fèng

金文　小篆

"奉"，会意字。

"奉"的金文像双手捧物之形。《说文·廾部》："奉，承也。"本义为承受。小篆字形上从丰，"丰"为丰收、丰硕；下多出一"手"，如此"奉"则有三"手"："三"为众多。三"手"强调了"奉"是万众一心，态度庄重恭敬，真挚诚恳。

今体"奉"可视为从三，从人，从手，"奉"是众人同时伸出手以恭敬、诚挚之心而贡献。"奉"意为双手恭敬地捧着，也有献给、祭献之意，如奉献、奉赠。"奉"字强调了人的内心感受，是人内在的一种信仰，如信奉、供奉。后引申有尊重、遵守之意，如奉行、奉公守法；也表示敬辞，如奉送、奉还；又如奉承，表示恭维、献媚。"奉"也为以恭敬之心双手接物，表示承受，如奉命、奉从。

"奉"有进献之意，表示恭敬地献上、呈献。《周礼·地官·大司徒》："祀五帝，奉牛牲。"古人祭祀五帝，以牛为牲。《韩非子·和氏》："楚人和氏得玉璞楚山中，奉而献之厉王。"楚国有一个姓和的人在楚山采到玉璞，恭恭敬敬地进献给厉王。《庄子·说剑》："太子乃使人以千金奉庄子，庄子弗受。"太子派人拿千金送给庄子，庄子没有接受。"奉"由进献引申为供给、供养。《老子·七十七章》："天之道，损有余而补不足；人之道则不然，损不足而奉有余。"自然法则，减少有余，补充不足；人类社会法则正好相反，剥夺不足，供奉有余。王昌龄《放歌行》："但营数斗禄，奉养每丰羞。"尽管经营着只有几斗俸禄的职事，却每每以丰厚的珍馐供养。

对于受者而言，"奉"是恭敬地接受、承受。《三国志·吴书·吴主传》："鲁肃乞奉命吊表二子。"鲁肃乞求奉命吊唁刘表的儿子。诸葛亮《前出师表》："受任于败军之际，奉命于危难之间。"意指建安十三年，刘备在当阳长坂被曹操击溃，逃奔夏口，刘备派诸葛亮赴东吴，联合孙权共御曹操。"奉"又表示遵守、遵从。"奉公守法"指遵守国家规定的各项法令规章。佛门弟子遵照执行佛陀教义，称为"奉行"。

"奉"也为辅助、事奉。《左传·隐公十一年》："郑伯使许大夫百里奉许叔以居许东偏。"郑庄公派许国大夫百里辅佐许叔，住在许都东边。"侍奉"指侍候、奉养长辈或显贵。"奉"以"春"为头，以"举"为底，象征用手托起春天般的温暖，献给他人，因此"奉"又有帮助之意。《左传·僖公三十三年》："秦违蹇叔，而以贪勤民，天奉我也。奉不可失，敌不可纵。纵敌患生，违天不祥。"秦王不听蹇叔的话，起兵侵略晋国，使百姓劳苦，这是上天要帮助我们、赐予我们机会。天赐的机会绝不能失去，因此，这次的敌人绝不能放走。放走敌人会产生后患，违背天意就不吉祥。

"奉"是恭敬、郑重的行为，常用于敬辞。如奉陪、奉劝、奉候等。僧了元《满庭芳》："奉劝世人省悟，休恣意、激恼阎翁。轮回转，本来面目，改换片时中。"意思是奉劝世人不要太过沉迷于俗世的各种诱惑，一旦死去，坠入轮回，生前所有的一切都会在顷刻之间变得面目全非、毫无意义了。佛教寺院举行法会时，要恭迎佛、菩萨、诸神等降临道场，此称为"奉请"。"奉请"有严格的规定：首先，奉请佛祖及诸佛；其次，奉请八万四千修多罗，以及全身、散身之舍利；然后，奉请十方之声闻、缘觉、得道圣人；再次，奉请普贤、文殊、观音、势至等众菩萨。奉请观音时，同时奉请十方法界之人天、凡圣，水陆虚空一切之香花、音乐、光明、宝藏、香山、香衣、香树、香林、香地、香水等。佛教中为佛像开光时，也要举行郑重的奉请仪式。先将佛像安好，诵经及咒语，奉请菩萨安座，然后请高僧为佛像开光说法。总之，奉请仪式是为了表示对佛菩萨的尊敬，表示众位僧人以及善男信女们内心的信仰和虔诚，并含有祈求获得护佑之意，因而是一种非常重要的佛教礼仪。

承

chéng

 甲骨文　 金文　 小篆

"承"，会意字，是"水"与三个"子"的叠加组合。

"承"之甲骨文字形的上面像跽跪着的人，下面像两只手，两者相合，表示人被双手捧着或接着。《说文·手部》："承，奉也，受也。"本义为捧着。如承受、承盘、承托等。"承"又为"水"与三个"子"的叠加。水流动，从源头起发，由高向低流淌不绝，意为传承不息、繁衍不绝；"三"为众，为多；"子"为子孙，这里表示子孙三代，是一个完整的传承体系。故"承"字示子孙传承如流水，渊源不断，代代相传，一脉相承。"承"中又有"了"字，如人的血脉穿行于"承"中，或曲折迂回，或直指而下，显现了在"承"的过程中，既复杂盘错，又不失清晰明了。"承"也是"下"对"上"的一种接受和延续，子辈承父辈，下级承上级，后代承前代。如继承、传承、承上启下。

"承"中"三"，表示多人共同完成；"三"也表示所"承"事物之广。如子承父，可以承父的血缘、家产、事业、志向、禀赋等。"三"、"水"、"子"、"了"四者错综，表示人、事、物之间关系复杂，需剖析才可明晰。四者合而为一，表明"承"所表示的一脉所承、传承、继承是一个密不可分的有机整体。

"承"有传承、继续的意思，如成语"承上启下"。《后汉书·班彪列传》："汉承秦制。"汉代继承了秦朝的律制。"承"还有承接、担当的意思。用双手把任务、活计接下来就是承担、承办。陈亮《上孝宗皇帝第一书》："苟国家不能起而承之，必将有承之者矣。""承之者"指担当起国家重大的任务、能够济世治国的人才。

《左传·襄公二十五年》："承饮而进献。""承饮"就是捧着杯子。明清两代的帝王在颁布诏书的时候，通常都会在开头使用"奉天承运"的字眼。这里的"承运"，是承受天命的意思。"奉天承运皇帝诏曰"这一诏书套语始自明太祖朱元璋。为了加强统治，明太祖将自己说成天命所

归，一举一动都是"奉天而行"，因此，下诏书时自称为"奉天承运皇帝"。这个诏书套语一直沿用到清朝灭亡。

在古代，"承"还有一些通假用法。可通"丞"，表示辅佐。《左传·哀公十八年》："使帅师而行，请承。"此处的"承"假借为"丞"。"承"亦通"惩"，表示惩戒。潘述《讲古文联句》："汉承秦弊，尊儒尚学。"秦朝焚书坑儒是导致其灭亡的原由之一。汉朝统治者吸取秦的教训，尊儒尚学，出现了盛世局面。这里的"承"不是承接、继承，而是表示吸取经验教训以为惩戒。"承"还有招认的意思。"承招"是认罪招供；"承抵"即认罪抵命；"承伏"是表示认罪。"承"的本义是捧而受，是一种礼仪。但礼也有度，过分的礼节和谦恭就是奉承、谄媚。白居易在《长恨歌》中说杨贵妃是"承欢侍宴无闲暇"。

"承欢"指迎合人意，博取欢欣，也特指侍奉父母使感到欢喜，具有褒义，如成语"承欢膝下"。"膝下"本指（父母）膝盖以下。孩子幼小的时候常常依偎在父母亲的膝下撒娇玩耍，所以这里的"膝下"便指代子女。"承欢膝下"并不是说小孩子引逗父母开心，而是指父母年老之后，成年的子女出于孝心，在老人身边尽心侍候，让父母感到欣慰。"承欢膝下"体现了中国人讲究礼仪、尊老敬老的优良传统。

廉洁

为师者律己而后律人，为官者正而后正人正己。

廉 【廉】
lián

廉 小篆

"廉"，异体为"廉"。形声字，从广，兼声。

"广"的本义为宽大的房屋，"廉"字从"广"说明与房屋有关；"兼"是主次不分，表示边侧、旁侧。"广""兼"为"廉"，可理解为房屋的最边侧部分。《说文·广部》："廉，仄也。"本义为厅堂的侧边。"广"是广大、广阔；"兼"为兼顾、兼容。政府官员要兼顾到广大百姓的利益、国家的社稷，做到廉正、清廉、廉洁奉公，此为"廉"之廉洁义，《广雅》："廉，清也。"又如，市场营销需兼顾内容之广包括商品质量、季节变换、市场需求、资金回转等实际情况，然后采取薄利多销的方式，并保证物美价廉，此为"廉"之价格便宜、低廉义。

异体字"廉"从产，从兼。"产"为生产，表示从无到有。"产""兼"为"廉"，意为国强民富，社稷兴旺，需要培养大批清正廉洁、克己奉公的好公仆。

《说文》："廉，仄也。"注释曰："按，堂之侧边曰廉，故从广。天子之堂九尺，诸侯七尺，大户五尺，士三尺。堂边皆如其高。""廉"的本义为厅堂的侧边，其长度与高度相同。《仪礼·乡饮酒礼》："设席于堂廉东上。"郑玄注："侧边曰廉。"我国古代的建筑是前堂后室，室的两边是东西配房。堂通常建在一个高台上，堂的地面与台的侧面相交的边棱，就称为"廉"。《汉书·贾谊传》："故陛九级上，廉远地，则堂高。""陛"是从地面到堂的台阶，台阶越多，堂的边棱离地就越远，堂也就越高。帝王居住的堂下之阶多达九层，"廉远堂高"比喻君主、帝王的尊严。

《广雅·释言》："廉，棱也。"泛指事物的棱、棱角。《礼记》有曰："廉而不刿，义也。"意思是玉虽有棱有角，但不伤割物体；就好比圣人虽有棱角，但不会以之伤人，这就是"义"。棱角再尖锐，但它是方正、平直的，"廉"又形容（人）品行方正、正直，棱角分明。《庄子·让王》："人犯其难，我享其利，非廉也。"别人在遇到灾难或危险的时候，我却从中侵占和享受本该属于他们的利益，这不是正直的行为。"廉"从广，"广"为远大、高大，古代用其形容成就一番事业的目标和愿望；"兼"为超越、胜过。一个正直而有远大理想的人，其德行必然超越一般市井之人，目光远大，见多识广，不被眼前利益所诱惑。"广"也是广阔，形容天下。"兼"为兼顾，身兼数任。一个以天下人的幸福、安康为己任之人，怎会贪恋眼前的蝇头小利呢？

《玉篇·广部》："廉，清也。"廉就是清正廉洁。基于官吏阶层的特殊地位，"为官清廉"、"公正廉明"、"施行廉政"历来都是政府的要求和民众的呼声。"廉"从广，"广"不仅仅是天下的财物，也包括群众睁得雪亮的眼睛；"廉"从兼，"兼"是兼听天下的心声，从而在自己施政的举措上，以天下百姓的利益为奋斗的出发点。岳飞说得好：文官不爱财，武将不怕死，天下没有不太平的。"不爱财"就是知"廉"，"不怕死"就是知"义"。

财富在某种程度上是能力的反映，同时给人以成就感。通过正当途径致富，任何人无可厚非。然而，高官厚禄者若不能居富思贫，心系百姓，反而利用手中权力大肆搜刮民脂民膏，在"迎"来"送"往中大搞权钱交易，把"权势"变为"钱室"，公然崇奉"千里为官只为财"，追腥逐臭，寡廉鲜耻，就会得到钱财，失去道德，使官员应有之"廉洁"变为人格的"廉价"。

洁 【潔】
jié

"洁"，繁体为"潔"。汉字简化前，"潔"与"洁"的意义并不相同。

"潔"为形声字，从水，絜声。

"潔"从"水"表示与水有关；"絜"为清白、明亮，又为修整、修饰。物品像水一样干净、没有杂物即为"潔"。水有去污的效力，用清水对物品进行修饰擦拭使其干净为"潔"，如整洁、清洁。《说文新附·水部》："潔，瀞也。""瀞"古同"净"。"潔"的本义为干净、洁净。

"洁"为形声字，从水，吉声。《玉篇·水部》："洁，水也。"本义为水名，今为"潔"的简化字。"吉"为好，"洁"即好水，好水清澈透明，干净脱尘。"吉"又是古代祭祀鬼神的礼仪，为五礼（吉、凶、宾、军、嘉）之一，在祭祀之前，参加者均需修整衣冠、洁净身体，所有的器物也必是清洁无尘，故"洁"中有"吉"，表示干净、洁净之意。上善若水，"洁"为操行清白、品德高尚的美好品德。

"洁"既可以表示事物清洁、整洁，也可以用来形容人的品行美好。一个人在精神上追求清净纯朴的境界，不为外物所诱，就是"修身洁行"；秉性天真，心地纯净不龌龊，就是"洁白如玉"；为官公正，两袖清风，不贪不占，就是"廉洁奉公"。"洁"与"污"相对。《菜根谭》中的"明每从晦生，洁常自污出"，一语道破了"光明孕育于黑暗，洁净出自于污浊"的深刻哲理。《红楼梦》第五回："欲洁何曾洁，云空未必空。可怜金玉质，终陷淖泥中。"宝玉梦游太虚幻境时翻看了《金陵十二钗正册》，诗中暗含着妙玉的命运。"洁"暗指妙玉孤傲不群、耻于与世俗同流合污的人格追求。"洁"常指德行操守的贞洁。如"洁操"指高尚的操守；"洁直"指品德高尚正直；"圣洁"则是神圣而纯洁。成语"洁身自好"意谓维护本身的纯洁品行，而不随波逐流、趋炎附势。心灵纯洁、正直不阿的人被称为高洁之士。《论语·述而》："人洁己以进，与其洁也，不保其往也。"孔子说，人是在不断完善自己的操行中进步的，永远保持品行的高洁，过去的对与错、是与非，只能成为过去。古人常用梅、兰、竹、菊"四君子"来比喻君子品性的高洁。梅花于冰天孕蕾，雪地开花，疏影横斜，暗香浮动，饱经风霜，傲然挺立，集娇艳坚毅于一身；兰花藏于深山，禀天地之纯精，采日月之精华，独立不迁，淡泊素雅，清雅脱俗，使得历代文人墨客称颂不绝；竹虚有节，丽而不俗，挺而不傲，历来为文人视为高风亮节的写照。苏东坡有诗云：

"宁可食无肉，不可居无竹。无肉令人瘦，无竹令人俗。"菊花"荣虽同雨露，晚不怨乾坤"，"愿比三花秀，非同百卉秋"，同样是清雅洁身的象征。"四君子"的高洁品格是文人雅士追求的人格理想。文人墨客通过礼赞"四君子"，寄托自己的情怀与志向，而"四君子"也以幽芳逸致、风骨清高，被赋予"全德君子"的美称。

群众

人为众，人多了，总有一个人高高在上。

群 【羣】

qún

金文　小篆

"群"，异体为"羣"。形声字，从羊，君声。

"君"为君主、领导者；"羊"是喜好群居的动小篆物，在一个较为固定的羊群中，一般都有一只领头羊（君），多由年长的公羊担任，走在羊群的最前方。头羊负有保护羊群和引导方向的责任，故"君"在上。今体"群"字"君"在左侧，古人以左为尊位；并且"君""羊"平等、相伴，表示君子就存在群中，看似普通，默默无闻，关键时刻却能担当重任；并且为君子者，从不居功自傲，脱离群众，高高在上。《说文•羊部》："群，辈也。""群"是三个以上的兽畜相聚而成的集体。《国语•周语上》："兽三为群，人三为众。"羊是古代最常见的动物，故兽群以羊为例；而"群众"合称，泛指人众。

古代，"群"为亲戚，这可能与中国人的群居习惯有关，同姓宗亲一般都在共有的祠堂附近居住联姻，所以大家都是亲戚。《礼记•三年问》："因以饰群，别亲疏贵贱之节。"郑玄注："群谓亲之党也。"孔颖达疏："群谓五服之亲也。"羊是吉祥如意的象征，代表美满和谐的生活，亲戚邻里友善和睦相处，这才是真正的亲情。

"群"是群体，不是单个，是众多，是多数，所以群中的数目是不确定的，用于指聚集在一起的人或物，强调聚集在一起。

人对事物的认识总有一定局限性，很多时候只能说出个大概，不知道精确的数目。所以"群"概指事物的种类。《周易•系辞上》："方以类聚，物以群分。"今作"物以类聚，人以群分"都强调因属性不同而归属不同的种群。

"群"现多指群众。古代君王高高在上，唯我独尊，群众只好像羔羊般温顺遵从。不过，群众像水，君王像舟，没有群众拥戴，君王就成了孤家寡人，不但无法进行统治，还会惨遭覆灭。现代社会，君权专制被民主共和取代，正如由"羣"到"群"的演变过程："君"不再是高高在上的君王，而是执政者，或执政党；"羊"仍然是群众，在名义上，"君"和"羊"的地位平等。在民主社会里，群众既是"羊"，也是"君"；作为"羊"，群众是被领导者，是社会的主体；作为"君"，群众的利益高于一切，群众可以监督政府执政。

群众不应是一盘散沙，而是一群人的联合，"群"引申为联合、会合。拥有共同利益的群体就是群众。在这个群体里，人人平等，每个人的个性都应受到尊重，每个人的才能都有应得到充分的发挥。用共性去压制个性，用群体去压抑个人，是对个性的扼杀，是对个人的戕害。一个盲目从众、视个性为洪水猛兽的国度，不会有创造力生成的土壤；一个缺乏个性和创造力的民族，只能亦步亦趋地模仿他国，接受被动挨打的命运。

 【衆】
zhòng

 甲骨文　 金文　 小篆

"众"，繁体为"衆"。会意字，从三"人"。

甲骨文、金文的"众"从日，从三"人"，表示日出时众人相聚而作。"人"是高级动物，是社会的主体，世界的主宰，有智慧，有思想，有感情，能劳作。三"人"相叠，表示数人，多人聚在一起称为"众"，"众"为大家、许多人。三个人并非分散摆列，而是下面二人同力支撑着上面的一个人，上面的一人拥抱照顾着下面的二人，三个人互相联系，彼此互助，形成一个整体。这说明单纯的人多并不是真正的众，人与人之间还要彼此照应，互帮互助，形成一股向心力，否则人心离异，如一盘散沙，便

会分崩离析，形单影只。

繁体字"衆"从血，从三"人"。古人盟誓时，常常各自取血滴入同一器皿之中，以此会意彼此同心同德、同甘共苦，同生死，共患难，"衆"表示不论多少人，都像歃血为盟过的兄弟一样，众人之间有着同一的约定，团结一致、和平相处、戮力同心。如此人多一个，力增一分，小众有大力，大众力无穷，国家为一大众则大治，世界为一大众则大同。

"衆"的甲骨文字形，像许多人在烈日下劳动，故"众"又表示殷周时期从事农业生产的奴隶，或管理奴隶的人。如《诗·周颂·臣工》："命我众人：庤乃钱镈。"命令我的奴隶们准备好铁和锹。古时候的奴隶所从事的工作很繁重，那时的农具极为简单，许多农活甚至需要奴隶们用手当作农具进行劳作，因此常有长得高大粗壮的野草或荆棘划破手掌，手上的血一点一滴落在地里，加上烈日的酷晒，头上的汗一滴滴撒在土里，奴隶们付出的是自己的鲜血与汗水，故"众"的繁体"衆"从血，即以血为首。

"众"还可做形容词，指多、许多，与寡、少相对。《礼记·大学》："生财有大道，生之者众，食之者寡。""众星捧月"指许多星星都聚集、环绕着月亮发光，比喻众人或众物以某人或某物为核心；"众矢之的"指许多箭射的靶子，比喻众人攻击的目标；"众流归海"指许多的大小河流同归于海，比喻众多分散的事物汇集于一处。

"众"引申指大家、许多人。《国语·周语》："人三为众。"与此有关的成语很多，"众叛亲离"指大家都反对，连亲人也背离了，形容处境非常孤立；"众望攸归"指众人所期望和敬仰的，形容在群众中威望很高；"众志成城"指万众一心，如坚固城堡，比喻众人团结一致，力量无比强大。

坦荡　　情要平淡，气要舒放，感慨收起，抱怨深藏。

坦 ^{tǎn}

坦 小篆

"坦"，形声字，从土，旦声。

"土"为土地、大地；"旦"的甲骨文字形像太阳从地面升起的样子。"土""旦"为"坦"，意为太阳离开地平线慢慢升起，阳光普照大地。《广雅》："坦坦，平也。"本义为平而宽广。"坦"由本义具体到世间人情万物：道路要平坦，内心要坦挚，性格要坦率，话语要坦白，做事要坦荡。"土"又为五行之一，方位在中央，代表黄色，土的内涵为实在、宽厚。"土""旦"为"坦"，意味诚信、坦诚则心底无私，表现于外则为心地平静。《说文·土部》："坦，安也。"土地平坦而行步安舒，为人处事"坦"则心安。

"坦"为土地平直广阔。《世说新语·言语》中，王武子在谈论自己家乡的时候说"其地坦而平，其水淡而清，其人廉且贞。"王武子说自己家乡的土地宽广平坦，河水甘甜清澈，百姓淳朴正直。

土地的平坦宽广，也可借用来表示人的心地宽广坦荡，毫无隐瞒。《论语·述而》："君子坦荡荡，小人常戚戚。"君子不干坏事，心胸自然坦然；小人心胸狭窄，既算计他人，又处处防范，难怪整天戚戚然。现代社会，生活节奏快，人像高速旋转的陀螺，欲罢不能，疲倦不堪，要想过得安然宁静，就要保持一颗坦然平和的心，不为物喜，不以己悲，既不苛责别人，也不为难自己，学君子之宽容乐观，弃小人之狭隘心机。

"坦"做动词，表示敞开、袒露之意，把包藏于内的袒露出来。如"坦怀"指敞开胸怀。《世说新语·雅量》记载了"东床坦腹"的典故：东晋时，太傅郗鉴欲与丞相王导家族联姻，就派出门生去王家择婿。门生被安排到东厢房逐一观察王导的子侄，回去后对郗鉴说：王家小伙子都挺好，听说咱家要选女婿，一个个神态矜持，只有一个人在东床上袒胸露腹吃东西，好像不知道有这回事一样。郗鉴闻言大喜，说："这就是我要找的佳婿。"而郗鉴慧眼挑中的这位贤婿就是晋代的大书法家王羲之。后人遂把"东床坦腹"、"东床"作为女婿的美称。王羲之不以他人择婿便谨谨自危，心胸坦然，表现出晋人独有的人格魅力。

"坦"从土，喻坦诚之人像大地一样把自己展现于外，具有大地一样宽博的胸怀，如大地一样厚实可靠。"坦"中有"旦"，喻胸襟坦荡的人像太阳一样光明磊落，言必信，行必诚，日月可鉴。

荡 【蕩】
dàng

蕩 小篆

"荡"，繁体为"蕩"，形声字，从艸，汤声。

"荡"本指水名，源出河南省汤阴县北，唐以后称汤水。《说文·水部》："荡，水。出河内荡阴，东入黄泽。""荡"从"艸"，表明与草本植物有关；"汤"读为"shāng"，词语"汤汤"用来形容水势浩大的样子。草质柔软，随风摇摆，浩大的水面起伏不定，"荡"字以草与水两种易摆之物体现摇动、来回摆动的形象。"艸""汤"相合，表明"荡"如草如汤，意指其蔓延如野草之张狂，其气势如大水之磅礴。"荡"除表现震动、动摇之意外，同时也描述了一种磅礴的气势。"荡"字上"艸"下"汤"，也可理解为草在急流中摇摆，不断被冲洗，故而有洗涤之意，如"涤荡"。

"荡"使用最多的意思是摇动、晃动、震动等。《荀子·劝学》："天下不能荡也。"意思是天下不能够动荡。《吕氏春秋·季春纪》："以荡上心。"意思是通过这个来动摇君王的想法。"一瓶不响，半瓶晃荡"意思是瓶中装满水晃不响，装半瓶水时一晃就响，比喻充实的人谦虚寡言，而浅薄的人偏偏爱显示夸耀自己。宋代宗杲录《大慧普禅师宗门武库·湛堂和尚》："你这瓶子本自洁净，却被这些恶水在里面，又不满，只管向，要得不响，须是依前倾出飏却荡洗了，却满着一瓶好水便不响，因甚不响？盖谓满了。"宋代姜夔《扬州慢》："波心荡，冷月无声。"水波荡漾，寒冷的月亮无声地倒映在水面上。成语"荡气回肠"形容好的音乐、文章缠绵悱恻，感人肺腑，也可以说成"回肠荡气"。"中原板荡"常用以比喻时局动荡危急。"中原"指我国中部，泛指天下；"板荡"本《诗经》篇名，内容指周厉王昏淫无道。

物体经过剧烈的摆动之后，很容易毁坏掉，由此"荡"引申为毁坏、破坏。唐代杜甫《无家别》："家乡既荡尽。"家乡的房屋田地都已经被毁坏了。现代汉语中常用的"扫荡"指用武力或其他手段消灭对方。成语"荡然无存"形容原有的东西尽数毁坏掉、失去了。"荡平天下"指用武力扫荡天下，使之太平。

人的行为不端正，随随便便，就像草叶随风飘动一样，没有定性，不安稳，由此"荡"引申为放纵、放荡。《论语·阳货》："古之狂也肆，今之狂也荡。"意思是古代狂妄的人行为放肆，现在狂妄的人行为放荡。放肆和放荡是有所区别的。放肆的人多为言行不拘小节，但还是出于真性情，尚明是非，并没有违背道德伦理；而放荡的人是行为不正派、不端正，超出了礼数、规矩的约束，言行有悖常理。放荡始于对自己的放纵，放荡是走向罪恶的开始。放荡之人心中没有任何伦理纲常、法规纪律的约束，没有廉耻，恣意妄为，害人害己，所以遭到人们的唾弃。"心荡神怡"指神魂颠倒，不能自持，亦指情思被外物吸引而飘飘然。清代褚人获《隋唐演义》第三十回："炀帝看了这些佳人的态度，不觉心荡神怡，忍不住立起身来，好像元宵走马灯，团团的在中间转。"

东汉班固《汉书·李寻传》："洪水乃欲荡涤。""荡涤"即冲洗。"荡"有毁坏的意思，所有的东西都被毁坏了，空无一物了，地面就显得平坦广阔了，由此"荡"引申为平坦、广阔。西汉司马迁《史记·五帝纪》："荡荡洪水滔天。"意思是广阔的大水和天连接在一起。成语"荡无高卑"指地位平等，没有高低尊卑的区别；"坦荡如砥"指平坦得像磨刀石一样，形容非常平坦。"巍巍荡荡"形容道德崇高，恩泽博大。《论语·泰伯》："大哉尧之为君也！巍巍乎！唯天为大，唯尧则之。荡荡乎，民无能名焉。"朱熹集注："巍巍，高大之貌；荡荡，广远之称也。""平衍旷荡"形容心胸宽广，开朗豁达。汉代张衡《南都赋》："上平衍而旷荡，下蒙笼而崎岖。"

"荡"可以表示积水长草的洼地，这样的洼地一般都在浅水湖的边上，水草在风的吹动下会来回地飘荡。如"芦花荡"指长满芦花的浅水湖。宋代抗金女英雄梁红玉就是在"黄天荡"擂鼓退金兵的。

仲裁

最妙的法律仲裁不外乎两个字"良心"。

仲 zhòng

甲骨文　　小篆

"仲"会意兼形声字，从人、从中。

古代中、仲通用。甲骨文、金文的"仲（中）"，像一杆系有很多飘带的旗，旗杆中段束以木块，以加强旗杆的抗折强度，扎在旗杆中间的木块就叫做中。楷书的"仲（中）"从口，从一竖，指在上下相通的一杆子上，中央有一个标识很明显，此标识把杆分为上下两部分。所以"仲"本义为中、居中。《说文·人部》："仲，中也。"

"仲"，从人，从中，"中"表示两者之间。"仲"表示处于两者之间的人。汉语中，"仲"指兄弟排行中的老二。《释名·释亲属》："仲，中也。位在中也。"如春秋时期的大思想家、教育家孔子在家中排行老二，所以后人称之为仲尼。古时，兄弟排行常用伯、仲、叔、季为次序。伯是老大，仲是第二，叔是第三，季是最小的。《礼记·檀弓上》有："幼名、冠名，五十以伯仲，周道也。"按照周朝的礼节，男子在弱冠之时就可在幼名前加字，以字呼之。但不可直呼伯、仲、叔、季，而要到五十才能呼伯仲。女子则须到笄时而字，即称伯姬、仲姬。然而按照先前商殷的礼节，男子二十为字之时，即可兼伯、仲、叔、季呼之。"仲子"指对兄弟中排行第二者的尊称，既次子；"仲叔"指兄弟中排行第二者。

"仲"常假借为"中"，指时序、位次居中的、在当中的。"仲月"特指每季的第二个月。《逸周书·周月》："凡四时成岁，有春夏秋冬，名有孟仲季，以名十有二月。"凡是四季而为一年者，都有春夏秋冬四季，每个季节都有早、中、晚之分。"仲春"指春季中期，指阴历二月，从惊蛰到清明；"仲夏"指春季中期，指阴历五月，从芒种到小暑；"仲秋"指秋季的第二个月，即农历八月，从白露到寒露；"仲冬"指冬季的第二个月，即农历十一月，从大雪到小雪。

"仲"是个中间者，当各方产生矛盾、争端或纠纷时，这个中间人就需要在中间调解、周旋。所以"仲"居间裁判、调停的意味。"仲裁"指公认的第三者在争端两方间进行裁定公断。第三者可以是仲裁人也可是仲裁机构。早在古罗马时就有采用仲裁解决纠纷的做法。到了 20 世纪，国际上普遍承认和广泛采用仲裁做为解决国际争端的一种方式。我国于 1994 年颁发仲裁法，规定平等主体的公民、法人和其他组织之间发生的合同纠纷和其他财产权益，可以仲裁，但婚姻、收养、监护、抚养、继承纠纷以及依法应当由行政机关处理的行政争议，不能仲裁。此外，发生劳动争议时，当事人可以直接向当地劳动争议仲裁委员会申请仲裁。"仲"字从中。"中"指中立、中正、不偏不倚。作为仲裁者，这个中间人一定要处于中位，要公正中立，不能偏移，否则就是偏袒、是偏心。心偏了，人也就站不端直，那么"仲"也就不"中正"了。

裁 cái

裁 小篆

"裁"，形声兼会意字。从衣，戋声。

"戋"的甲骨文为以兵器伤害之形，意指割、剪等行为；"衣"为衣料、衣服、衣物。《说文·衣部》："裁，制衣也。"

本义为依据具体尺寸、规则等来剪裁布料以裁制成衣。"裁"又从十、从衣、从戈："十"表示多、齐全、完备，表示十全十美，而其字形又像是裁缝剪裁衣服时为下剪准确而做的十字标记；"戈"，为古代兵器，可引申为合适的工具、或强制的手段，又可表示行为者的头脑、知识、技术。则"裁"又是依据齐全的材料，运用智慧的头脑和丰富的知识、熟练的技术等对事情的整体作出判断，此为裁断、裁决、裁判。

"裁"为制衣。"裁缝"就是以裁、缝为职业的人，即指以制作或拆改衣服为职业的人。高启《谢赐衣》："奇纹天女织，新样内工裁。"其中的"裁"字即用的是本义。做衣服要按照一定的样式将布料进行裁剪，去掉多余部分，最后缝制而成。所以"裁"其实就是保留所需、去掉多余的过程，由此"裁"可表示削减、削除。《后汉书·郑玄传》："删裁繁诬，刊改漏失。""削减"就是把不必要的部分裁去，比如裁军、裁员。"裁员"是指辞退组织中的富余人员，这样既可以减少财政支出，又可以避免人浮于事，有利于提高工作效率。

裁减就是要把多余的部分去掉，但到底哪个部分是多余的，则需要准确的判断，"裁"的过程实际上也是进行分析、推理和判断的过程。故"裁"还有判断、估量、识别的意思。《战国策·秦策一》："臣愿悉言所闻，大王裁其罪。"其中的"裁"即为判断。《新唐书·韦陟传》："陟于鉴裁尤长。"是说韦陟特别擅长进行鉴别和估量。裁夺、裁断、裁处、裁度、裁酌、裁判等等，都是对问题进行思考判断的行为。"裁决"是指经过考虑做出决定；"仲裁"是公认的第三者在争端两方间进行裁定公断，如国际仲裁、海事仲裁、劳动仲裁等。

随着我国法制建设的推进，公民法律意识逐步增强。涉及到自己权利和利益等方面的纠纷，大都通过诉讼程序予以解决。法院在案件审理过程中就某个问题做出的相应决定叫"裁定"；而当一个案子通过审判以后，法院依照法律，对案件做出合理公正的决定为"裁判"。

在裁剪衣服的过程中，去掉什么地方全凭裁缝的处理，所以"裁"的行为带有某种强制性的意味。由此"裁"字还表示制裁之意，即强力管束并惩处。如法律制裁、经济制裁等。一个人做错了事，犯了罪，就要受到惩罚。但如何惩罚，则需要依据法律、法规进行裁定。

号召

演讲的主要目的，应该是征服观众。

号 【號】

háo hào

号 （号）小篆　　號 （號）小篆

"号"，繁体为"號"。在汉字简化前，"号"与"號"的意义并不完全相同。"号"为会意字，从口，从丂；"號"为形声字，从虎，号声。

《礼记·曲礼》："生曰父，死曰考。""考"为去世的父亲，而"丂"为"考"的古字，"号"由"口""丂"构成，指父亲去世，儿女伤心恸哭，故"号"本义为大哭，读"háo"。"号"后繁化而变为"號"。"号""虎"为"號"，"号"为大哭，取其声高之意；"虎"为百兽之王，吼声震山。"號"以人大哭与虎吼叫指大声哭喊，又由此引申指动物鸣叫或风声。后来汉字简化，"號"又简化为"号"。"号噪"指呼叫、喧嚷；"号踯"指号叫蹦跳；"号佛"则是高声念佛。宋代文天祥《〈指南录〉后序》："天高地迥，号呼无及。"文天祥代表南宋小朝廷冒险赴元营谈判被扣为人质，元军首领伯颜被他臭骂后，仍然派出很多说客去劝降。后来文天祥烦得不行，瞅个机会逃到野外，陷入呼天不应、唤地不语的困境。

喜怒哀乐，人之常情。悲伤时会哭泣，只流泪不出声为"无声啜泣"，顿足捶胸时则"呼天抢地"、"放声大哭"。《诗·魏风·硕鼠》："乐郊乐郊，谁之永号。"用"号"表示哭泣的词语很多，比如"哀号"、"号泣"、"号恸"、"号啕"。"号丧"指子孙为死去的先人哭灵、哭丧。刮大风呼呼有声，仿佛鬼神哭泣，也可称为"号"。唐代杜甫《茅屋为秋风所破歌》："八月秋高风怒号，卷我屋上三重茅。""先号后庆"指初凶后吉。南朝宋范晔《后汉书·申屠刚鲍永等传赞》："鲍永沉吟，晚乃归正，志达义全，先号后庆。""先号后笑"指命运先凶后吉。《易·同人》："九五，同人先号咷而后笑，大师克相遇。""行号巷哭"意思是道路上和大街小巷里的人都在哭泣，形容人们极度悲哀。晋代刘琨《劝进表》："苟在食土之毛，含气之类，莫不叩心绝气，行号巷哭。""擗踊哀号"意思是捶着胸踩着脚大哭，形容极度哀伤地痛哭。"擗"是以手拍击胸膛；"踊"是用脚顿地。《淮南子·主术训》："衰绖菅屦，辟踊哭泣，所以谕哀也。"此中，"辟"通"擗"。"号天叩地"意思是大声呼天，用头撞地，形容十分悲痛的样子。《周书·晋荡公护传》："初闻此旨，魂爽飞越，号天叩地，不能自胜。"

　　虎吼声威严，震慑力强，如同发布命令，故"号"有召唤、号令、发令之意，表此义项时读作"hào"。《韩非子·初见秦》："秦之号令赏罚，地形利害，天下莫若也。"秦国政策命令的发布，赏罚制度的施行，以及地形的优势，其他国家无法相比。"号"进而表示宣称。西汉司马迁《史记·高祖本纪》："项羽兵四十万，号百万。"项羽只有四十万军队，对外却号称百万，真是兵不厌诈。战争中敌对双方的兵力都是严格保密的，所谓的"号称"都是虚晃一枪，障人耳目。赤壁之战时，曹操号称百万大军，吓得不明真相的孙权手足无措；后经周郎一分析，才弄清曹军不过二十七八万。孙权顿时胆壮起来，并放下架子与东逃西躲的刘备联合，一把火把曹军烧了个鬼哭狼嚎。

　　虎以"号"与其他动物相区别，故"號"又有称号、别号和标志、记号等意。古人对名字很讲究，不但有名，还有字、号。"字"也称"表字"，常与名相对应，如诸葛亮就是名"亮"，字"孔明"，号称"卧龙先生"。同辈、朋友之间多称字而不呼其名。"号"是名字以外的别名，是成人以后，为明志而取的别号，如李白号"青莲居士"，白居易号"香山居士"，李清照号"易安居士"等。古时凡稍有身份、地位的人都是名、字、号俱全。《水浒传》中梁山好汉们人头一个绰号，无人不知，无人不晓。平头百姓懒得讲究那么多，甚至连仅有的名都取得很不像样。文人雅士们的号大都有来历，东晋陶渊明在自传中曾说过，自己号称"五柳先生"，就是因为自家门前栽了五棵柳树。

　　"号"可以引申指称为"给……以称号"。《韩非子·五蠹》中记载，上古时期人们受自然灾害侵扰，于是就有圣人出面，教大家用树木搭房子遮风挡雨、躲避野兽，群众安居乐业，心里一欢喜，就拥戴他做了大王，

"号曰'有巢氏'"。

"号脉"即中国传统医学"望闻问切"四种基本诊断方法中的"切"。"号脉"的"号"即"按"或"切",属于特殊用法。

"号"表示名称时,有"国号"、"年号"、"封号"、"谥号"等。古代帝王、诸侯、卿大夫、高官大臣等死后,朝廷根据他们的生平行为给予一种称号以褒贬善恶,称为"谥"或"谥号"。皇帝的称呼往往和年号、谥号、庙号联系在一起,比如汉高祖是庙号,隋炀帝是谥号,乾隆是年号。谥号是用一两个字对一个人的一生作一个概括的评价,算是盖棺定论。古代帝王还有庙号。按照周礼,天子七庙,有庙号的就一代一代保留着,没有庙号的到了一定时间就不再保留他的庙,而是把他的神主附在别的庙里。古时用"年号"纪年,年号不是一开始就有的,汉朝初期就没有,后来才开始出现。皇帝一般喜欢换年号,有的几年换一次,有的年号用了一年都不到。由名称的意义引申,"号"也可指民间手工业作坊或是商店等贸易场所,如"宝号"、"兴隆号"、"百年老号"、"中华老字号"等。清代刘鹗《老残游记》:"找了一家汇票号,是个日昇昌字号,汇了八百两,寄江南徐州家里去。""汇票号"相当于现在的银行。"号"也可表示处所,如"歇号"即歇息的场所,"马号"即养马的场所。旧时科举考试前,有关部门要对应试考生进行全封闭式管理,考生们必须一连几天单独住在一间屋子里,不能与外界沟通,这样的房子称为"号房"。这种做法和关禁闭差不多,所以后来牢房也被称为"号房"。

"号"也指标记、记号。旧时兵士、衙役或囚徒所穿着的是带有字号的"号衣"。现在很多场所都需要排队挂号,"号"在此指顺序。各种标识身份的证件都有编号,如进考场要有"考号",居民身份证有"编号"。因为"号"表示顺序,所以人们用"号"来称呼那些被轻视的人,如"你是哪号人物",多带挑衅的意味。

"号"又是一种吹奏乐器,其家族成员多以口大声高见长,如"军号"、"长号"、"大号"等。它们的发音部分都很大,怎么看都像"号"字张开的大嘴。

召

zhào shào

召 甲骨文　召 金文　召 小篆

"召"，会意兼形声字，从口，刀声。

"召"的甲骨文是两手捧起放在座上的酒樽形，上边是双手持匕，表示挹取；中间加口，表示召请他人来饮。《说文·口部》："召，呼也。"本义为召唤、呼唤。"刀"锋利刚硬，具有威慑性，使人顺从屈服、不可抗拒；"口"代指语言，包括口头语言、书面语言、肢体语言；"刀"还指刃、刀口，即武器或器具上刀片的切割边。"刀""口"为"召"，意为如刀刃般锋利，表明了语言的针对性；"召"为"刀"开"口"，突出了语言具有威慑力；"召"为"口"如"刀"，表明语言出口如刀——快速而犀利，同时又表明，"祸从口出"，言语不慎则易招致祸患。"口"上加"刀"，意为语言出口有分寸才有说服力，有说服力的语言才具有号召力。因此，命令式的语言为"召"。"召"为召见、召开、召集、号召，表示召唤、招呼之意，带有权威性。古时，人们用刀在竹简上刻字记事。"君无戏言"，国君说的话就是命令，把国君的语言用刀在竹简上刻出来，作为一种召唤人们的凭证，即"召"，如召书。"召"也为姓氏，音读"shào"。

"召"者，刀口也。手握权柄者威慑力十足，令行禁止；擅权行事则自招祸端，并将听命者置于刀口之下。故"召"为不可抗拒的命令，多用于君对臣、上级对下级或军队中的命令。如召见、征召、召回、号召等。《诗·齐风·东方未明》："东方未明，颠倒衣裳。颠之倒之，自公召之。"天还不亮，公侯就派人来召唤，急得人颠颠倒倒穿衣裳，手忙脚乱。南宋抗金名将岳飞，仗打得好好的，却被皇帝赵构用12道金牌召回，又被奸相秦桧找了个"莫须有"的借口杀害于风波亭。

"召"又引申为招致、引来。《荀子·劝学》："故言有召祸也，行有招辱也。"言语不慎可以招致祸害，行为不当可以招致羞辱。贪赃弄权，瞒上欺下，报喜藏忧，伪造政绩，这种"障眼法"迟早会招致灾祸，把自己置于刀口之下。

为官者的强大感召力来自恩威并重、合情合理的领导艺术，光靠强制命令有时是行不通的。由此，"召"又为感召。《论语·为政》："为政以德，譬如北辰，居其所而众星共之。"君王用道德来治理国家，自己就像北极星一样，别的星辰都会环绕着他。历史上不乏感召力极强、能在百姓中一呼百应的清官好官，其官德、政绩来自自身的忠君爱民、爱岗敬业、光明磊落和廉洁奉公。常言说得好："公则民不敢慢"，"廉则吏不敢欺"。如果一名官员位高权重，说出话来却没有感召力，就说明他官风不正、官品不高、官德不够。所以，要想办事受拥护，说话有人听，只有谨言慎行，以俭养德，以廉行政，端正官风。

后　记

　　古老的汉字，在中华大地上已经延续了四五千年，至今犹保持着旺盛的生命力，而世界上与其同样性质的其他几种古文字都早已消失。作为象形表意文字，汉字在人类文化宝库中可谓硕果仅存。汉字不仅是汉语的书写符号，而且是一种文化信息载体，这是汉字独有的文化特色。经过数千年的沿革和发展，汉字积蓄了极其丰厚的文化底蕴，这是拼音文字所无法比拟的。汉字本身已经成为一种公认的文化系统。书法、碑刻、篆印、诗词、楹联、灯谜，乃至识字、解字、说字、测字等，无不发散着浓厚的传统文化气息。汉字蕴藏了中华民族的价值观念、思维方式、审美情趣、历史渊源、风俗习惯等诸多文化信息。说汉字是中华传统文化的基因，一点也不为过。

　　《土生说字》在融汇前人成果的基础上，引入社会、历史、人文和逻辑理念，对每个字予以独特、新颖和全面的阐述。它上溯字源，下掘新意；纵谈万事万物，直抒人文人生；既具知识性、学术性，又具艺术性、趣味性，即不割断历史，又不脱离现实，可谓熔社会、历史、文化、人生与一炉，创一家之言，兼百家之长。为方便读者更好的了解汉字，从汉字中汲取智慧，今分类出版《土生说字·养生之道》、《土生说字·修身之道》、《土生说字·求学之道》、《土生说字·经商之道》、《土生说字·为官之道》五册，收录养生、修身、求学、经商、为官的关键汉字解析，希望读者能从中得到启迪。

图书在版编目（CIP）数据

土生说字. 为官之道 / 李土生著. —— 北京 ：中央
文献出版社，2014.10
ISBN 978-7-5073-4174-4

Ⅰ．①土… Ⅱ．①李… Ⅲ．①汉字－通俗读物 Ⅳ.
①H12-49

中国版本图书馆CIP数据核字 (2014) 第239013号

土生说字·为官之道

作　　者：李土生

责任编辑：彭　勇

责任印制：寇　炫　郑　刚

出版发行：中央文献出版社

地　　址：北京西四北大街前毛家湾1号

邮　　编：100017

网　　址：www.zywxpress.com

邮　　箱：zywx5073@126.com

销售热线：010—63097018、66183303

经　　销：新华书店

排　　版：北京宏扬意创图文设计制作中心

印　　刷：北京汇林印务有限公司

710×1000mm　1/16　15印张　230千字
2015年10月第1版　2015年10月第1次印刷

ISBN 978-7-5073-4174-4　定价：25.00元